媒体化战略

数字时代企业如何做好公关与内容营销

靠谱的阿星（李星） 著

MEDIALIZATION STRATEGIES

电子工业出版社
Publishing House of Electronics Industry
北京·BEIJING

内 容 简 介

本书是作者多年进行互联网行业观察与新媒体内容运营经验的总结。

全书分认知篇、策略篇和落地篇，共 13 章，从企业传播业务升级的视角提出了企业的媒体化战略体系。书中对企业如何打造新媒体 IP、文化宣传部门如何进行融媒体转型、运营团队如何开设自媒体内容账号、公关部门如何做媒体公关、新媒体部门如何处理不同类型的商业文案（尤其是公关类型的稿件），以及公司全员如何做短视频和直播电商等内容都做了系统解答。当企业推行媒体化战略后，对于企业如何与广大媒体打交道、如何让自媒体变现、如何运营私域流量，以及如何学习优秀企业进行媒体化布局等内容，本书也进行了系统介绍。

全书理论与实践相结合，内容实用，具有很强的借鉴意义。期望本书能帮助大中小企业提高数字媒体传播的软实力与营销业务的硬实力，提升职场人士的商业内容创作、公关品牌传播和互联网内容流量运营的技能。

未经许可，不得以任何方式复制或抄袭本书之部分或全部内容。
版权所有，侵权必究。

图书在版编目（CIP）数据

媒体化战略：数字时代企业如何做好公关与内容营销 / 靠谱的阿星（李星）著. —北京：电子工业出版社，2021.5
ISBN 978-7-121-40877-9

Ⅰ. ①媒… Ⅱ. ①靠… Ⅲ. ①企业管理—网络营销 Ⅳ. ①F274-39

中国版本图书馆 CIP 数据核字(2021)第 055181 号

责任编辑：李利健
印　　刷：北京盛通数码印刷有限公司
装　　订：北京盛通数码印刷有限公司
出版发行：电子工业出版社
　　　　　北京市海淀区万寿路 173 信箱　　邮编：100036
开　　本：720×1000　1/16　印张：16.25　字数：258 千字
版　　次：2021 年 5 月第 1 版
印　　次：2024 年 4 月第 3 次印刷
定　　价：79.90 元

凡所购买电子工业出版社图书有缺损问题，请向购买书店调换。若书店售缺，请与本社发行部联系，联系及邮购电话：(010) 88254888，88258888。

质量投诉请发邮件至 zlts@phei.com.cn，盗版侵权举报请发邮件至 dbqq@phei.com.cn。
本书咨询联系方式：(010) 51260888-819，faq@phei.com.cn。

推荐序

（排名不分先后）

很显然，时代已经变了。

移动互联网和社交网络让这个世界完全变了，每个人获取信息的方式已然与过去完全不同，很多人越来越接触不到传统的广播式媒体，大量的信息来源于社交网络、自己的熟人，甚至被计算机算法所控制。这种情况下企业应该如何进行市场营销？

虽然商业的本质没有变，市场营销的本质也没有变，依然是产品、价格、渠道、推广4P，但是媒体渠道变了，决定了推广方式必然要发生重大变化。

我们能够看得到的诸如内容为王，内容决定了传播的广度、深度、速度等新规律只是冰山的一角，更多的认知还有待每个人去思考和体会。

本书作者阿星用两年多的时间，深入研究数字时代的媒体特征，针对数字时代企业如何做好公关与内容营销提出了很多自己的见解。相信对大家会有很好的启迪，特推荐给大家。

——拉卡拉集团创始人、昆仑学堂体系型创业学院创始人、
《创业36条军规》《有效管理的5大兵法》《精进有道》作者
孙陶然

媒体化战略：数字时代企业如何做好公关与内容营销

"一切商业皆内容"在今天被赋予更深刻的理解。内容化、社群化、人格化不仅是超级 IP 的新战略，更是数字商业的新规则，是所有公司成为媒体公司的战略方法。

——场景实验室创始人、商业思想家　吴声

传媒业是过去二十年来变化最惊心动魄的领域，新旧形态碰撞，图文视频交互，科技人文摩擦，对所有的传媒从业者而言，都如怒海中的一叶小舟；对所有的公司而言，这些冲击会直接影响其舆论生态。阿星这本书较为详尽地提供了一幅变革的全息图。

——原《中国企业家》杂志执行总编辑、财经作家　何伊凡

媒体化战略是一个崭新的思维和方法论，当我们重新认识媒体时，不仅仅将媒体视为内容创作和输出平台，更应视为"融合创新的社会引擎"，这样我们在面对竞争、营销和公关的许多困惑时才可能有明确的解答和可行方案。

——资深公关专家、《品牌公关实战手册》作者　李国威

过去七八年，我和超过 2000 个企业创始人、CEO 见面聊过，发现他们中的很多人没有足够重视新媒体，相当大比例的企业后续被迫补课，付出了更大的代价。当前已经进入短视频和数字经济时代，媒体化更应该成为企业战略的一部分。这本书能很好地帮助企业做好媒体化战略。

——亿欧 EqualOcean CEO　黄渊普

推荐序

我始终坚信，内容是最好的流量入口，社交网络时代，每个企业和每个人都应讲好自己的故事。读透本书有助于在中国企业的数据化和内容化改造进程中发挥更大的作用。

——新榜 CEO　徐达内

随着移动互联网的兴起，知识和内容成为重要的价值传播载体。在微信等社交生态中，每个人或每个企业都既是传播者，又是受众。如何利用媒体化的方式影响自己的用户，借助自媒体、短视频、直播等形式重塑服务和推广过程，从而形成更加长久的商业价值，是未来商业的重要课题之一。

——小鹅通创始人兼 CEO　鲍春健

数字化时代，企业的传播工作该怎么做？本书的阐述简洁且覆盖面全，实战性强，可以直接上手实践。

——知识星球创始人　吴鲁加

好的传播是良知、价值与艺术的结合，好的企业传播则会为企业带来品牌、顾客与人才等方面的多重收益。技术与需求牵引媒体形态持续演进，企业该如何洞悉规律并与时俱进？本书介绍了数字化时代企业传播的一些有益的方向与方法，值得阅读。

——正和岛副总裁、总编辑　陈为

○ 媒体化战略：数字时代企业如何做好公关与内容营销

数字媒体带来的营销红利让不少企业饮之如甘饴，而对更多的企业来说，则如坐针毡，不做等死，做起来又不见效果。焦虑之下，很多企业病急乱投医，完全没有章法。阿星这本书为你精心准备了一套丰富的"营养餐"，认真品尝，必有收获。

——湖北自媒体协会会长　吴志远

媒体作为人与信息的连接纽带，在新技术的推动下，其形态变化层出不穷。本书作者抓住营销本质，从媒体人、营销人、企业管理者三重角色思考、梳理和总结当下数字营销时代的策略与方法论，是数字营销人士的必备指南。

——数字产业创新研究中心秘书长、锦囊专家创始人　李圆

我理解的"万物皆媒"：一方面是，媒介可以作为一个时代的标志，成为人们生产方式、生活方式和表达方式的一部分；另一方面，媒介的特殊性在于其自带技术属性和内容承载属性。如何通过所处时代的媒介形态创作有价值的内容，是社会中每一个人和每一个组织所需要思考和把握的命题。李星曾在读研时就表现出对媒介哲学的浓厚兴趣，并且他在数字化时代找到了适合自己的生存方式，很高兴看到他把实践的思索凝聚在本书中，期待读者能从中获得启发。

——中共北京市委党校哲学与文化教研部副教授　刘永红

巴比特作为国内最早的区块链交流社区和专业媒体，很高兴成为数字时代区块链发展的见证者与助推者。这本《媒体化战略》能够让更多的企业参与到新媒体和数字化浪潮中，并以更少的试错成本成为其中的佼佼者。

——巴比特创始人　刘志鹏（长铗）

推荐序

近年来，随着互联网数字化时代加速推进，企业的传播渠道越来越多样化，除少数"新互联网"企业占据流量红利外，没有布局媒体和自媒体的企业总会显得有些守旧和吃亏。

任何行业都有"教育成本"，而公关的特殊性在于教育对象可能是公司老板、事业群总裁。当企业发生公关危机或遭遇重大事故时，大部分人都是旁观者，或无从下手，或组团"吃瓜"。而公关或相关宣传部门则必须站在企业立场以老板视角来解决核心问题，那么制定出指导企业公关日常工作的媒体化战略就至关重要。

企业要想吃到移动互联网的红利，就一定要先成立独立的公关部门；老板们不要以为公关部日常感知度低，并且需要花钱，实际上，公关是"花小钱，办要事"，出面解决的往往是企业的大问题。要知道，在互联网中的很多"信息战"通常是公关部门在主导，公关所办的很多"要事"不能用短期的收益来衡量，其所产生的价值关乎企业发展的核心利益。

媒体和社交网络几乎每隔两到三年就有新的形态出现，无论是公关从业者还是企业老板，阅读这本《媒体化战略》有助于加深对媒体、自媒体行业的理解。

——科大讯飞集团公关部总经理　韩煜尘

李星的《媒体化战略》一书清晰地梳理和提出了企业媒体公关、品牌营销、新媒体运营等方面的理论和方法指导，以"企业媒体化"为核心主线，为企业媒体化营销和媒体化传播提供了切实的、可操作的行动路线。对企业来说，本书可谓"灵丹妙药"，能解决企业在社交媒体时代所面临的"品牌塑造""危机公关""舆论"等棘手问题，值得从业人员反复学习。

——青岛理工大学新媒体传播研究中心主任　常宁

媒体化战略：数字时代企业如何做好公关与内容营销

通过内容传播来实现营销效果，是企业一直追求的"巧力"。《媒体化战略》一书系统梳理了企业在组织层面如何搭建新媒体运营队伍，如何利用移动互联网数字平台的流量和媒体品牌效应来提升传播效果。相信对正在寻找企业数字营销解决方案的 CMO 来说，一定会对本书首倡的媒体化新理念和方法论相见恨晚。

——CMO 训练营创始人　班丽婵

阿星老师是优秀的互联网行业商业观察者，擅长从商业模式角度去把握移动互联网发展脉搏，尤其是解读企业如何面对微信、算法、短视频、直播等时代洪流。他的文章富有洞见并且实用，相信《媒体化战略》一书能为广大产品经理、运营人带来新思路和新方法。

——人人都是产品经理创始人兼 CEO　曹成明

过去六年，我曾采访过近 800 位创业者，发现很多创业者不知道如何利用媒体来做正向公关宣传，更有很多人对媒体的理解还停留在传统媒介上。如何借助媒体的力量写出更好的文章，推荐自己的企业和产品？如何能顺应数字时代变化，让媒体为企业赋能？如何跟随互联网和移动互联网的高速发展，花更少的钱起到超乎想象的宣传效果？这些对创业者来说尤为重要，我想这本书给出了答案，这也是我郑重推荐《媒体化战略》的原因。

再说说靠谱的阿星，和阿星老师的相识是偶然，也是必然。他作为资深的自媒体人，我曾请他来给创业者上课，他的观点影响了很多创业者和企业家。我认为本书所示的方法和观点符合时代需求，非常实用。工作之余，我读完了这本书并推荐给更多的人，希望你在打开这本书之后和我一样受益匪浅。

——《创业人物访谈》制片人　董豪

推荐序

当今,每一个企业都是内容公司,也都需要从内容的角度来重构业务。这对企业和创始人来说就面临两大挑战:第一,如何塑造有溢价的品牌和打造有生命力的 IP;第二,怎么用好新媒体连接产品和用户,怎么把公司改造成 MCN,放大每一个人的内容力。本书能完美地帮助你应对,并且让你用内容升级你的企业。

——科学队长创始人、幸福乡村图书馆发起人　纪中展

很多身处传统行业的企业主懂市场、懂客户、懂产品,却不懂媒体、流量与数字营销。希望大家精读李星这本书,它是一本现代企业在数字时代应用与解决问题的锦囊百科。书中梳理了企业、公关与数字营销之间的关系,强化概念,讲究实操,为做强企业延展了新路径。

——蓝媒汇创始人　韩辉

自媒体是移动互联网时代内容流量的基础力量,自媒体 MCN 化、企业化成为一种新经济现象,企业如何适应移动互联网的流量生态,需要集合公众号、短视频和直播电商等多种形式的力量弥补推广弱短板,自媒体就是一种理想的载体。本书从媒体化视角给出了企业传播数字化的升级解决方案。

——新盟创始人、知名财经作家　袁国宝

与阿星结识多年,一直看到他在新营销领域笔耕不辍。他敏锐地觉察到"媒体化"这一浪潮,并深入研究集结成册,很是期待。这本《媒体化战略》从认知提升到策略制定,再到落地实操,道术兼备,可作为新市场人的案头书。

——市场部网创始人　老坰

在这个"万物皆媒"的时代,"媒体化"战略不仅是企业传播的新方法,也是企业决胜未来的战略规划。在掌门的发展过程中,我们也努力地想让实力与产品能够被"看到"。所以,无论你处于何时何地,相信阿星老师的这本书都会给你带来一些启发。

——掌门教育创始人兼 CEO　张翼

我们早期创业是从一个微信公众号起步的,利用了微信生态在移动互联网时代的第一波红利。几年来,从朋友圈到抖音、快手,以及最近特别火的 clubhouse 等,社交话题与获客载体在不断变化,如何适应这些媒介变化,成了企业必须要面对的一个命题。推荐大家读一下这本书,相信能有所收获。

——编程猫创始人　李天驰

当我们回望中国经济为什么能持续 40 多年保持高位增长时,一定不会忽视国内基础教育所发挥的作用,基础教育为我国贡献了丰富的人力资源,是实现中华崛起的保障,尽管它与不少人向往的快乐教育观多有分歧,也饱受各种批评,但作为社会巨大流动的"调节泵"和"发电站"其出色表现无与伦比。当然,基础教育除了现有国民教育序列的公立学校体系外,校外培训辅导机构及服务配套亦不可或缺,后者辛勤付出并不比体制内老师少,并且面临更为激烈的生存竞争。

有时候我想,如果更多的教育培训机构调动起老师们借助于新媒体发挥出"内容创作者"和"知识工人"优势,将有助于学生接触到更普惠的知识,提升网络学习氛围,助力网民醒智开悟,契合终身教育要义。因而,我相信《媒体化战略》将是基础教育与线上教育相融合之路上,能为广大教培训机构和从业者提供决策辅助的好书。

——深圳中基教育创始人　王胜

推荐序

随着数字化技术的全面渗透，企业将不得不进行营销战略的升级，因为用户与企业的链接关系将突破时间和空间的限制，用户在进行消费决策时，将更加多元，这给企业带来的挑战是，企业不能再把自己当作一家纯粹的产品公司看待，应该把"用户链接关系"当作重中之重，其中，媒体化战略是关键，因为它涉及用户心智的触达。李星老师的新作《媒体化战略》恰逢其时，正好迎合了企业数字化转型的大潮，是企业主们不得不读的佳作。

——分布式商业推动者　陈菜根

我是最早的一批新媒体鼓手，带动了很多企业投身新媒体，与时俱进。今天新媒体有新的玩法，阿星这本书有企业需要的答案。

——独立投资人　丁辰灵

在私域营销爆发的时代，媒体传播将产生巨大的变革，这体现在三方面：第一，数字化内容将取代传统内容；第二，每个个体都可以成为企业的内容创作者和传播者；第三，内容将多元化，从销售导向型内容向"种草型"内容演变。这对于新时代的企业品牌传播无疑是一场巨大的挑战。很高兴阿星能把他丰富的实践经验与思考心得梳理成书，形成一套可以实践的方法论体系。如果读者悉心研读，一定不会入宝山而空返。

——《私域流量池》作者、加推首席战略官　刘翌

阿星老师这本书对"媒体化"的内容从认知、策略到落地角度进行了系统讲解，所有的公司和创业者都值得去阅读和思考"媒体化"的意义。

——商业作家　老胡

企业发展需要利用一切传播渠道与营销资源来提升业务效率。《媒体化战略》一书从数字媒介发展角度来解答公司如何在互联网上借力打力，突破流量瓶颈。相信企业老板可从本书中了解如何带出一支优秀的内容营销团队，结合具体行业具体发展阶段找到形成自己的"媒体化战略"，实现勇猛精进。

——房总管创始人兼CEO　林当清

最近几年，以微信公众号为代表的图文自媒体和以抖音为代表的短视频直播平台，正在重塑企业与用户的接触方式，并引发服务模式的改变。如何能够将公域流量高效的转化为私域流量？如何有效的降低宣传推广费用，并以内容为产品快速、低成本地进行变现？《媒体化战略》提供了很好的案例参考并进行了科学的总结。有幸抢鲜阅读本书，结合本人多年的操盘经历依然获益良多，特郑重推荐给大家！

——微抖传媒董事长　单永刚

不是每家中小微企业都能做好自媒体和企业推广的。感谢李星老师在本书中系统地阐述了"媒体化战略"，让企业主和媒体从业人员能应用好互联网流量、公关、内容营销，助力企业发展。

——创业树CEO　陈宏贤

数字化正在重构企业传播的人、货、场，媒体化思维的运营者、新传播内容、准确的运用场景成为新要素。《媒体化战略》一书中对商业模式、渠道选择、私域营销的部分讲解透彻，实际上这是新传播的基础。

——中国传媒大学资深研究员、优格微度公关创始人　张丽锦

推荐序

"火星财经"是我们在数字化时代积极探索的媒体化品牌，最早从"王峰十问"这一互联网行业的现象级 IP 栏目出发，逐步发展成为数字经济的"弄潮儿"。我们相信，媒体的发展得益于互联网技术，而区块链技术将让内容创作者获得收益，原创作品保护成为可能，未来将推动数字媒介创新。

《媒体化战略》一书对企业在数字时代做好传播与营销的正确打开方式有系统论述，期待其中的干货方法能为您所用。

——蓝港互动集团创始人、董事长兼火星财经创始人　王峰

创业大潮如大浪淘沙，企业经营如逆水行舟，在市场竞争中不仅比拼质量、服务和价格，还要比拼对用户理解的行业认知，比拼营销传播效率。越是好公司，越重视传播与营销的融合，在看得见和看不见的地方都多下工夫。怎么做好内容营销，怎么营造好的媒体环境，是大中小微企业的刚需。

李星的这本《媒体化战略》另辟蹊径，鼓励企业从顶层设计并重视个人 IP 打造，鼓励内部员工激发创作积极性，把自媒体作为流量获取载体，把企业打造成媒体公司和 IP 孵化器，是从企业角度做好实用传播的解决方案。期待更多的创业者通过《媒体化战略》的理念、策略和方法论避免踩坑，打破流量瓶颈，激活团队潜能，形成适合企业发展的品牌传播战略。

——曼申智能创始人兼 CEO　张宝强

随着传播介质越来越融合，"把企业当媒体做"确实是商业需要重视的一种策略和姿态。特别是那些期望完成 C2M 转型的公司，"媒体化"是直接面对客户的不多选择之一。

——晨驰传媒创始人、资深品牌策略顾问　朱双诚

XIII

媒体化战略：数字时代企业如何做好公关与内容营销

互联网对企业而言，不仅是软件和硬件工具，还是信息传播、人才组织、资本流动的网络化和开放化的资源整合平台。企业如何在互联网中获取营养，立于不败之地，其内驱机制依然要放在激发团队共创共享能力上，不断营造出辅助企业成长的内外部舆论传播环境。这本《媒体化战略》从数字媒介的规律和演化进程出发，结合企业在内容营销与媒体公关之需求，给出相对系统的阐述，相信能够帮助企业管理者和更多的创业者从战略高度审视企业管理、经营科学性和有效性，助力事业进步。

——同科集团董事长　杨波

阿星曾负责过我公司的文宣和策划工作，文笔扎实、工作认真，这几年我一直关心他的成长与进步。他沉潜历练十年之后，第一部倾注了很大热情撰写的专著出版，主要阐述的是所有企业都关心的媒体公关、内容营销、私域流量运营等内容。阅读本书之后，我认为，本书无论站在企业立场看待媒体化的诚意，还是帮助企业梳理媒体化系统框架的用功，都有一种平视世界的意味。

圣人说，"士不可不弘毅"，我们从继承中医国粹发明"中国灸"这一行销二十年的产品，到创新推出"开车能用的 ARglass、行走能用的 VRglass、同声传译机、基于自主天籁 M10 芯片开发的手机全声控操作系统 FOS"等 AI 科技产品，深感企业传播与创新成果的结合之路任重而道远。

文章千古事，得失寸心知。期待这本靠谱的力作能够大卖，未来继续紧跟时代发展的步伐推出续集，助力企业家和广大社会精英乘风启航，行稳致远。

——中国灸创始人、未来集团董事局主席　付金龙

前言

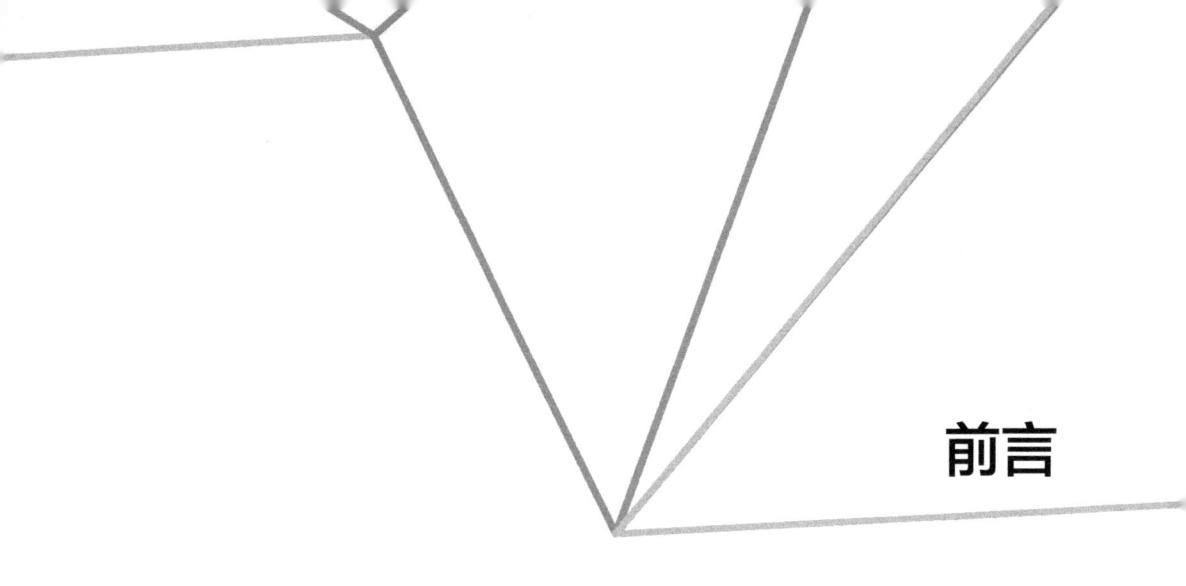

在数字化时代，无论是创业型企业、发展型企业还是大型集团企业，都处在一个复杂多变的互联网新媒体环境中，在这样的环境中，企业对新媒体的重视程度不一：有的忙于业务，很少对外宣传；有的重视线下营销业务和在传统媒体中的宣传，却忽视了数字新媒体已是用户注意力的主场；有的知道传播的重要性，却不知道如何把媒体公关、新媒体运营整合进品牌营销工作中……

写作初衷

本书是为了解决企业的媒体公关、品牌营销、新媒体运营等重要业务的升级而生的，通过对本书的学习，企业可掌握"如何做媒体公关"的窍门，以创造适合企业发展的良好的外部网络舆论环境；掌握"如何自建新媒体账户和渠道""如何在企业内部培养新媒体人才"，从而以低成本做强、做大企业的品牌影响力。因此，本书适合大中小型企业宣传人员、品牌宣传人员、公关人员和市场人员阅读，也适合对数字新媒体感兴趣的个体阅读。

"媒体化"概述

"媒体化"一词并非是笔者杜撰的。何为"化"？"化"即"变化、演化、进化"，是一种尚未完成、不断创新的过程，我们经常会看到"××化"的概念，比如"信息化""商业化"。在实体经济领域，尽管我国已经朝着产业结构转型升级方向发展多年，但很多制造企业仍然没有完成"工业化"与"信息化"的历史任务。在如火如荼的数字经济领域，移动互联网公司在过去的十多年致力于流量经济的版图构建和扩张，使得人与人之间的信息交流、商品交易、产品服务被"平台化"，企业的生产工具"智能化"，生产资料和要素"数据化"，行业和企业业务管理"数字化"。我们不妨以此类推，"媒体"可以是一个职业机构或一种传播方式，而"媒体化"的进程不会终结，随着互联网技术的发展，新旧媒体会加速细分化、融合化，成为数字化时代的基本特征之一，也会成为所有企业面临的新命题和新任务。因此，企业要主动适应并拥抱"人人都是自媒体"的数字新媒体时代，逐渐在数字世界中找准定位，让"数字媒体"为企业成长为行业领导企业、知名的产品品牌提供助推力或发展引擎，而非阻力和绊脚石。

"媒体化"业务起于传播，但绝不止于传播。从短期来看，企业布局媒体化战略能够让企业的传播工作适应新媒体传播需求，让企业实现"人人都是线上宣传员"，起到打造互联网自媒体传播品牌、聚集流量的效果；从长期来看，媒体化还将是企业在业务数字化层面的探索先锋和实验田。随着数智技术（即人工智能、区块链、云计算和大数据，简称"ABCD"）及产品的不断成熟和完善，未来互联网将在数字化"新基建"等一系列基础设施之上大力推动"消费互联网"与"产业互联网"的深度融合，与企业传播关系密切的媒体化产品、模式一定会层出不穷、潜力无限。"媒体化"不仅是企业传播的新方法，还是企业决胜未来的战略规划。

到底什么是"媒体化"呢？在笔者看来，媒体化是组织机构或个人主动适应并拥抱媒体发展线上化、数字化的一种思维方式或经营方式。

使用"媒体化"的概念不仅可以避免媒体与自媒体、传统媒体与新媒体、机构媒体与媒体人之间的含义混淆，还可以精准概括当前各类新旧媒体之间共存、媒体与自媒体相互关联，以及互联网平台与垂直媒体、自媒体等彼此依存的关系，从而揭示内容媒体组织的运作真相。"媒体化"的世界充满创造性，每个人或每个组织都可以参与其中，了解它对我们了解互联网流量生态的运行逻辑大有裨益。而企业是否能参与到媒体化进程中并占据一席之地呢？答案是肯定的。

首先，数字媒体充分彰显了媒体的普惠性，每个人、每个企业都是发声渠道、推广渠道和运营渠道。媒体从业门槛的降低与大众参与感的增强是时代进步的标志，但大多数企业（除一些文化传媒公司外）缺乏构建自媒体、打造媒体影响力的意识，未能把新媒体合理应用到自身的业务发展中，这就需要有一份系统的"媒体化"建构方案来告诉企业为什么要做、怎么做、会遇到哪些问题，以及如何解决这些问题。

其次，传统企业宣传的载体和组织形式已经无法适应互联网流量经济形势下企业市场、运营、品牌、公关、广告等部门的工作需要。传统营销主要是卖货，核心工作就是想办法找渠道来铺货，然后组织人做促销活动，突出品牌知名度和"广告"轰动效应，其推广渠道以电视或报纸等传统媒体为主。如今用户的消费行为网购化、阅读行为 App 化，互联网新媒体的流量已成为影响企业营销环境的重要变量，企业的公关或广告投放主要集中在手机端 Top 100 的 App 和各大互联网平台。以往企业的传播媒体大多选择四大传统媒体（报纸、电视、广告、杂志），如今移动传播的主要渠道是互联网平台、数字广告联盟，以及由媒体公关公司在相应的品类中寻找 Top 100 的账户博主或自媒体进行推荐和二级传播；以往企业的传播在"天上"，销售在"地上"，如今企业的产品销售和推广均可放在线上，企业接触的内容营销、网红营销、直播营销、IP 营销等无不与"媒体化"息息相关。

最后，摆在企业面前的数字化转型方式虽然有很多，但"媒体化"无疑是投入少、收效快、难以被兼并、便于规模复制的划算选择。企业的数字化转型方式比较多，占据主流的有引进数字化业务工具和解决方案，其次是企业内部进行二次创业、自建互联网项目。前者需要企业花费重金购买 SaaS（软件即服务），委托技术解决商搭建内网 OA、业务中台、数据中台等；后者除了会遭遇组织内部的重重阻力，还得承受开发新产品、应用新技术的试错时间和成本的提高。因此，从成本和效率维度上考虑，大多数企业无法承担。但企业如果通过"媒体化"进行业务转型，就能充分发挥其灵活经营的特点，比如员工可以做私域流量，宣传人员可以转型做媒体公关传播，新媒体传播和营销人员可以转型做直播带货，甚至原有的线下渠道也能够通过一系列的互联网应用参与到企业战略转型中，让企业逐渐成为新媒体平台的 MCN（本书专指新媒体孵化器）。企业由于有盈利模式清晰、服务客户明确、以团队生产内容等优势，能借助互联网平台的力量"以内容养流量""以内容打造新媒体品牌""以主营业务进行流量变现"等，从而提升企业的业务效率，完成数字化转型。各种企业转型成功的案例在各行各业比比皆是。因此，企业数字化转型以媒体化作为突破口，可以先以小分队进行测试，化解转型风险，一旦验证卓有成效，就可以利用互联网的优势壮大规模。

综上所述，媒体化是数字化时代传媒的发展趋势，企业不仅可以把"媒体化"当作传播工作的新思路和新方法，还可以在助推企业业务数字化方面大有作为。不过，"媒体化"工作并非是一蹴而就、没有专业门槛的，相反，由于互联网媒体行业一直是分工细致、多人合作的行业，所以企业需要做好顶层设计，才能把公司业务与媒体化所涉及的工作统筹兼顾，比如企业如何把新媒体运营、内容运营、媒体公关、品牌营销、流量运营等工种和职能环节紧密结合起来，如何把公司原本较分散的市场、营销、宣传、品牌、公关等岗位的工作有效整合并进行升级，这些都是本书所要解答的问题。

主要内容

本书分3篇系统阐述"媒体化战略"的内容。

第1篇为"认知篇"(第1到第3章),主要是为了让读者了解媒体化的发展情况,对互联网企业和数字化企业的商业模式有更深入的了解,从而明确企业为什么采取这种传播方式。有了对这部分内容的认知后,企业媒体运营人员就能够结合自身的业务制定出适合企业发展的媒体化战略。

第2篇为"策略篇"(第4到第9章),首先讲解企业媒体化工作的主要任务是在媒体上进行内容运营和营销,这些工作必须由企业员工来落实,尤其是与数字媒体直接相关的公关总监、销售总监、广告总监,以及品牌媒体、新媒体运营、企业文案、市场策划、电商客服、直播营销等人员。然后重点介绍媒体化推行的两大"抓手"——"广告"和"公关"的应用。接着介绍媒体人员如何撰写好的商业内容,以及如何借助不同的渠道传播才能达到更好的效果。这些内容对媒体公关、新媒体运营等人员具有很强的实操性。

第3篇为"落地篇"(第10到第13章),主要介绍企业执行媒体化战略的关键环节,比如企业对外如何处理媒体公共关系,对内如何构建自媒体账户、打造个人IP、学习优秀的媒体化布局等。在笔者看来,媒体化战略应该在全域流量框架下同时重视媒体公关与自媒体运营,实行广告买量与公关影响双管齐下、公域流量与私域流量齐头并进的策略。在此基础上,本书还介绍了运营私域流量时如何整合企业的社交流量、小程序流量与App流量,这些内容对市场运营、媒体公关等人员均有借鉴价值。

以上是本书相对完整的一个逻辑体系,它涵盖了企业在传播工作中应对互联网和数字媒体环境变迁进行数字化升级的理论和方法。当然,在构建体系的过程中一些涉及企业核心的内容无法一一细讲,很多宝贵的经验也来不及写进书内,在仓促写作之际也难免会有错漏之处，恳请读者批评、指正，也期望企业在实践中有更多新的发现。

笔者相信，本书有望成为企业增强传播实效、打造媒体化企业的有力辅佐。接下来将与读者朋友进入精彩的"媒体化"世界一起探索。

李　星

读者服务

微信扫码回复：40877

- 获取各种共享文档、线上直播、技术分享等免费资源
- 加入读者交流群，与更多读者互动
- 获取博文视点学院在线课程、电子书 20 元代金券

目录

认知篇　媒体化是企业业务数字化的突破口

第 1 章　"媒体化"发展概况　/5

1.1　"媒体"的本质　/5

1.2　为什么有的 App 叫媒体，有的自媒体叫媒体人　/9

1.3　为什么有的新媒体公司不愿被称为"媒体"　/13

1.4　自媒体公司化：MCN 是自媒体的进阶　/15

1.5　媒体自媒体化：传统媒体转型做自媒体和融媒体　/18

1.6　"媒体化"发展趋势　/20

第 2 章　传统企业与互联网公司的媒体路径差异和改进策略　/23

2.1　传统企业与互联网企业的根本区别不是线下与线上之别　/27

2.2　为什么传统企业转型失败率高　/29

2.3　纯实体企业数字化升级的三条捷径　/31

2.4 企业的媒体化组织原则：员工即自媒体、公司即 MCN　/ 34

2.5 企业传播的目标　/ 37

第 3 章　根据商业模式确定企业的媒体化坐标　/ 41

3.1 如何快速看懂商业模式　/ 42

3.2 To C 企业的媒体化风格　/ 53

3.3 To B 企业的媒体化风格　/ 55

3.4 免费模式的媒体化风格　/ 57

3.5 媒体化如何影响企业的商业模式　/ 58

策略篇　企业媒体化的主要任务是媒体化营销

第 4 章　媒体化营销的三大原则　/ 66

4.1 放弃"自嗨式"传播，别走"蓝 V"的老路　/ 68

4.2 坚持软植入，"软广"是企业公关的法宝　/ 70

4.3 口碑即转化，坚持在服务客户中创造内容　/ 73

第 5 章　企业如何构建媒体化的 IP 矩阵　/ 77

5.1 企业品牌思维与网络 IP 思维的区别　/ 77

5.2 企业可在哪些互联网内容平台注册账户　/ 78

5.3 给自媒体账户起名时容易出现的误区　/ 81

5.4 创始人如何打造有媒体影响力的 IP　/ 83

5.5 职场人士如何正确打造个人品牌　/ 86

目录

第 6 章 如何展开媒体化营销的"双翼"——广告与公关 / 89

6.1 广告和公关投放的微妙区别及普遍应用 / 91

6.2 互联网"广告联盟"的运行逻辑 / 96

6.3 用媒体化思维升级企业公关的工作模块 / 100

6.4 危机公关的处理策略 / 104

第 7 章 不同的商业内容,不一样的格局 / 108

7.1 宣传型文案的特点及创作技巧 / 110

7.2 广告型文案的特点及创作技巧 / 112

7.3 媒体型文案的特点及创作技巧 / 114

第 8 章 如何撰写行业深度稿 / 118

8.1 如何做好选题规划并获得消息源 / 119

8.2 深度稿的标准 / 122

8.3 适合"刻意练习"的三个写作模板 / 126

8.4 软文写作的明线与暗线 / 131

第 9 章 "全域流量"布局下不同媒介的运营策略 / 134

9.1 图文自媒体号运营,公众号依然是运营重点 / 137

9.2 短视频平台"三岔口":做抖音、快手还是视频号 / 141

9.3 直播电商平台的三种类型与企业运营技巧 / 146

9.4 网络音频媒介的应用场景 / 154

XXIII

落地篇　媒体化传播效果落地的关键要领

第 10 章　企业对外媒体公关技巧　/ 161

10.1　垂直媒体公关技巧　/ 162

10.2　对传统媒体的维护策略　/ 165

10.3　对自媒体的投放要点　/ 166

10.4　老板如何利用媒体对外公关　/ 169

10.5　企业如何应对竞争对手的恶意公关　/ 170

10.6　企业发布会注意事项　/ 172

第 11 章　企业自媒体运营技巧　/ 176

11.1　个人 IP 与新媒体公司之间的转化　/ 177

11.2　如何做好自媒体冷启动　/ 179

11.3　文字视频化是企业传播弯道超车的机会　/ 181

11.4　社群运营的两大方向：产品社群化、粉丝"KOC 化"　/ 186

11.5　企业的媒体矩阵与"单点突破"思维　/ 189

11.6　新媒体运营的规则意识　/ 191

第 12 章　媒体化战略落地框架下的"私域流量三部曲"　/ 193

12.1　私人微信号是私域运营的基础　/ 195

12.2　小程序是平台转化私域流量的工具支撑　/ 198

12.3　App 私域运营厚积薄发　/ 202

12.4　S2b2c 模式与媒体化相结合是私域流量运营的趋势　/ 204

第13章　向优秀互联网巨头学习媒体化布局　/209

13.1　"BBAT"的媒体版图　/209

13.2　算法媒体是互联网发展的高级阶段　/216

13.3　较有实力的企业媒体化实践　/221

13.4　优秀企业媒体化布局的启示　/224

结语　企业的"媒体化战略"应顺应时代发展潮流　/226

后记　/231

认知篇

媒体化是企业业务数字化的突破口

如今，已有不少企业完成了"电商业务在线化"，具体反映在业务端的商品流、资金流、人才流、物流的数据化上，尽管还有一些中小微企业选择的流量渠道较分散，数据链路尚未打通，还需把整个业务逻辑纳入数字版图里，大体框架已经完成，但仍有一大片数字化空白区域未引起大多数企业的重视并进行部署，那就是"企业传播在线化"。

如果企业在技术层面大踏步地追逐在线化与智能化，但在企业文化宣传、品牌传播、媒体公关等层面的工作理念与方法并未同步跟进，将会严重束缚企业的发展。企业文化是一个组织的内在灵魂，品牌是一个企业最重要的无形资产，它们均离不开大量的内部"宣导"和外部传播工作。"品牌"的本质说到底是企业与用户之间的关系，如今消费者、投资人和产业合作伙伴的注意力和成交流程均已线上化，经营者仅在企业文化与宣传维度上进行内部调整是不够的，还必须把品牌、营销、公关等涉及对外传播或推广的一切工作都纳入"在线化"[1]工作中，进行"内外整合"。因此，企业必须与时俱进地推行媒体化战略。

然而，很多企业在组织层面对"企业传播在线化"的工作并没有做好充分准备，比如，一些企业的内部宣传工作有的隶属于人力资源部，有的由老板亲自负责的总裁办执行；一些企业对内部宣传和外部推广没有进行职能细分，笼统归为市场部或品牌部负责；有的人员编制与岗位安排并不能适应当前新媒体的传播形式，依然沿用报纸、企业内刊、网站等作为传播的主要阵地，对"双微一抖"（即微信、微博、抖音）等新媒体阵地反应较慢，错过了一些流量红利，对新媒体发展缺乏敏感性，只能亦步亦趋，甚至一些企业还没有专门的媒体公关人员和建制，脱离了整个互联网传播的大环境；很多企业的新媒体传播工作权限严格受限，相关岗位的人员难以灵活开展工作，从而助长了组织传播的"惰性"，等等，不一而足。

---

[1] 在线化即线上化，也被表述为"数字化"。本书认为，互联网的本质是业务数字化、线上化。

从以在线化传播和数字媒体为主的"媒体化"视角来看，企业要破解上述被动的窘境，需要做以下反思：

（1）如果公司生产的内容仅有内部员工作为读者，那么是否要反思选题范围太窄，如何从"取悦领导"过渡到"取悦用户或者客户"？

（2）如何区分企业事务性的宣传与企业品牌传播、企业业务传播等？什么内容是员工可以自行决定创作方向和发布权限的，什么内容需要公司走流程才能发布？如何在明确公司传播规章制度的前提下，彻底释放企业传播人员的积极性，让他们积极创作？

（3）企业如何避免在传播作品的过程中植入过分生硬的广告，如何以"读者思维"策划出可读性强、表现形式丰富的内容，并在传播矩阵、账户定位方面予以规划，如何构建起更适合企业传播的媒体环境，如何直接与粉丝联系并进行精准营销，甚至将其纳入企业口碑传播的主力军中？

（4）企业如何与媒体打交道，让媒体与业务结合相辅相成，既不惧怕媒体，也避免在媒体传播过程中毫无建树，是否需要公关公司作为"脑力外援"协助合作？

在笔者看来，要解答这些疑问，企业需要了解媒体的性质、运作规律、影响力和传播技巧等，需要从经营战略的高度推行"媒体化"战略。媒体传播作为已经高度产业化、专业化的职业领域，那些完成了媒体化战略部署的企业呈现出一些共同特点，大致归纳为：对自家的自媒体账户已经做得和媒体一样专业，无论是创作内容还是管理方式，均和媒体的整体风格无差别；有的宣传和传播部门甚至成立了专门的文化传媒公司，或者按照新媒体传播公司的模式来进行管理，帮助企业打理内容营销和品牌公关事务，成为企业"互联网化"或"数字化"升级的参与者；先行完成的媒体化组织主要以互联网公司、文化传媒公司、新媒体网络营销公司为主；未来会有越来越多的企业成为"媒体公司"，负责为企业孵化众多的（自）媒体品牌，越来越多的职场人也会变身为"传媒人"。总之，媒体化是企业数字化经营的标配。

本篇的目标是让读者明白媒体化战略的内在逻辑，解决媒体化"认知层面"的问题。第 1 章主要是为了让读者了解媒体化的本质、发展概况与趋势，帮助企业了解媒体行业，最终营造出良好的线上传播环境；第 2 章主要是梳理传统企业与互联网公司在传播方式上的区别，鼓励企业利用媒体作为转型的突破方向；第 3 章梳理互联网行业主要的商业模式，并把对应的媒体化运营特征讲解清楚，便于企业真正了解"数字化"企业的商业运行逻辑，从而找到适合自己的媒体化组织模式。

第 1 章

"媒体化"发展概况

在信息爆炸的全媒体[1]时代，人人皆自媒体，人们通过数字媒体可以展示自己优秀的一面，企业通过数字媒体可以进行商品推广与内容营销。可以说，各种各样的媒体已不知不觉地渗透到社会发展和人们生活的方方面面，成为互联网时代的普惠工具。我们只有对媒体的本质、主要载体和组织形式了解清楚后，才能更好地运用它。与其他媒体相比，数字媒体已经是在线受众最多、内容产出最丰富、传播速度最快的主流媒体。为什么这么说？在这个新媒体行业内又有哪些发展趋势是企业能够参与的？我们需要回溯到数字新媒体的发展演变中来考察。

1.1 "媒体"的本质

关于媒体[2]的深刻内涵，我们从不同的角度有不同的理解。

---

1 全媒体：包括传统媒体与数字媒体、媒体机构与自媒体、职业媒体与带有媒体属性的互联网内容平台等。从宏观上看，传播形式实现了全景化、融合化；从微观上看，又表现为媒介的碎片化和细分化。全媒体可泛指整个移动互联网的内容传播载体与环境。

2 由于媒体本身有狭义与广义之分，在互联网行业中从事内容的平台也被称为"媒体"。本书中"媒体"与"媒介"通用。

（1）从本体论角度看。传播学即"传意学"，媒介是传播学的重要组成部分，媒介哲学的底蕴相当深厚，与符号学、材料学、科技哲学等密切相关。在西方语境中，Media 也有"居间者""传意者"的意思。《圣经》里说："我就是道路、真理、生命，若不借着我，没有人能到父那里去。"用媒介学的理论可以解释清楚基督教最核心的"三位一体"学说[1]，人认识上帝需要借助耶稣这个中介，这就好比，人们要理解所谓的"真理"，必须借助语言和行为等媒介来传达一样。

（2）从技术决定论角度看。加拿大传播学学者马歇尔·麦克卢汉[2]提出了"媒介即讯息"的观点，认为同样的内容经过不同的载体、介质传播所产生的意义和效果是不同的，人们不能低估媒介对人与人之间的文化交流与传播的形塑作用。实际上，近些年广大读者目睹了全社会主流媒介的变迁，从报纸媒介到手机图文信息，再到短视频，应有更直观的感悟。比如，读者在报纸、公众号和短视频平台上看到表达思想相同的内容时，其体验是有明显差异的。报纸上的"豆腐块"排版适合说理论述，公众号的居中排版、表情包及 GIF 图、条漫插图、留言互动、在看数和阅读数据等表现方式在纸媒中就很难实现。有人直接把公众号的文字录制成短视频内容，同样收获了很多粉丝。每一种新媒介的出现，发生在之前其他媒体上的流量内容往往能重新演绎一遍，因为人性大体不会变。

（3）从行为论角度看。传播者通过媒体表达内容能使受众产生一系列心理和行为上的变化，比如，人们在手机上打开某个 App 的所有动作（包括点击、浏览、赞赏、评论、分享、转发、添加关注等）都是平台提前做好产品功能设计、对内容创作者加以引导的结果；而媒体的编审或算法机制有"权限"决定作者的内容是否被呈现、能

---

1 "三位一体"学说即"圣父、圣子、圣灵"三个位格、一个本体。在基督教神学中，耶稣基督是人们理解上帝的唯一媒介，也就成为人们所信仰的具体对象；耶稣即人类的上帝，这是基督教最基本的教义。
2 麦克卢汉：加拿大传播学者，最早提出"冷媒介""热媒介""地球村"的概念，技术决定论者。

否获得更多的流量等；自媒体又使得新闻舆论"把关员"出现扁平化、开放化，人们需要对自身内容传播的真实性和可能造成的影响负责；在应用"媒体"能力方面，有的百万粉丝 UP 主、自媒体的"话语权"强，有的用户却是"沉默的大多数"。对媒介理解深刻、拥有主动传播意识的人通过内容深耕通常能聚集网络流量，从而成为媒介"大 V"和 KOL[1]，他们可以借此传播自己的思想、观点和意见，也可以进行商业化[2]活动。对孵化自媒体的数字平台，比如 Twitter（推特）、Facebook、微博、微信、今日头条等平台也是数字媒介，可以通过流量聚集获得广告收入，也可以通过程序员、工程师对数据的了解来推荐资讯和广告；企业遵循人们的媒介习惯而不得不与流行媒介的平台进行合作或入驻平台。因此，在数字化时代平台媒体属性的应用范围、媒介传播者发声权限和对用户隐私的保护等逐渐成为重要的课题。

（4）从内容创作角度看。有流量就可以变现，因此移动互联网流量平台成了广大自媒体、媒体机构、企业、创业者等必不可少的传播和推广工具，甚至国家事业单位及人员也高度重视互联网这一传播媒介，比如，一些高校教师和某些领域的专家通过开设讲座、录制节目、与平台合作冠名节目等深入浅出的方式向网友讲述专业的知识。据统计，目前我国从事公众号和自媒体创作的人，以及短视频创作者、依靠互联网平台进行直播带货的主播人数已超过 2000 万。随着高等教育的普及，会有越来越多的人通过互联网媒介来传播知识，展示生活方式。不同于相对稀缺的精英媒体机构资源，数字网络媒介的准入门槛无限低，"天花板"却无限高，这也是为什么互联网平台上源源不断地涌现出优秀内容和创作者的原因。

---

[1] KOL 是英文 Key Opinion Leader 的缩写，在传播学中称为"关键意见领袖"，本书从媒体化角度理解为"有一定影响力的（垂直）自媒体"，一般在互联网平台是从用户账户发展为有很多用户关注的"大 V"账户，能独立输出观点，并且能够进行商业化活动的运营者。在本书中，从事媒体化运营的人员有媒体人、内容创作者、UP 主、博主、自媒体、独立撰稿人等众多表述。

[2] 商业化：即通过流量进行内容变现，也即自媒体在内容中植入一些合作厂家的名称、内容、案例等，从而实现"公关传播"的目的，也可以直接投放广告或者进行冠名赞助等。

总之，数字媒介的本质是人们进行思想交流、才华展示、价值输出、资源汇聚的线上通道，媒体化已经成为普通网民、媒体机构、企业与互联网平台基于线上的生活方式、传播方式与经营方式。

国内全民参与媒体化的高峰是由公众号崛起带来的，尽管公众号是为个体品牌而准备的，但机构最终却成了主流。比如，一部分传统媒体因没有找到融入互联网的方式而被淘汰，一部分传统媒体在内容生产和专业发声方面依然占据优势地位。很多传媒机构逐渐意识到，以公众号为数字媒介的自媒体不仅是个体崛起的标志，还是优秀媒体传播能量的放大器。数字媒介与传统媒体的区别在于，在表达风格上，前者鼓励内容创作者呈现个体经验和真实感受，注重与用户进行交流互动；在表达对象上，数字媒介除了像传统媒体报道事实、真相，还会传播价值观、情绪、新知识、故事，并且丰富了一些个体主观的视角；在媒介形式融合上，数字媒介包含传统媒体，并推动传统媒体的融合式创新，使得传播形式更加多元化、场景化，传播范围更广。

当然，数字媒介作为一种互联网技术和平台载体，其产生的内容难免"鱼龙混杂"，甚至一些传播者出现唯流量是从的畸形导向等问题。因此，数字媒介健康、规范的发展始终离不开有关部门强有力的网络监管，监管往往会迫使平台加强内容审核、清理垃圾内容、封禁违规账户，从而让平台内的用户明白互联网平台并非"法外之地"，我们应该自觉进行言论管控，传播合规内容。这些对认真做好内容、不盲目博眼球出位的很多账户运营者来说，反而提供了更健康的发展环境和施展舞台。

网络传播对现实的呈现与影响较为复杂，我们需要一分为二地看待，明智的人不应当只看到其消极面，要懂得因势利导、趋利避害，尤其是那些准备从事传媒事业的人或计划推行媒体化战略的企业，要明白哪些内容能传播，哪些内容不能传播，既要会上网，也要会下网，做到传播的"可控化"，在账户运营过程中以保障账户安全和合规运营为前提，坚持做有价值的传播。

对个人而言，应当参与其中大胆借鉴当前数字媒体的运作和产出经验，而不是等到被迫发声时，才想到寻求媒体帮忙。只有当每个人都意识到互联网"媒体化"实际上是赋予自己在数字世界中的表达权利，是体现"人的本质力量"（如才华、个性、观点、兴趣、奋斗经历、故事等）的一种现代生活方式时，才会把自己的精力、时间和热情投入媒体化经营中。

对企业而言，在残酷的市场竞争中，机构越弱小，越要珍惜仅剩的资源，聚沙成塔。媒体化不仅赋予企业更新的推广方式，是提升企业传播效率的新的组织管理方式，还是很多线上新业务的服务和交易载体，媒体化与数字化相伴，同样是时代的馈赠。

1.2 为什么有的 App 叫媒体，有的自媒体叫媒体人

媒体数字化[1]从 PC 时代[2]就已经开启，移动互联网加剧了数字媒体的变化。我们不妨简单回顾一下 Web 1.0、Web 2.0、博客、微博、App、公众号、短视频、直播等数字媒体的转变过程。

从 1999 年至 2009 年，第一代互联网创业者中搜狐是门户模式的开创者，通过把不同网络信息按照垂类的方式集合在一个门户首页，每一个垂类都设置版主和主编来整合本行业各地的信息，逐渐走通了门户网站的商业模式。门户网站的商业模式是网络广告，而广告模式得以"跑通"的前提在于有一定规模的用户流量，这迫使门户网

---

[1] 媒体数字化：即媒介数字化，它与"数字媒介"这个词相比，更强调很多传统媒体逐渐适应互联网的过程，从而产生一些新的形态。

[2] PC 时代：PC 是 "Personal Computer" 的简写，国内普遍把 iPhone 4 首发以前的时期称为 PC 时代，而把乔布斯发布智能手机之后的时期称为"移动互联网时代"，大致分界线在 2010 年，两个时代都属于"互联网时代"，"PC 互联网时代"在此后并未消失，但已不是流量、产品、商业模式创新的主流。

站必须做 UGC[1]降低内容门槛以与传统媒介进行竞争,由此推动了博客的出现,曾经一度有2亿多网民开通博客。随着大量网络博主的出现,网络内容呈现出专业化、细分化、垂直化趋势,门户按社会、娱乐、军事、科技、财经、汽车、房产等垂直板块来分类运营。媒体机构、企业在那时纷纷搭建了各自的企业官方网站并延续至今。

从2010年到2020年,是移动互联网的"黄金十年",以往个人计算机上网需要有线连网或在局域网内依靠笔记本电脑上网,用户以大学生和"坐商"为主;而移动互联网依靠4G及手机终端无线上网,终端设备的便捷性让网民数量大增,全民普及,网络数据的可溯源化和云存储也推动了云计算业务的进步。近年来,一些移动互联网创业热潮和商业模式与移动互联网媒介产品的成熟密不可分。App作为手机上的"客户端",如同PC上的网页"站"那样,已成为很多媒体机构的标配阵地。很多媒体都有App,比如界面、澎湃新闻、人民日报等,这些媒体也会入驻其他流量高的互联网内容平台,比如公众号、微博、抖音、今日头条等,组成新媒体传播矩阵,以将机构原创的内容分发至不同渠道。基本上,互联网头部流量平台已成为各媒体传播的主渠道,自带平台属性与媒体属性。

伴随移动互联网增量用户的逐渐减少、流量瓶颈的出现,产业互联网、工业互联网、智能物联网、车联网成为创新方向。可以预计,数字媒体将是"新基建"(5G、人工智能、云计算)搭建好之后的最早探路者,届时随着各媒介相互混合、重新组合创新,也将加深全社会各行业的数字化进程。因此,媒体化是一个不断创新的领域。

随着数字媒介的迅速发展,在互联网中无论是传统媒体,还是新媒体公司或自媒

---

1 UGC: User Generated Content,即用户生产内容,一般互联网流量平台都鼓励用户生产内容,比如朋友圈、微博内容就属于 UGC;在互联网平台还有 PGC(Professional Generated Content,专业生产内容),一般是从 UGC 中筛选出 PGC 精品进行重点推荐。微信推荐的热点公众号文章就属于 PGC。此外,还有 OGC(Occupationally-generated Content,职业生产内容),一般传统教育培训机构教师、记者输出的作品就属于 OGC。互联网平台上产出的内容不会像传统职业培训机构一样给予创作者稿费或报酬,它主要以流量激励为主,在市场竞争激烈时会有一定的补贴,但并没有义务支付。

体，均入驻了微信公众号、微博、今日头条等互联网内容流量平台，甚至有些传统媒体还开发出了专门的App，这就使得"媒体"的概念变得模糊，其内涵更丰富了。笔者认为，"媒体"分为"狭义媒体"和"广义媒体"，其判断标准并不是看其是否使用了数字媒介进行传播，本书给出的区分标准是判断其是否拥有《互联网新闻信息服务许可证》牌照。

"狭义媒体"是拥有一定新闻采访和调查权限并可招募职业记者的专门新闻媒体单位，一般广电报业等传统媒体居多，有的传统媒体积极转型也开发出了相应的App，把产出内容搬运到线上，比如，人们在手机上下载并浏览"央视新闻""人民日报""新华社""南方周末""新京报"等App，大家更愿意相信这些"狭义媒体"的公信力和影响力。当然，还有一些转型较为成功的传统媒体成立了独立运营的新媒体公司，这些新媒体公司获得了相关的牌照资质，比如"界面"和"蓝鲸"这两个App背后的新媒体公司都隶属于上海报业集团，尽管其运营模式与市面上的新媒体公司（比如虎嗅、36Kr、钛媒体等）基本没有区别，但从新闻资质和传统媒体渊源上看，它们依然可以叫作"狭义媒体"。

广义媒体是以互联网为主要传播途径的新媒体机构或品牌，大多数都依靠社会资本或媒体人创业项目，比如科技媒体圈内的36Kr、虎嗅、钛媒体、人人都是产品经理、创业邦、投资界、亿欧等App，以及财经圈的第一财经、雪球、格隆汇、老虎证券等App。

不管是传统媒体还是互联网新媒体，都讲究专业度，所以有无牌照在一些时政新闻题材的采访和报道上会有细微差别，在互联网评论和传播方面，互联网新媒体机构则相对开放。自媒体人相对媒体人来说，也有接地气、有主见、平等沟通、懂粉丝、以兴趣驱动内容创作等优点；在互联网开放流量平台上活跃的内容创作者和KOL也被称为"（自）媒体（人）"，他们属于广义媒体在传媒领域的延伸。

沿着"广义媒体"的丰富业态，一些互联网公司把网络媒体属性当作其业务运行的载体，在商业模式上也被投资机构和评论人士界定为"（互联网）媒体"，比如易车网、懂车帝、汽车之家等也被业内人士称为"汽车媒体"，活跃在其中的车评人也是媒体人；房产行业中的"搜房"在转型做O2O[1]之后，其自营业务被叫作"房产交易媒体平台"，一些专门收集房产交易信息的自媒体也被叫作"房产媒体人"。再如，在电影行业中，"豆瓣""爱优腾"等也被片方当作宣发"媒体"；在母婴行业中，"宝宝树""宝宝知道"等被叫作"母婴媒体"，一些粉丝多的宝妈达人也转型做自媒体业务。还有一些第三方测评机构或者咨询机构，比如艾瑞、易观、QuestMobile、TrustDate等也被称为"数据调研媒体"；连一些工具类App（比如美图秀秀、万能Wi-Fi钥匙等）为延长用户使用时间而进行了内容社区的运营，也被与其合作的数字广告平台称为"流量主"或媒体。笔者作为自由撰稿人，曾在科技媒体多次投稿，尝试入驻新的自媒体开放平台，比如公众号、头条号、百家号、企鹅号、网易号、一点号、澎湃号等，因此也被称为"自媒体"或"媒体人"。

这表明，在互联网中，人们会把提供专业内容生产的人、展示机构或者提供行业交流的平台称为"媒体"。

媒体与互联网的相似之处在于它不单是一个行业，还是无数行业和领域可以与之融合创新的社会引擎。

如今，媒体和自媒体的立身之本在于"持续的内容生产能力"，自媒体与媒体的区别是自媒体对内容进行把关、审编，能够自负盈亏，也有很多自媒体是从媒体跳槽出来单干的，按媒体生产的模式经营工作室；而媒体和互联网平台采用多个自媒体工作室模式运转原创内容，这符合互联网平台"媒体"混合化、吸纳多组织参与的特点。当然，互联网媒体化的开放发展也为企业打开了大门，很多互联网上的

---

[1] O2O 即 Offline-to-Online 或 Online-to-Offline，广义上指线上线下融合，狭义上指本地服务平台，类似于美团、滴滴、房天下等都属于O2O项目。

新媒体机构都向企业、个人同时开放，如表 1-1 所示，这为企业媒体化战略的实施提供了前提条件。

表 1-1 支持企业入驻的"媒体"客户端和网站

媒体性质	流量平台		互联网科技媒体	财经媒体	视频平台
接受个人和企业入驻的开放媒体平台	公众号	人民号	36Kr	亿邦动力	财新博客	抖音
	头条号	澎湃号	虎嗅	品途	财经网	西瓜视频
	百家号	知乎号	钛媒体	雷锋网	雪球	快手
	企鹅号	封面号	亿欧	艾瑞网	格隆汇	视频号
	网易号	Zaker 号	创业邦	站长之家	老虎证券	哔哩哔哩
	搜狐号	趣头条	i 黑马	创事记	东方财富	小红书
	一点号	脉脉号	人人都是产品经理	砍柴网	鸣金网	
	看点号	时间号	投资界		蓝鲸财经	
	微博号		界面			

1.3 为什么有的新媒体公司不愿被称为"媒体"

由于"媒体"在实践和发展过程中具有丰富的含义，导致一些广义的媒体工作人员或者新媒体公司在对外介绍自己时并不经常提及"媒体"二字，甚至一些自媒体人会自称投资人或从事其他职业的人，有些媒体机构称自己是咨询机构或研究机构，这种特殊现象是值得深入研究的。

以笔者较为熟悉的科技媒体为例，头部媒体包括 36Kr、虎嗅、钛媒体、i 黑马、亿欧等，其中，36Kr 是 2010 年刘成城在读研究生时参考美国科技博客网站 Techcrunch 创建的；虎嗅是《中国企业家》杂志执行总编李岷辞职后创办的新媒体平台；钛媒体是知名财经媒体人赵何娟创办的一家 TMT 观察媒体；i 黑马则是知名媒体人牛文文创办的创业者社群"黑马会"，属于媒体型企业服务平台；亿欧是自媒体人黄渊普创办的面向移动互联网创业者的媒体平台。这些新媒体平台内容优质、审稿严，在图文形式的基础上积极探索音频、短视频等形式，尝试付费专栏和知识经济。除了公关传播业务，这些新媒体平台还形成了创业者社群、会议路演等企业服务模式，均属于移动互联网浪潮之下新媒体公司的代表。

值得注意的是，36Kr 在 2019 年纳斯达克的招股书中并未提及自己是"媒体"，而是用"服务中国新经济参与者的卓越品牌和开创性平台"的模糊表述；虎嗅在 2015 年 9 月新三板中挂牌也未提及自己是"媒体"，而是统称为"聚焦科技与创新的资讯平台"；i 黑马的定位是"中国领先的企业科技创新服务平台和城市产业升级加速基地"；亿欧介绍自己是"一家专注科技+产业+投资的信息平台和智库"；仅有名称中带"媒体"字样的钛媒体在表述中强调自己是"全球领先的科技投资与产业服务平台，中国最具代表性的新媒体标杆之一"。

上述措辞有着缜密考量，为什么头部媒体在对外的介绍中大多会刻意淡化媒体色彩呢？笔者认为，主要原因有如下三点：

- 它们作为带有媒介属性的内容平台和互联网新媒体公司，属于广义的媒体范畴，而非狭义的新闻媒体机构。
- 一般媒体需要"立场中立"，以维持其公信力，上市后难免受资本市场的影响，再加上媒体业务竞争激烈，在资本市场估值和市值并不会太高。
- 以网站、App 为主的新媒体更突出自身的"科技属性"，把内容平台作为资源的连接器和孵化器，通常业务收入来自广告、企业咨询、用户订阅等。此外，还会涉及 FA（投资咨询）、教育培训、会议路演、商业运营服务等业务。

新媒体公司吸收了媒体在内容持续生产与内容人员培养上的优势，成为媒体化浪潮过程中的 MCN。有关 MCN 的内容，将在下一节详细介绍。

1.4 自媒体公司化：MCN 是自媒体的进阶

1. MCN 是媒体化发展的必然阶段

从不同的角度，对 MCN[1] 会有不同的理解。从用户角度看，有人认为 MCN 是专门孵化账号和 IP 的机构；从经营角度看，MCN 就是拥有多个账户的新媒体公司；从流量平台角度看，MCN 就是平台默许的文化传媒公司、营销公司、同业公会、经纪团队、网红电商团队等。本书倾向于把 MCN 视为"新媒体孵化器"来理解，认为 MCN 是媒体化发展的必然阶段，原因有以下三点：

- 自媒体的工作任务繁重，一个人做内容、编辑、运营、商务、财务，会分散创作精力，单人单干模式将限制其发展规模。内容领域的注意力竞争异常激烈，所谓"网红不努力，迟早会过气"，即使自媒体专注于自己最擅长的内容领域，也很难保证没有才思枯竭、江郎才尽的一天；而即使自媒体擅长做内容，也未必就会有流量。此外，内容分发和商务对接也是相当繁重的工作。做自媒体本身也是一项对体力和精力透支极大的工作，并非想象中那样自由、轻松。
- 自媒体存在生命周期，其最大的风险是"一朝封号，前功尽弃"，很难指望粉丝会一直追随，如果不及时转移粉丝或另开分号，就会被同行迅速替代。另外，自媒体的内容风格容易定型，既要应对竞争对手模仿，还要防止因跟不上媒体的不断变化而落伍。
- MCN 能够集中资源，拥有较强的商业化能力，可以为自媒体变现进行规划，为自媒体对接与其账户风格一致的商务客户资源，帮助自媒体渡过难关，并且 MCN 公司还会选择挖掘内容原创力强的作者向平台购买流量扶持，来缩短冷启动的时间。此外，MCN 可以通过团队招募和管理加快更新频率，壮大自媒体的业务规模，还可以引入影视、娱乐、摄影等复合型人才以适应文字视频化、

---

[1] MCN：即 Multi-Channel Network，全渠道网络。它作为一个舶来词，如今在人们的交流语境中已经成为一个专有名称和行话。本书认为，MCN 为孵化多个自媒体账户、拥有较多粉丝或有数个网红的新媒体公司，对多个自媒体账户、人设进行管理和赋能，集中进行商业化运作的机构；MCN 是自媒体发展的高级阶段，也是公司推行媒体化战略的组织形态。

严肃内容娱乐化的趋势来为自媒体进行整体赋能。

2. MCN 的种类

根据笔者的观察,目前市面上的 MCN 主要有三类,如表 1-2 所示。

表 1-2　MCN 的种类

MCN 种类	业务赋能平台型	网红孵化器型	自媒体孵化器型
MCN 机构举例	得到 App	洋葱视频	36Kr
	二更	微念科技	虎嗅
	papitube	美 ONE	钛媒体
	交个朋友	谦寻	i 黑马
	大家车言论	如涵	亿欧

(1)业务赋能平台型。业务赋能平台型的 MCN 公司是头部自媒体升级赋能多个自媒体的内容平台。比如,"得到 App"就是公众号"罗辑思维"所孵化的平台,主要通过"罗辑思维"头部 IP 的流量为更多的 KOL,如薛兆丰、刘润、吴军等大 V 的专栏进行导流,"得到"运营团队为这些老师的课程做内容和社群运营,从而获得佣金分成。

新媒体公司"二更"原先是为企业拍广告片、与电视台合作做一些外包节目的视频类文化传媒公司,在移动互联网兴起时"二更"转型做公众号,凭借专业的视频内容获取流量,2016 年"二更"进行了全渠道覆盖,并整合了全国各地团队按地域特色做"本地号"自媒体业务,由此成为移动视频内容分发商与视频自媒体培训的学院。

短视频内容创作者 papi 酱(姜逸磊)是一名头部网红,她与其经纪人杨铭成立了短视频 MCN 平台 papitube,累计签约网红超 150 名,papitube 的职能是为签约网红进行垂直化运营、商业化与流量推广。

在抖音直播电商生态中,罗永浩创办的"交个朋友"与抖音官方合作,以罗永浩为头部 IP 不断把团队成员孵化为带货主播,组成直播 MCN 来实现高频、跨品类的带货。再如,汽车自媒体知名车评人 YYP(颜宇鹏)创办了"大家车言论"MCN,旗下有颜宇鹏、袁启聪、曾颖卓、李立山等车评人自媒体专注于评车，入驻各个汽车媒体平台。

（2）网红孵化器型。网红孵化器型的 MCN 公司是根据"人设"量身定制的专业网红孵化器。比如，"洋葱视频"是成都的一家短视频 MCN，旗下有办公室小野、代古拉 k 等知名网红 IP。网红孵化器型的 MCN 公司打造的网红在国内外爆红令人关注，其中的佼佼者李子柒是全球首个在 YouTube 上订阅人数超千万的中文创作者，而李子柒的成功离不开孵化她的 MCN 机构"微念科技"，微念科技在 IP 人设规划、短视频内容拍摄、选题规划、渠道分发和流量推荐、周边电商盈利等方面给了有力支撑。2019 年，"李子柒现象"还掀起了一场关于自媒体向海外"文化输出"的讨论，这可能是 MCN 机构所始料未及的。

随着网红经济的崛起，电商网红 MCN 掌握了电商平台大量的直播流量，比如美 ONE 之李佳琦、谦寻之薇娅等，淘宝直播 App 大部分流量被电商 MCN 公司把持。网红 MCN 的激烈竞争从人设、内容层面的竞争，上升为供应链、运营体系以及平台广告流量的争夺，呈现出头部 IP 占主导优势集中力量做流量，以及自媒体网红 IP 根据行业发展细分化、产业链垂直整合化、变现能力强等特征。

（3）自媒体孵化器型。自媒体孵化器型的 MCN 即新媒体创业公司旗下的自媒体。比如前面提到的虎嗅、36Kr、钛媒体等新媒体公司均属于 MCN 公司，其中 36Kr 旗下还孵化了零售老板内参、Tech 星球、未来汽车日报、未来地产、超人评测、kr-asia 等自媒体账户；虎嗅旗下有十亿消费者、深流联盟等自媒体；钛媒体还有链得得、ITValue、消研所、钛极客等自媒体。这些 MCN 公司一般会针对不同行业的商业报道开设不同的账户。

一般由新媒体平台孵化的自营自媒体同样在自家的媒体网站、App 上开设投稿专栏，对外保持相对独立的报价体系，主媒体品牌报价相对较高，不便于发很多创业公司的稿件，由小号处理更加灵活。所有的员工均归属于总公司，均开设有独立专栏，又根据账户进行分组生产内容。此外，自媒体一般采用大 IP 孵化小 IP 模式，比如公众号"兽楼处"孵化了"包邮区""星球商业评论"等其他自媒体，作者均采用笔名人设化经营，由粉丝添加微信，也可以随时按人设名称孵化新的账户。这些 MCN 新媒体公司会根据行业和市场发展需求招募更多的员工定向孵化账户，除在自家的各渠道之间推荐、粉丝流量相互置换外，还将内容分发至互联网开放渠道中，以吸引全网更多的流量。

MCN 已经成为很多文化传媒公司的基本组织形式，甚至一些团队还获得了投资资本的青睐，媒体与自媒体的公司化、经纪化、平台化的运作方式已经成为主流，MCN 的兴起代表互联网内容行业从自由野蛮生长阶段进入专业化、产业化阶段，其规模效应和团队协作优势突显。与此同时，素人自媒体、个体户自媒体将逐渐处于支流，其发展阶段类似于自由市场经济与垄断资本主义的关系。

除此之外，未来 MCN 发展还有望出现两种新形态：一是渴望数字化转型的企业以打造 MCN 为突破口，扶持和招揽一批员工，并将他们孵化为自媒体、网红或 IP，从而帮助企业成长为自媒体平台；二是国内各大地方广播电视台、报社具备内容生产和编辑队伍的资质，"融媒体"转型可以内部转型，也可以与代运营团队合作，发展成为拥有传统媒体员工、内容、资质，同时具有数字媒介运营能力的 MCN 公司，相关内容将在下一节着重讲解。

1.5 媒体自媒体化：传统媒体转型做自媒体和融媒体

在互联网出现之后，传统媒体在流量[1]上开始"式微"，当人们很少看电视、报纸

---

[1] 流量：从媒体角度看，主要指注意力或吸引用户点击、停留的时间、使用频次，粉丝数量往往与流量成正比；从产品运营角度看，流量有用户注册数、活跃用户数，其中 DAU 为日活量，MAU 为月活量；从流量归属角度看，分为公域流量、私域流量；从平台变现角度看，有点击率 CRT、平均每个用户贡献值（付费率）（即 ARPU）、投入产出比（即 ROI）等；从企业经营角度看，有用户获取成本、买量成本、曝光率、留存率、转化率等，流量不仅仅是数据，还是互联网行业和商业模式得以运转的核心概念。一般流量规模、运营深度和精准度决定一家在线公司的业务规模。企业推行媒体化战略是着眼于"流量"经营的务实选择。

或杂志的时候，就会导致这些传统媒体机构的经营出现困难，甚至一些老字号媒体倒闭。要改变这种局面，就需要转型成为 MCN。具体而言，传统媒体 MCN 化主要有以下三点改进举措：

- 分小组、分行业进行垂直报道，每个小组有完整的班底建制，不同的账户之间既有考核上的竞争，也有流量上的合作，团队人员可轮岗学习，也可以多创造一些晋升空间。不同的媒体账户有的主打消息传播，有的主打评论人风格，有的主打短视频等，具体风格由小组决定，集团提供素材和采访资质，发放工资，并对 MCN 各小组成员按照流量高低予以奖励。
- 大胆启用"95 后""00 后"年轻人，并给予他们独立运营的空间，先扎根于某一个互联网平台，以年轻人喜欢的内容风格重新包装和输出内容，尤其是传统媒体拍摄的专题视频或者采访资料可以转为短视频内容，作为新人练手和入驻互联网平台运营的启动内容。
- 传统媒体可尝试与市面上的自媒体运营团队进行"代运营"合作，共同设置好流量提成比例。

这些是传统媒体转型"融媒体"的常规操作，让传统媒体的所有工作流程（包括选题策划、采访、编辑、审核、发行等）均按照互联网的执行流程进行变革。事实证明，传统媒体按项目组分别孵化自媒体矩阵，能够激发组织内部的活力和创造性，与国内一些大集团公司推行的"阿米巴模式"或者"海星模式"内部创业模式有异曲同工之妙，成功案例已经出现了一些。

比如，国内传统舆论阵地中各地的共青团入驻新媒体平台，军事频道栏目逐渐适应短视频平台传播，其制作内容很受年轻网友的青睐。再如，国内在融媒体领域转型较为成功的有《人民日报》和《新京报》。《人民日报》除了传统的发行渠道，在网络上还有《人民网》网站，《人民日报》（海外版）旗下的自媒体账户"侠客岛""学习小组"的影响力较大，观点鲜明，文笔犀利。另外，《人民日报》还与百家号合作，从百家号中筛选一批优质账户的内容发表在"人民号"上。可以说，《人民日报》已逐渐成为相对开放的平台型资讯端。《新京报》旗下的新媒体矩阵包括新京报网、千龙网、新京报 App、千龙发行 App、微信矩阵、微博矩阵、抖音号、快手号等，其微信号自媒体矩阵包括重案组 37 号、新京报评论、新京智库等。

一般由传统媒体转型的融媒体与新媒体公司的区别还是较大的，比如，前者对信源要求较为严格，稿件要经过严格审校，刊登速度较慢，采纳后会支付稿费，而新媒体公司的网站或者互联网内容平台吸收网上的投稿后通常不会支付稿酬，这使得互联网平台上的内容创作者经常遭遇变现难的问题。在这种生存压力下，会导致互联网媒体或内容创作者的盈利模式与传统媒体及融媒体有较大的差异，一般自媒体盈利模式为 IP 影响力之下的公关软文变现，吸引平台流量补贴或成为平台广告投放的流量主、用户打赏、社群运营变现等多种新兴模式。关于企业在线上的商业模式，本书第 3 章会详细解读。

1.6 "媒体化"发展趋势

对面临创新压力的从业者和组织机构来说，均可借助媒体化的力量，使自己成为媒体的杠杆资源、资源聚合器或能量倍增器。

数字媒介[1]与传统媒介最大的区别如下：

- 媒体载体的碎片化和混合化，内容创作的细分化和产业化。由于不同年龄、性别、地域、职业、教育背景的人在媒介中的偏好会有差异，媒介的选择项极多，使得人们在不同的情绪、场景下使用的媒介也不一样，这导致数字媒体用户依

---

[1] 数字媒介：主要是指互联网媒体，与"新媒体""互联网媒介""网络媒体"等的表述意义一致。而"媒体数字化"则侧重于传统媒体转型互联网。本书中，"媒体化"主要是指基于互联网的传播形式。在书中关于"新媒体""新媒介""数字媒介"等表述形式较多，为避免读者理解混淆，此处特别强调，媒介即媒体，媒体化即媒介化，主要是企业组织内部在经营的全过程中重视数字媒介的作用，具体会视语境需要灵活运用。

然是分流的、多场景的、个性化和圈层化的。

- 媒体化的核心特征是"数字化",能把多种多样的传统媒介的内容、功能进行线上化呈现。在纸质媒介中,很多报纸媒体和杂志已开始以网站或公众号形式呈现内容,图书采用的纸质媒介也在快速数字化,比如墨水屏、电子屏阅读设备的出现推动电子书的普及;听书 App 还可以实现书本的有声化等。其他传统媒介也逐渐找到了数字化的生存方式,比如电视已更新迭代为智能电视、智慧屏等,甚至还把手机或电脑的内容投屏在电视上;广播媒介开始向网络音频平台或车载广播转型,等等。

- 媒体化的特征是媒介之间的相互融合,任何纯粹的单一媒介已不存在,任何孤立地看待一种媒介与互联网之间的绝对区别的看法已经过时。比如,任何一个终端的音乐作品可能都经过了乐谱、录音棚、调音室、视频 MV 等多种媒介的混合。

- 媒介化集成了"自媒体"、"媒体组织"和"MCN"多种形式,并且可以灵活转化,自媒体在弱小时可以向媒体投稿,由媒体背书,积累名气;自媒体强大时可以自立门户成立新媒体公司,并孵化其他新的自媒体账户;MCN 与互联网平台相互协作,成为其内容生态的一部分,并且市面上永远都需要那些真正有行业观点、影响力和原创能力的自媒体,其作品接地气,能够积累私域流量,能够投入更多的精力去维护客户。自媒体具有"自"(自组织、自由创作、自我闭环等)和组织方式"小而美"的灵活属性,这些优点可以被企业以 MCN 形式充分吸收,让企业更好地发挥平台的影响力。这使得数字媒介形成的内容产业是个性化、非标化、开放且不容易产生垄断的。

从"全媒体"的维度上看,数字新媒介大致有两个新的演化方向:

(1)互联网流量平台成为事实上的"全媒体中心"。比如,微信公众号自媒体、短视频自媒体与音频自媒体之间的界限正在变得模糊;今日头条实际上已发展成为融合不同媒介形态的全媒体平台,包括长图文、碎片化社交分享、音频、中视频、直播、短视频等,而依存于互联网流量平台的自媒体在内容表达上会越来越丰富,其流量渠道的选择相对集中,而混合媒介平台的用户会越来越多,其生态也会越来越繁荣。

（2）无论是企业组织还是政府组织，都将积极推进融媒体、"全媒体"策略。如果说传统报纸广电模式是 Media 1.0，互联网门户是 Media 2.0，以微博、微信公众号为代表的自媒体是 Media 3.0，那么自媒体与传统媒体共同入场，文字、短视频和音频等混合媒体就是 Media 4.0。而自媒体本身融合了多种媒介，逐渐成为一个个独立的发声主体，网络 IP 传播出去是"一个人"，其背后却是一群人在推动，为企业介入创造了无限可能。

从媒体化视角看，个人自媒体、机构媒体、传统媒体、新媒体公司、互联网数字媒体平台等各种各样的媒体形态呈现出相互包容、相互促进的生态，没有传统媒体和新媒体之分，都是媒体化浪潮的一员。

企业如何才能应用媒体化战略思维与经营方式实现数字化转型？不同类型的企业在利用数字新媒介方面有何差异？相关内容将在第 2 章探讨。

第 2 章

传统企业与互联网公司的媒体路径差异和改进策略

本书创作的初衷是帮助企业以媒体化思维提升其传播的影响力,尤其是助力广大传统企业[1]在数字化转型升级中弯道超车。笔者曾在传统企业、互联网公司从事过宣传和推广工作,深感顺应(互联网)数字媒介发展趋势的媒体化战略是众多企业转型方案中成本低、见效快的选择,本章对此将进行深入解读。

传统企业由于依赖线下实体门店和渠道,在电商及互联网流量模式冲击下,一直很难摆脱在营销推广范畴的劣势,在被移动互联网冲击的十年内,一直存在究竟是"传统企业主动转型互联网+",还是"等待互联网平台来整合和改造传统企业"的困惑,这使得人们盼望的实体产业升级换代、实现高质量发展的进程依然存在重重困难。

从媒体化视角看,传统企业对应的媒介偏好是传统媒介,互联网公司对应的媒介偏好是数字媒介,具体区别如表 2-1 所示。对比传统企业和互联网公司的传播特征,

---

[1] 传统企业:这是从互联网从业者的角度对泛实体行业的一种自带优越意识的叫法,其实并不限行业,主要是指还未进行业务数字化、在线化的企业,以线下的实体企业偏多。实际上,没有与时俱进结合最新生产力的企业都可以被称为传统企业。

不难找到传统企业业务推广的"症结"所在,也就能够有针对性地从数字媒介层面对业务进行升级。

表2-1 传统企业与互联网企业的媒介投放差异

名称 差异项	传统企业	互联网企业
市场特征	以销售和回款为导向	以传播为营销基础
决策差异	基于老板决策、人海战术、中心化	基于数据化、流量运营效果
用户接触点	标准化产品	非标品、差异化服务、组织模式
路径惯性差异	迷信重渠道、分销、发工资	迷信重传播、注意力指标、ARPU
优秀员工特质	狼性、热血、执行力	靠谱、工作线上化、适应变化
总部营销核心任务	产品宣传物料、培训、打广告、督促回款	拓客、拉新、留存、资源获取和置换、媒介PR、流量圈地或巨头合作
用户特征	不可查询、不可跟踪、大众化	顾客信息数据化、ID可画像洞察
利润来源	客户	用户、广告、VC、"韭菜"、平台补贴
投放特征	偏场地化、纸面化媒介、偏文字、重团队效果	社媒媒体、垂直媒体、KOL自媒体、低边际成本、强圈层影响和用户认可

1. 传统企业的媒介投放特征

在笔者看来,传统企业的媒介投放具有如下特征:

(1)重视场地化媒介布置。主打线下快消品的传统企业更相信可见的媒介效果,尤其是公司办公区位和场地对潜在客户与合作伙伴的"第一印象"冲击、震慑,以及销售终端促销"最后一米"的注意力争夺。电梯广告也是这些年传统广告媒体最好的生存媒介之一,至今依然有分众、新潮、梯影等主打电梯渠道的传媒公司。

(2)重视纸面化传播,视频传播相对滞后、低频。传统的营销公司通常比较重视有名气的官方媒体。由于文字可以长期留存或使用,很多老板还是喜欢出纸质图书;传统企业在视频宣传方面并不擅长,更多地以宣传片和传统电视投放为主,但企业的很多宣传视频素材容易过时,比如,观众可以从宣传片中的人使用的手机、电脑的型号等轻易看出拍摄时间，从而判断出是"已过时的宣传"。因此，视频内容一般有着较明显的时效性。另外，关于企业对电视广告的投放随着电视观看人员的锐减而急剧减少，一些黄金时段的电视广告主打老年人消费产品，而收视率最高的春晚的电视广告近年来主要由互联网公司赞助和投放。

（3）重视团队内部效果反馈。很多企业内部的宣传材料（如公司简介、市场物料）不仅是员工的销售话术与培训材料，还是企业消费者、潜在应聘者、合作伙伴等了解公司的窗口，因而企业宣传材料是新媒体传播的必备素材和依据所在。企业的很多外部传播内容都会先从公司内部反馈开启，甚至管理层还会根据员工在朋友圈中转发公司的内容比重来判断员工的忠诚度。

传统企业在媒介化选择方面存在明显的弱点，比如，过分重视以领导为中心而忽视内容应以用户为导向；主要报道对象为公司领导，仅有少数优秀员工才有资格登上台面被全员关注；内部审核流程相对严格；外部宣传往往因为缺乏对外部媒介环境的了解和掌控而缺位，尤其是在互联网传播渠道，往往偏重广告而轻公关，倾向于投放一些有明显宣传意图的、生硬的广告。

2. 互联网公司的媒介投放特征

互联网公司更加重视对外的媒介沟通，对内部宣传往往使用相对简单的PC端官网页面，包括公司简介、团队核心成员、主营产品等。在对外的品牌传播过程中，互联网公司的媒介投放特征如下：

（1）重视媒体声誉和搜索引擎的权重。一般企业在自媒体平台开通账户用微信订阅号，其实百家号、头条号、企鹅号等均可用于发布公司通稿，企业新媒体运营人员将订阅号或者官网同步内容传播至各互联网资讯端；在媒体公关资源较好的条件下，有些新闻通稿稍加修改后还可以投递至一些媒体页面，确保能够被搜索引擎搜索到即可。

（2）重视对媒体人的公关，尤其是以发布会为纽带联络的媒体人。目前大厂媒介 PR[1] 会事先确定全年的（产品或品牌）发布会计划，然后由公关向媒体一对一发出邀请，并聚合在新设的微信群中，由媒体或自媒体在群内提供通稿链接，这种模式在线上线下均可进行。

（3）重视垂直 KOL 原创视角和有主见的客观评论。一般自媒体是业内有一定钻研能力、以独立视角发声、有个人风格和鲜明观点的内容创作者，他们对企业产品或者行业的二次传播属于"半自来水性质"。一般企业媒介公关会优先选择与自身合作较多的自媒体，如果自媒体认可公司和创始人，效果会更好。

不难看出，传统企业与互联网企业之间的传播策略对应的是不同的组织文化和业务模式，就传播范围而言，传统企业影响的是内部员工，属于管理手段；互联网企业的传播基本上以对外的数字媒体为主，影响的是行业合作伙伴、客户和投资人，属于市场手段。传统企业对媒体的理解偏"狭义的媒体"，因而倾向于总结性质，看重媒体的"背书"意义，投放频次较低；互联网企业对媒体的理解比较全面，重视"广义的媒体"，看重新媒体的流量，传播节奏短而快，与公司的发展保持同频。

互联网企业对媒体的重视程度明显高于传统企业，具体体现在：就与各自的客户群体互动而言，互联网企业或平台更容易被新用户、潜在客户所了解，对网络负面信息反馈比较及时。反观一些传统企业的网络传播信息比较陈旧，有的甚至还存在一些负面信息一直没有得到处理和澄清，可见传统企业对媒介管理的疏忽。就传播力而言，互联网平台型公司聚集了大量的用户流量，并以技术为载体掌握了线上流量的运

---

1 PR 即 Public Relations 的简写，公共关系，简称"公关"，既可以表示公关活动，也可以表示一种岗位，指"专门从事组织机构公众信息传播以及关系协调与形象事务的调查、咨询、策划和实施的人员"。本书中所说的公关主要是指企业内部与媒介打交道的公关部门人员或相关的工作。

第 2 章　传统企业与互联网公司的媒体路径差异和改进策略

营权，这使得传统企业在企业推广的声量、声势上都无法与互联网企业相提并论。

本章将分 5 节从传统企业、中小企业，以及偏市场人员驱动的创业公司转型和升级的角度来确立企业推行媒介化战略的原则、路径和目标，以期传统企业在媒介运用上弥补短板。

2.1　传统企业与互联网企业的根本区别不是线下与线上之别

很多人认为，以线上业务为主的企业就是互联网企业，以线下业务为主的企业就是传统企业，这种简单划分是很难站得住脚的。因此，需要厘清传统企业与互联网企业的根本区别。

实际上，电商企业离不开线下的供应链和物流支撑，例如，京东在线下的投放是很多零售企业的很多倍。本地生活服务平台离不开线下的地推和服务人员，例如，美团点评的绝大多数员工都是线下的外卖人员。现在还有很多新零售公司基本也是需要线下落地的，比如，无人零售店、共享充电宝、共享雨伞、电子烟、新零售咖啡、生鲜及社区团购等项目的销售渠道都走线下，甚至很多手机厂商（比如苹果、华为、小米等）均有线下门店。因此，盲目采用线下与线上这种方式来划分早就过时了。

在笔者看来，互联网公司最本质的特征是业务"数据化"或"数字化"。互联网在产业中落地，最先数据化的领域是"媒体"，比如门户网站和博客。其次是社交通信或一些线上的聊天社区，比如 QQ；最有商业价值的是商品交易的数据化，如淘宝。在 PC 时代，百度将媒体网站连接起来；在移动时代，今日头条（字节跳动）将自媒体和内容创作者连接起来。因此，只要能把自身的业务数据化，能与用户之间实现在线交互的公司就是互联网公司。

所谓"互联网+""AI+""云+""智能+"等，均不是企业转型升级的最终目标，

媒体化战略：数字时代企业如何做好公关与内容营销

企业转型升级的真正目标只有一个，即"彻底的业务数据化"，否则只是抓一些互联网公司的表象。很多企业在试图打通业务数据与消费者之间的交互时，发现其中存在难以逾越的障碍。比如，在酒店业，万豪的五星级酒店就算再好也没有办法和希尔顿酒店的数据打通；在线下商圈中，万达的商业地产做得再好也没有办法和其他商业综合体的运营数据打通；在家电领域，海尔整体智能家电的解决方案再好也没有办法和格力的大数据打通；在零售食品业，周黑鸭的零售做得再好也不可能和精武鸭脖的零售数据打通。众所周知，打通这些业务领域数据化的工作是由携程、美团点评、京东、阿里、百度等互联网公司构建并完成的，这些互联网公司有比传统企业更强的开放性。严格地说，传统企业都可以走线上，但不可能做到业务数据"全行业化"打通。

尽管互联网平台型公司之间有数据壁垒，但互联网巨头都会做一个完整的版图来整合资源。传统企业经过这几年的转型，基本上完成了组织内部各个模块的单线程式数据化，与其说"互联网+"，不如说用上了互联网公司开发的 SaaS 系统，或者使用了互联网公司的工具和平台，最终其业务全流程的数据化还有待完成。

如何才能做到全行业数据化覆盖和打通呢？大型公司（比如海尔、苏宁等）的路径是"自成体系"，向产业链做延伸式开放，但它们对同行就很难输出自己的核心能力，比如一些制造业企业形成了自身的工业互联网解决方案，但其他制造企业会更愿意使用互联网公司的技术，而不是同行企业的技术进行内部升级。中小型公司数字化转型除了入驻平台，还可以成为行业内有影响力的新媒体品牌，类似于房产行业的同策、易居、明源等侧重以媒体运营来为同行提供有用的咨询、信息或者资源；小微企业团队"船小好调头"，在平台流量生态中生存，比如一些服装店老板在淘宝、抖音、快手中进行直播，其业务使用平台的一些电商工具也能实现初步的数字化经营。

由此可见，媒体化战略是中小微企业以效率更高、成本更低的方式触达客户的刚需选择，也是业务数字化的必经阶段。

2.2 为什么传统企业转型失败率高

近年来,"传统企业互联网+""企业的数字化转型""制造业的智能化升级""工业化与信息化两化融合""实体企业搭建工业互联网平台"等转型升级潮此起彼伏,整体而言,互联网和数字技术充当了更先进的生产工具。但是要明确的是,互联网行业并不完美,存在一些局限,比如,互联网行业有很强的"马太效应",流量资源主要集中在头部公司,可能大多数互联网公司的"日子"并不乐观,如很多软件开发公司做出的系统或应用必须以免费形式培育市场;再如,互联网科技圈在"风口"故事层面推陈出新,但在商业变现层面却相当平常,很多产品对外的话术与其核心业务逻辑不一致。但是互联网公司在数字媒介与流量生态上呈现出普惠性和先进性,使其焕发出无穷的魅力。

倘若仅从纳税额、提供的就业岗位数量和毛利上看,很多实体企业可以超过一些互联网公司,但是当传统企业希望绕开互联网平台的媒介和流量生态"另起炉灶"时,就会发现转型和"跨界"的坑一个比一个大。比如,开发一个产品就需要养一个技术团队,要花不少钱,程序员的工资相对于其他工种是较高的,一线城市的程序员平均月薪是 15000 元,而 2020 年同等薪资只能在新一线城市招募开发经验在 3 年以下的人员,一个企业自建技术团队和产品,经过测算大概需要 25 人,仅一年的平均工资就需要 400 万元至 500 万元。随着项目的不断增多,人员扩充,成本还会不断攀升,而产品经过开发、测试、运维之后能否被应用在业务中,需要运营团队持续投入。当产品开发出来后,如何让产品活跃起来、数据运营起来,从而形成一个有生命力的流量生态?这需要持久的投入。

虽然企业转型升级的成本特别高,但"数字化升级"依然是刚需,一方面,企业需要提升智能和精细化管理水平;另一方面,企业需要给用户提供更好的产品和服务体验,再加上只有数字化才能充分利用互联网的"零边际成本"的规模效应和平台轻运营优势，这使得数字化转型升级依然是摆在当前所有企业面前的时代命题。除了投入，企业还必须针对数字化升级进行相应的组织结构调整，比如由哪些部门牵头落实、如何实现部门之间业务数据的协同，以及在相应的企业文化层面做好顶层设计，找准突破口尤为重要。在笔者看来，对大多数企业而言，从技术创新、产品应用角度突破难度较大，只有以"媒体化"为切入点，逐渐实现传播和营销的在线化，在（移动）互联网平台基础上进行资源整合和业务再造。

众所周知，国家高度重视数字科技的基础创新，在"新基建"[1]40万亿元投资计划的刺激下，人工智能、5G、云计算与大数据中心，以及新能源汽车、车联网、物联网等将成为未来数字经济时代的重要产业。而对大多数没有资源和技术积累的公司而言，在构建数智时代的平台和生态方面，仍然是头部科技巨头的机会，这些巨头愿意每年投入大量的费用来做研发和基础应用，等生态场景搭建完之后，能够为创业公司提供新的产业机会。

对大多数中小企业而言，由于转型或者升级的代价很大，方向也很难确定，这就意味着越是低成本的操作路径越容易成功。转型或者升级不是组织的基因变异或嫁接，而应该是组织内部的新陈代谢，是经营体业务发展的"第二曲线"。绝大多数创业者和企业生存的当务之急是在移动互联网流量经济成熟的条件下做务实的业务调整，比如，把精力放在如何做市场推广、怎么聚集流量增长粉丝、怎么做直播带货、如何做私域流量等，而非研究怎么开发一个新的改造行业的产品。这些都是"媒体化战略"在执行层面的主要内容，在本书的"执行篇"和"落地篇"中会展开解读。

---

[1] 新基建：相对于面向物理世界的基础设施（比如公路、港口、电网、高铁、加油站、城建、4G基站等旧基建）而言，新基建主要面向数智世界的基础设施，包括人工智能、云计算与大数据中心、工业互联网、新能源充电桩、特高压、5G、芯片、国产操作系统等。

2.3 纯实体企业数字化升级的三条捷径

当前消费互联网的线上生态已经成熟,智能时代的底层技术逐渐成为数字经济的助推引擎,企业无须再"重新发明轮子",而是要想办法结合自身优势顺势而为、筑巢引凤。笔者认为,媒体化战略是企业更务实地利用互联网不断成熟的基础设施,在媒体和流量平台上以低成本进行内容运营,通过打造 IP 形式获取私域流量,再逐渐通过规模化地孵化更多的 IP 形成 MCN 机构协同转化流量,通过社交电商、小程序电商、直播电商等模式找到一条适合广大线下企业的应用落地途径,更具有实操价值。

接下来将详细介绍纯实体企业数字化转型与升级的三条捷径。

1. 在自己最懂的领域深耕

任何一个行业绝不是表面上看起来那么简单的,而是有许多不为外人道的业务节点和合作方向。以餐饮业为例,就有团餐、社会餐饮、智慧餐饮等众多深挖点,既有连锁经营、品类爆款经营,也有团购、外卖平台、扫码点餐系统多种发展模式,在任何行业中要生存下来都必须做对一些事情。企业如何把所处行业的业务数据的逻辑研究清楚,并做成数据链路流转的模型,这对互联网平台才有被整合的价值,特别是在细分领域有充足的数据化工具与核心优势的创业公司,往往需要有能将互联网与具体行业相结合的顶尖人才,因此一些互联网平台通常会不惜巨资收购或进行投资合作,以避免在拓展新业务时走弯道。

务实的企业家不会盲目跟风,而是会想办法把产品毛利做得更高,把企业做得更具规模,从而更好地服务于消费者,例如,华为、比亚迪、娃哈哈、老干妈等公司无须互联网概念加持。因此,传统企业除深挖产业链获取数据外,还可以投资的方式进行布局来打通行业数据,并不需要费力地亲自做产品。做投资最重要的还是"懂行",这比有些专业投资机构调研之后做决策更有洞见。

2. 坚持公司服务和交易产品载体的"私域流量化"

"私域流量"是企业能够直接触达的客户资源，并且不需要给平台交纳相应的成交佣金，其留存、触达、强黏性是企业对抗未来经营风险的保障。

笔者建议，如果企业的客户不到 1000 人，就只做私人微信号；如果客户太多，就开多个微信号，并用老板的头像作为微信号的头像，再转移一部分新客户给助理进行运营，朋友圈内容和老板的主号一致即可。如果是销售企业，则可以让销售人员起花名绑定公司内部注册的微信号来服务于更多的客户，这样即使销售人员有流动，其他员工也可以使用这个花名账户来维护公司的客户资源，当客户资源较多时，企业可以开通小程序互动社区和商城，并借助微信等平台进行直播带货。

App 是互联网的主流产品，通常每个品类的 App 都只有头部的一两家才能存活，越是大型互联网平台，就越像八爪鱼一样，从不同维度去吸附用户的时间和能量。互联网 App 的用户账户[1]强黏性往往是由产品矩阵支撑的。很多企业渴望拥有自己的 App，以更牢固地掌握数据和产品定义的主导权，但是传统企业既要与免费的、具有内容生态的超级 App 抢流量，又要让 App 完成各种指定的线上运营 KPI，是很难收到效果的。所以，大多数企业其实并不需要搭建 App。

相对来讲，私人微信号是免费的，小程序开发难度低，有很多第三方小程序系统生态服务商提供解决方案，运营难度也低，可以把互联网平台的私域流量引入小程序中，从而打通用户的数据链。另外，现在小程序平台相对较多，能够降低"把鸡蛋放在一个篮子里"的风险。

互联网公司往往不会热衷于做小程序，主要是因为不好谈估值和融资。实际上，

---

[1] 用户账户：每个用户都会有一个 ID 号，类似于线上产品使用的第一道门槛与通行证，也是用户大数据的基础。大公司通常会让同一个用户账户打通多个产品，以让该 ID 逐渐接近于用户真人，比如微信账户、支付宝账户、头条账户，可以对应打通腾讯系、阿里系、字节跳动系的产品，并且使用小程序时无须另外注册。

小程序在线下消费场景中的用户体验相对较好，例如，一些实体门店、商城、卖场可以提升线上交易效率。可以预见，小程序在头部 App 流量占据绝大多数的格局下依然会长期存在，并且其应用场景较多，适合私域流量比较成熟且已规模化的团队，也适合大多数企业把小程序当作 App、网站、店铺来设计，让小程序成为一个与用户直接进行联系、互动、沟通，促使用户消费的载体。在小程序产品的用户使用量达到一定量级，并且一些功能已无法满足用户需求时，就可以做 App 了，此时 App 的存活率会大幅提高。本书第 12 章对私域流量和企业对小程序的应用有更详细的解读。

3. 全员做自媒体

很多时候，传统企业转型做互联网企业都是"烧钱的"，只有全员转型做自媒体才是省钱的。

以往企业最"烧钱"的部分其实是打电视广告，现在大部分企业都已经把广告费用分散投放在百度、腾讯、阿里巴巴、字节跳动、美团、京东、拼多多、快手、小红书等互联网平台。有意思的是，这些流量平台能够吸引用户的大多数都是内容平台，其流量来源除冷启动时由平台"买量"外，其余时间绝大多数是由自媒体和不同类型 MCN 的自媒体矩阵输出内容吸引而来的。当前很多互联网平台即使不是纯内容平台，也会试图通过搭建内容社区来延长用户的使用时间，增强用户黏性。与平台的广告费用相比，自媒体的性价比更高，并且能够长期相互合作，这也是为什么自媒体的利润比很多传统的广告公司、市场调研公司还要高的原因。从媒体化战略视角看，真正长期做广告投放或公关预算的公司应该考虑自建自媒体渠道。相关内容将在本书第 5 章、第 11 章详细解读。

传统的宣传策略是市场人员做策划和宣传，运营人员做推广，都是主推公司的"蓝 V"账号或者公司品牌。如果以媒体化思路来运作，应该学习新媒体公司做人设 IP，主推用户想看的垂直内容账户，再把流量聚集起来做私域流量、社群等，而不是靠打广告来做产品或者品牌推广。企业的品牌部或者宣传部应该自觉扮演公关公司的角色，按自媒体内容品类做自媒体矩阵，打造个性化的 IP，把公关预算投放到旗下运营的自媒体账户体系内。本书第 4 章会讲解媒体化营销，第 6 章、第 10 章对企业如何做媒体公关会有详细解读。

近年来，移动互联网培养了大批优秀的自媒体运营高手，有的自媒体本身就是公司化运营，何不借大好机会网罗集结人才？例如，上海有一家 K12 一对一培训公司，曾经按照笔者的建议内部孵化了一个文化传媒公司，由公关部的多位员工共同运营一个原创的行业订阅号，起了一个看起来像个人自媒体的品牌名称，它们凭借对教育培训行业的了解，擅长从第三方角度报道教育行业，积累了一定的行业名气，成为"腾讯教育"等业内媒体重点维护的自媒体账户，仅一年时间就实现了公司的传播目标，节约了百万元公关投放费用。

在笔者看来，任何一家公司都可以对本行业进行商业评论和媒体化内容创作，也可以针对终端消费者和网友进行视频化输出，只是很多企业缺乏对相应的内容营销、账户定位、内容选题以及持续内容生产的合理规划。其实在大型互联网公司中，均有对外的行业公众号或媒体布局，比如，快手的"快手商业洞察"专业提供快手生态的行业评论；阿里巴巴旗下的"天下网商"传媒公司；腾讯新闻旗下众多独立运营的自媒体工作室，如"谷雨实验室"等。更多类似的案例可参考本书第 13 章的内容。

传统企业转型的突破口其实就是把上述三大捷径与本书中讲的媒体化战略的其他技巧融合在一起，由易到难、层层深入，结合互联网平台与生态服务商的力量一起推进往往能够事半功倍、立竿见影。

2.4　企业的媒体化组织原则：员工即自媒体、公司即 MCN

经常有刚毕业的大学生咨询有关职业选择的问题，笔者会推荐热爱文学创作的朋

第 2 章　传统企业与互联网公司的媒体路径差异和改进策略

友先去新媒体公司上班积累经验，这对其未来职场的长期发展是很有帮助的。在本书第 7 章、第 8 章对媒体作品创作方法和技巧有详细解读。

公司推行媒体化，并不是简单地让所有的市场人员、公关人员把对品牌的宣传从传统媒体迁移至新媒体，而是公司各部门进行组织变革以适应数字媒介化的战略调整，从而真正解决企业在传播推广上的短板。在媒体化推行过程中，企业要转型成为 MCN 公司，公司的市场部和宣传部要升级为文化传媒公司和公关公司，每个员工都需具备为公司也是为自己的"自媒体"思维，基于"公司是一个媒体，每个员工则是自媒体"的经营思维来运作新媒体，以充分释放广大员工的积极性。

有人担心当前内容饱和，员工参与自媒体会不会制造更多过剩的内容；还有人认为新媒体很简单，不需要专人去经营。实际上，真正的好内容永远是稀缺的，很多媒体公司就相当于一个中小企业，有的自媒体的利润比同产业链的一些公司还要高。企业需要学习新媒体公司或 MCN，在设计账户时有清晰的账户运营规划，并针对团队的实际情况选择媒介，有的适合做内容，有的适合做产品服务或销售推广。对企业来说，最重要的是调动企业全员参与自媒体，而不必拘泥于具体形式。比如，企业全员把朋友圈开放出来主动传播对公司有好见解的内容，员工分组按主创的方向录制短视频为公司项目导流，通过直播做主播带货；员工主动添加客户微信并进行长期跟踪和联络，定期向客户推荐公司的产品和服务等。当员工的这些操作形成销售和市场的合力时，就远超内容营销所带来的流量。

媒体化战略追求的是"员工即自媒体、公司即 MCN"的境界，企业尊重员工"为自己同时为公司"的利益诉求，企业要想办法利用相应的机制激发员工的创造性和能动性，甚至公司可以退居幕后，台前都是一个个"IP 型员工"。

企业推行媒体化战略在组织形态上是向 MCN 靠拢，以彻底释放员工进行内容创作和新媒体运营的潜力，其职责大体如下：

- 需要对员工自媒体明确责权分工。公司作为平台的责任是做好账户设置、平台流量推广、粉丝运营、市场导向、绩效考核等工作，以保证员工能够充分发挥自己的长项，做到相应的利益分配制度化。
- 企业要根据员工创造内容的流量数据给予返佣、奖金等激励，避免"吃大锅饭"；员工的主要职责是做好账户的内容，他们可以用内部的花名或笔名来署名，以提升账户的关注度和内容热度。
- 公司作为 MCN，可以收获内容流量与高粉丝曝光率；员工作为创作者，可积累线上知名度并贡献自己的才华。企业通过这一套类似于新媒体公司孵化个人 IP 模式的运转，能够大幅提升企业的传播效率和新媒体运营能力。除账户内容运营分工以外，比如门店导购员可以做品牌的带货员或者主播；教育培训机构的老师可以做受学生喜爱的网红教师等。当员工结成自媒体矩阵后，就可以将公司账户分配给不同的员工负责运营。
- 公司对外是内容原创型新媒体团队，以及掌握数个 IP 流量大号资源的 MCN，甚至可以孵化一些具有不同人设、符合不同粉丝群体的新 IP 账户，全网囤积流量，也可以把粉丝或用户转化为各个 IP 人设账户的私人微信好友或微信社群朋友。社群做得越多，用户标签越丰富。企业还可以在社交电商平台挖掘一些社群人员（关键意见消费者，KOC）为企业带货，平台则为这些 KOC 群主或者团长提供技术和供应链支持。

有人会担心：员工做自媒体会不会干私活或者跳槽？公司运营的自媒体账户主体一般是公司，除了有众多用户流量的优秀人才可由公司与其提前做好利益分配协议外，绝大多数情况是以公司注册或者拥有所有权的新媒体账户为主进行运营。现在很多"95 后"是很难用工资留住的，他们渴望实现自身的价值，这时企业要想清楚作为平台是否要为员工赋能，而不是雇佣一帮执行者。为防止因人员流动带来的客户资源流失，公司可以给员工起花名绑定私人微信号，这样如果一个员工离职，接替的人还可以用这个花名绑定的私人微信号，从而实现让员工成为客服自媒体的目的。成为 MCN 的公司需要相信员工并培养员工，依靠这种模式能够让企业打破业务增长瓶颈，提升移动营销水平。

2.5 企业传播的目标

虽然传统企业在网络媒体属性和商业传播效率上不如一些互联网公司，但互联网行业并不比工业、农业和线下服务业等行业更高级。说到底，互联网是由一个个经营实体或用户驱动的，互联网的终极目标是信息分享、数字普惠、价值传递，而非仅仅追求财富或者形成线上资源垄断的工具。企业利用互联网做传播时要梳理清楚传播的使命、愿景和价值观，回归到商业的本质进行思考，才能正确使用数字媒介。

很多企业对互联网已经"祛魅"，在互联网上要么卖内容，要么卖物品，前者消费的是用户的注意力，后者消费的是用户的钱包，两者是任何一个企业都需要的。由于现在平台的流量推广费用越来越高，从盈利模式上讲，很多互联网流量平台实质上是数字广告营销平台，仍然要依靠广大企业作为广告主才能实现盈利。由于互联网平台的流量是开放的，可凭借自媒体账户以较低的成本获取，所以绝大多数企业应毫不犹豫地推进"媒体化战略"，用"媒体化"的一些策略和技巧更好地克服当前的瓶颈，比如，如何以更低的成本做传播？如何更常态化、可持续地运营好自己的市场？如何让媒体公关更好地服务于自己的商业模式？

1. 线下企业成为新媒体主力军的优势

如果企业成为新媒体的主力军，则会展现出比个人自媒体、文化传媒公司和纯以内容创作为主的自媒体团队或公司独特的优势，具体如下：

首先，很多传统媒体、新媒体公司和自媒体的盈利模式都受限于公关广告收入。这在很多营销号中表现尤为明显，营销号靠商业广告盈利无可厚非，但这通常使很多媒体的商业内容因利益驱使对客观报道大打折扣，从而削弱了媒体的公信力。相对而言，企业媒体化发声有更强的目的性与可控性，企业媒体的刚需是流量曝光，而不是流量变现，有独立的收入体系的企业拥有更"自立"的本钱。

其次，现在互联网流量平台受巨头投资关系的影响，无法完全避免在舆论场中以立场先入为主。由于互联网公司在媒体化以及收购新媒体平台方面已经大大领先于传统企业，这使得实体企业特别是一些工业和制造业企业的发声相对微弱。但企业自媒体的出现有利于注意力、资本和人才的均衡化，最终也有利于互联网内容生态的丰富化和垂直领域数据化渗透率的提升。

最后，社会对企业监管相对严格、透明，企业传播的核心诉求是积累商誉，不易陷入各种流量乱象中，在大是大非问题上，为长远利益考虑，企业会比很多普通人和媒体公司更理性，市场导向更本土化。

在泛新媒体化应用方面，企业在新媒体创新模式上能够极大地扩展媒体的组织模式和发展空间。由于传播是一个专业活，企业不一定能够干好，媒体平台对创新技术应用的要求通常较低，对内容用心程度的要求却比较高。一个企业的最低保障是生存下来并盈利，其传播的最高使命是服务用户、造福社会。企业媒体化要常态化，应以造福社会的目的来做传播，在帮助更多的人了解自己的同时实现"利他"的目的，唯有如此才能避免陷入内容粗制滥造，把用户当流量的陷阱中。

2. 企业媒体化的传播策略

如何才能调整企业传播策略，适应媒体化战略转型呢？笔者认为举措如下：

（1）致力于让更多的人了解和相信企业文化。除员工外，还要让客户或消费者清晰地了解到公司的价值观、愿景与使命。企业文化要契合社会主义核心价值观，要扎根在广阔的文化沃土中寻求内容营养。比如，中医行业就应该传播中医文化宝库，招聘员工时应该明确要求员工相信中医，并对中医有一定了解，鼓励员工主动传播和分享相关的行业知识。每一行都有其宝贵的思想财富和文化底蕴，要挖掘并持之以恒地传播，使之成为组织的生存信仰。

第 2 章　传统企业与互联网公司的媒体路径差异和改进策略

（2）努力让自己的媒体化实践从一开始就与业务增量结合在一起，传播内容就是布道、宣讲、播种，认同行业前景、公司模式和操作方法的朋友更容易主动成为项目的合作伙伴，从而实现业务的闭环。比如，笔者给客户写文章就希望为项目带去增量资源，当文章成为名片时，企业员工面对自己的客户时就不需要再做自我介绍或商业模式介绍。又如，有位创业者听笔者建议之后，招了很多新媒体编辑做公众号运营，在微信中搜索同行业的竞品品牌时，都能搜索到这家公司的公众号，这不仅节省了巨大的推广费用，还拉动了业绩增长。再如，有的牛肉产业基地扎根于快手生态，为中腰部主播提供供应链供货支持，由这些主播进行直播带货，或导流至企业客户微信中进行成交等。但又要防止把自媒体 IP 账户当作企业的宣传阵地，一味地投放广告只会自降身价，内容要让广大读者喜闻乐见，并且越来越专业。

（3）坚持自媒体矩阵私域流量培养与媒体公关的品牌传播相结合的模式。有的企业只有自媒体传播，没有媒体公关；有的企业只有媒体公关，在自媒体矩阵布局上却过于保守，这些都较为偏颇。创业公司和融资初期的项目要多利用全网自媒体平台发布文章，并主动通过私域流量社群"刷屏"，而不是融资后再做传播。在"热钱"多的时候，很多 VC 都会看朋友圈里谁的软文多，就主动对接谁的项目，其看重公关传播重要性的决策逻辑是：媒体公关的内容是企业对外的"名片"，能够告诉外界"我是谁、我在做什么、我未来会怎么样"。因此，创业公司尤其需要具备媒体公关能力。在互联网营销时代，经常听到一些抱怨的声音，比如"越是埋头苦干的同行，越没有会忽悠的过得潇洒"，实际上，在传播方面的投入也是市场的一部分，要把"酒香不怕巷子深"的思维转变成"好酒在酿造的时候就要开始传播"。如果企业在踏实做产品的时候就通过短视频形式展示给种子用户，待到真正成型后，很多忠实的用户也就"养成"了。其产品生产的过程和细节都以新媒体"作品"的形式进行传播，何愁没有用户知道，何愁无法转化用户呢？

"媒体"是为企业与客户、利益关系人牵线搭桥的"媒人"。企业应把传播业务置于公司业务的长远发展计划中，而不是试图以短期流量数据作为 KPI，企业要把媒体内容运营与用户需求、用户活动、用户服务紧密结合起来，让媒体化营销成为业务的倍增器和增长引擎。因此，媒体化战略是一种"长期主义"的经营方式和组织方式。

当然，不同行业的商业模式不同，在同一行业中商业模式也将直接决定不同公司之间媒体化战略的差异。因此，有必要从互联网角度梳理不同行业的商业模式，从而为企业数字化转型找准方向，以及为自主制定传播策略创造条件。有关内容将在第 3 章进行系统梳理。

第3章

根据商业模式确定企业的媒体化坐标

互联网行业相对比较复杂，不同职业的人有不同的认知角度，从媒体角度观察，也可以形成对互联网行业的规律认知。经过前两章的介绍，相信大家对互联网媒体行业已经有了大致了解，对企业如何推行媒体化战略也有了大体轮廓。在"认知篇"中还有必要介绍加强对商业模式的学习。商业模式是商业世界发展的一般规律，对互联网企业尤其重要，对推行媒体化战略的企业更深入地了解互联网环境、与平台合作大有帮助，因为只有真正弄清楚了商业模式，企业传播人员才知道如何有针对性地进行传播，如何将媒体化经营获取的流量进行变现，从而帮助企业完成数字化升级。一般在不同的发展阶段，企业对商业模式的解读和传播重点各不相同，尤其是在竞争激烈的数字经济环境中，只有把握了行业的商业模式的特点，才能在企业传播过程中提炼出差异点，并在推行媒体化战略的过程中结合商业模式的发展方向予以内容矩阵和营销手段层面的支撑。商业模式作为媒体化战略的必修课，本章将对相关内容进行系统解读。

3.1 如何快速看懂商业模式

在互联网公司中，业务流量和商业模式是最关键的，有流量往往是跑通商业模式的前提，因为只有拥有流量，客户才会有项目合作意向，但很多创业项目的"命运"一开始就很坎坷，有的处在撰写商业计划书（BP）阶段，还没有积累起足够的流量，只能靠商业模式的构想来融资，在初创团队中，商业模式设计、打磨、运转、打通的重要性甚至超过了项目的流量资源的积累。

能把商业模式简明扼要地讲清楚着实不易，笔者发现市面上很多关于商业模式的案例已过时，这些商业模式要么已走下坡路，不再活跃，要么早已被新的商业模式所迭代。笔者通过已有的商业模式案例大体总结出了对商业模式的认知框架，相当于提供一个"脚手架"，当读者遇到陌生、复杂的项目时能有思考工具可用。要想快速看懂商业模式，还应多经历项目的锻炼，"操千曲而后晓声，观千剑而后识器"，看多了，也就有了感觉，但核心逻辑是"万变不离其宗"的。

商业模式是制定媒体化战略的向导，只有掌握了商业模式，才能"有的放矢"。《孙子兵法》有云："知己知彼，百战不殆；不知彼而知己，一胜一负；不知彼，不知己，每战必殆。"这要求我们不仅要弄懂自己公司业务的商业模式，还要对涉及本领域的其他竞争者的商业模式有清晰的了解，只有这样才有可能在竞争中取胜。

1. 商业模式=盈利模式+服务模式+组织模式

商业模式包括三个层次：第一个，回答项目如何赚钱，也就是所谓的"盈利模式"；第二个，回答靠哪种方式去服务用户，也就是"服务模式"；第三个，回答如何聚集自己的用户并扩大规模，也就是"组织模式"。因而可以总结出一个基本公式：商业模式=盈利模式+服务模式+组织模式。

（1）盈利模式。"盈利模式"是以公司账上的收入从哪里来作为判断依据的，收

第 3 章 根据商业模式确定企业的媒体化坐标

入来自客户的就是 To B[1]模式，来自终端消费者的就是 To C 模式。

以华为公司为例进行说明。华为的客户有哪些？华为在做手机（To C）之前，它的客户主要来自企业（在做手机之前，华为主要还是一家 To B 公司）。作为 5G 主要的通信技术供应商之一，华为在全球市场均有大量的组织市场客户。清晰、稳固、多元的盈利模式是华为不融资、不上市的底气所在。

国内大多数互联网公司的现金流来源于资本市场融资，即 To VC[2]模式，一般 To VC 公司的归宿是上市，否则投资机构只能一轮轮地启动融资才能让早先的投资机构"退出"，而投资机构的盈利模式是"退出"（即投资机构在投资项目中所占的股权低买高卖），很多投资机构会选择在项目上市后市值处在合适的高点时"退出"。

盈利模式最终还是要回归到市场消费者或客户的。也就是说，主流的盈利模式就两种，要么是 To C，要么是 To B。在互联网行业中，把 To C 称为"消费互联网"，To B 称为"产业互联网"，其中消费互联网企业主要向用户提供内容、工具等使用产品的项目，一般 To C 规模大但盈利模式不是很清晰，相对更依赖资本市场；产业互联网企业主要经营组织市场，客户以企业或者企事业单位为主，比如，政务云市场、SaaS 市场就属于 To B，To B 盈利模式相对比较清晰，有较为稳定的现金流，是行业产业链中的重要环节。2020 年新冠肺炎疫情推动企业数字化转型升级需求增强，加速产业互联网进入黄金时代。当然也有一些 To C 互联网巨头为了壮大盈利规模，也有 To B 业务，它们往往能把企业当用户，并且在赋能企业业务中实现业务闭环，其中，To B 中订单量大、长期合作的客户被称作 KA（关键大客户）。在现代商业中，人人都应有 To B 和企业服务思维。一般 To C 大市场会有一些 To B 公司作为供应链的一部分，从某种程度上说，任何大的消费市场都有相应的媒体公司作为供

---

1 To B：即 To Businesses，以企业或其他组织为客户，在企业服务市场基本都是 To B。
2 VC：即 Venture Capital，风险投资，指市面上的风险投资机构。一般风险投资机构被冠名为"XX 资本"，其盈利模式是聚集 LP（Limited Partner，有限合伙人）作为出资人的资金进行管理，通过投资一些创业项目，待项目成熟之后"退出"而获利。

应链的重要环节。

（2）服务模式。"服务模式"是指为客户或者消费者提供什么东西才"值钱"或"回本"，有的是产品（比如荣耀手机），有的是内容（比如腾讯视频的 VIP 影视节目、To B 产业自媒体提供的约稿内容），有的是预期保障（比如平安车险），有的是技术解决方案（比如浪潮云为企业和政府提供 IaaS、PaaS、SaaS 解决方案和工业互联网平台，微盟为中小企业提供小程序一站式解决方案，小鹅通为自媒体提供知识店铺小程序，科大讯飞为企业提供智能语音识别系统，数澜科技为国企和大型集团公司提供数字中台和 DaaS 解决方案），有的是搭建一个信息展示或销售平台（比如天猫为实体品牌搭建线上销售平台，58 同城和安居客为中介公司提供房源展示），等等。这些服务通常也是公司的核心产品。因此，在服务型企业中，市场部与技术、产品部门之间的配合越来越紧密。

（3）组织模式。在商业模式中，"组织模式"其实是一家公司的核心竞争力，也是最难模仿的部分。由于互联网技术和产品给很多行业带来了"组织模式"的重构，也使得近年来出现了很多商业模式的创新。比如，以往企业的组织模式是以"金字塔式"为主的，即企业通过分地域、划片区搭建自己的销售管理渠道来负责铺货和管理回款，但这种组织模式付出的管理成本和沟通成本巨大。由于互联网具备跨区域、价格信息开放、管理沟通层级扁平的特点，这使得很多传统公司不得不应对互联网的冲击和挑战。

以教育行业为例，传统教育机构设立了很多分校，但很多机构在三线以下城市很难吸引大学生去做培训老师，而互联网教育平台如 K12 机构中的掌门 1 对 1、学而思网校、阿卡索等基本都能做到，这是互联网平台模式的先天优势。

真正的互联网公司并不会去专门获取"下沉市场"和"下沉用户"，这实际上仍然是从传统组织模式去看待线上用户的，大众消费品市场中消费者的需求和人性是相通的，其差异主要体现在购买力上，这就需要用不同的价格对产品进行区分，但这绝不意味着三四线城市的用户与一线公司处在不同的"平行世界"中，否则是违背商业常识的。

现在的互联网公司一般是"强总部，轻支部"的，与传统企业的组织模式恰好相反，过去那种各地开工资的销售人员加起来远远大于总部管理人员的情况对互联网公司而言是难以承受的。互联网公司总部有很多技术人员，但支部的劳动人员基本上可以通过市场共享或者外包合作来解决，这一方面能够为总部节省人力成本，另一方面，可盘活社会闲散资源。这种互联网模式在支配更多的闲散劳动力、新个体经济方面表现为"分时经济"和"灵活经济"。

当然，有人会说，互联网化组织模式的"异类"就超过了总部人员，比如京东的配送员甚至占 80%之多。京东采用这种组织模式实际上是迫不得已，因为更轻、更高效的组织模式早就被阿里巴巴做了，由于巨大的物流和人员成本，京东本身对快递人员的"外包化"、配送的智能化最终将不可避免。但自营快递员的模式的确使京东用户拥有比其他 B2C 电商平台用户更好的购物体验。

互联网的组织模式也被称为"平台模式"。"平台"的概念在很多领域极其含糊、泛滥，只能凭情景理解。从低人力成本的维度上看，平台模式往往是通过搭建一个线上交易平台，让各方参与到其中，不为这些参与者发工资，以严格的社区契约取代对公司员工的纪律约束，让参与其中的人"自组织"形成的。无论是靠现金交易的电商平台，还是靠广告流量变现的内容平台，均需要构建起流量生态。当然，电商交易平台相对内容资讯平台的商业价值和市值"天花板"更高。

比如，滴滴出行公司并没有给平台的司机发工资或交社保，这些司机都是个体创业者，他们之所以愿意通过滴滴平台拉活，前提是滴滴平台有客流量，有单接，滴滴则在每一单中抽取服务佣金。再如，美团采用每单向商户抽佣的形式作为盈利模式，外卖配送员并没有与平台签订劳动合同成为其正式员工，而是通过外包和即时奖励的方式稳固人员。可见，组织模式的先进程度决定了平台的规模和运行效率。

我们再来看阿里巴巴的平台模式。阿里巴巴并不需要雇佣快递员，也没有做线下仓储，甚至没有像小米公司那样按照电商逻辑选品的思路去联合工厂制造产品，它实际上是"自组织"运营，让平台的参与者获得利益分配并活跃下去，就可以像滚雪球一样越做越大，剩下的"苦累脏活"基本由其他电商项目去做。从资本市场的逻辑看，京东的商业模式与阿里巴巴的差距不是在流量和 GMV 上，而是在组织模式上。在中国互联网公司中，阿里巴巴的平台级现金流业务尽管在流量和投资广度上比不上腾讯，但其盈利模式有过之而无不及。

（4）"组织模式"的重要性为何优于"服务模式"和"盈利模式"？

先来看"盈利模式"，企业利润无非来自用户、行业合作客户、资本市场投资人三大类。互联网公司的收入来源要么是"羊毛出在羊身上"，要么是从商户那里抽成，要么是通过提供平台服务收取技术费用，甚至还有可能压根就赚不到钱，卖得多赔得多，等到做大流量规模后再上市，以战略亏损换用户流量，打下整个市场，再慢慢做大利润空间，由此形成互联网行业"制造风口"无限的游戏，但是为什么很多项目就是做不起来呢？这是因为商业模式需要服务模式和组织模式共同支撑起具体项目的"盈利模式"，服务产品容易因同质化而失去竞争力。

以知识经济为例，互联网内容产品的服务效率要高于传统的实物电商销售，因为它没有任何商品库存的压力，核心拼的是用户留存、复购和"消课"（即用户购买课程后的完成率）情况。比如一位老师讲的某门课程火了，其他平台或老师会蜂拥而上，最终比拼的是如何让更多的学员为这门课程买单。最后此类服务产品就不得不陷入各种返佣、裂变模式中。由此可见，服务模式的壁垒并不是很高。

在知识付费领域，罗辑思维和得到开创了与出版社合作的"讲书-卖书"模式，樊登读书会则以樊登输出课程为主，以讲课嘉宾老师录音课程为辅，它们的服务产品只有实现付费用户"滚雪球"式裂变，才能实现内容产品的"边际效益"，因而人员组织至关重要。樊登读书会的组织模式是典型的"重总部轻支部"模式，整个 App 的运

第 3 章　根据商业模式确定企业的媒体化坐标

营人员和技术人员共数百人，而樊登读书会的推广大使主要由在各地举办书友会的书友组成，不发工资，自组织，相当于"荣誉会员"。现在很多人听书的主要目的不只是因为渴求知识，还是为了交朋友，线下社群组织者无非是多送几年的 VIP 会员，总部不需要过多的成本。樊登读书会最有价值的线下社群构建的是一种用户自组织模式，当读书会成员在线下社群、朋友圈中自发成为推手时，也就解决了流量获客的瓶颈问题。

很多项目的商业模式从逻辑上讲非常完美，流量多、规模大、效益好，但最终输在了服务模式和组织模式成本过高的问题上。比如，前几年盛极一时的共享单车行业就是如此，与平台模式相比，共享单车突出的"共享"概念从来没有真正落地过，单车是摩拜和 ofo 等公司投钱所造，它们负责车辆投放和后续运维，所投的钱是由 VC 参与的，即使 ofo 曾经单日线上订单量超过滴滴，但仅在单车的维修成本上也足以让投资人赔得血本无归，其唯一的翻身希望是合并整个共享单车，但由于利益纷争而没有成功。摩拜被美团收购之后成为其亏损业务，最终连品牌一起换成了"美团单车"，对美团而言，摩拜单车的注册量可以提升美团的流量，成为户外活广告。共享单车的商业模式并不是平台模式，产品重投入、重运维成本、低成交价为行业败局埋下了隐患，这是无论用多么强的传播攻势和短期的媒体影响力都无法弥补的。

网约车的商业模式已经被成功验证过，滴滴出行的平台模式有很强的头部效应，市面上除了滴滴，还有一些汽车厂商、地图软件、外卖平台等组建的网约车平台，由于网约车平台与出租车牌照业务之间是相互竞争的，地方政府不太愿意看到更多的网约车平台来挤压出租车公司的生存空间，因而一直对后准入的网约车平台在多个城市经营的牌照有把控，一些网约车平台寄希望于能再用一波波强势补贴把用户、司机凝聚起来，但很难成功。那种不发工资的平台要活跃起来其实比发工资的平台更难，构建该领域里的平台生态的最佳时机已经过去了，就像现在再创建一个阿里巴巴的电商模式和微信一样不现实。既然现有的生态已经很成熟了，就无法再复制。

"组织模式"高壁垒产生的后果是"轻平台"模式比所谓的"重服务"模式更容易在市场中生存,做"重服务"模式是形势所迫,这也是 2014 年至 2016 年很多 O2O 项目没有跑通的重要原因,因为做"重服务"模式需要很多钱,又不得不让投资人买单,胜出的只有极少数幸运儿。类似于京东、美团这样的公司在资本市场"钱荒"时几乎是不可复制的。

有人会提出反驳意见,既然互联网公司在线下设渠道和自营服务人员的模式投入相对比较"重",那么小米、华为和智能家电厂商为何会在不同的城市开设线下门店呢?这是由于手机、电视等硬件产品的盈利模式是"一分钱一分货",其成本除了生产成本、营销成本,还包括售后成本,尤其是电视等大宗产品需要安装,开设线下门店能以手机存量用户的黏性来扩大更多的周边电器产品的销售,提升复购率,顺便覆盖售后成本。

因此,在互联网平台的商业模式中,组织模式的重要性强于服务模式,服务模式的重要性强于盈利模式。前两个环节的基础打牢了,盈利模式就是水到渠成的事情。

2. 如何看待平台模式的"平台税"

互联网公司对商业模式最大的贡献就是"平台化"模式,平台化模式可以充分释放互联网的用户指数级增长和流量红利优势。

互联网诞生时更多的是信息传播领域的"共享",越往后发展,越是资源、技术的共享,而共享的前提是"让利"。因此,平台因为开放整合了更多的交易额和线上流量,呈现出指数级增长效益,与完全依赖自身品牌单打独斗成为某个行业领导者的线性式增长不同,因而互联网平台的市值远远高于实体行业的公司。

互联网交易平台的盈利模式接近"平台税",目前各种电商模式和服务平台交易模式有很多,比如 C2C、B2C、B2B2C 等,严格地说,均有"平台税",只是具体的表现形式不同。

以阿里巴巴为例，2019 年集团整个财年的收入为 3768.44 亿元，净利润为 876 亿元，从运营模式上看属于 To C，而平台的盈利模式却是 To B。由于淘宝商城内每个 SKU 中都有很多商家的产品，商户需在平台内买流量位（直通车或者钻展）或者支付以算法推荐商品的技术服务费用，这就构成了淘宝的收入。阿里巴巴最核心的业务是阿里妈妈，其核心技术是用户账户图谱技术，通过数据中台来匹配用户购买精准的商品，从而提升商户的成交率。

再如，在 O2O 服务平台领域，美团交易佣金比例根据市场的竞争状态进行浮动。例如，2019 年第一季度是 13.87%，即表示用户买一单 100 元的外卖，美团提成 13.87 元，商家一般就会把外卖价格定得比堂食的高，每单外卖配送费用则由用户另外出。美团业务线比较多，不同品类的佣金比例会根据经营情况进行浮动和变化。滴滴平台的交易佣金比例会根据交通情况来调节，每单抽佣 20%~30%。

在互联网短视频平台领域，以快手为例，很多网红主要的收入来源就是开直播让用户送礼物打赏，快手平台与用户之间是五五分成，快手实际上是目前最大的直播平台。抖音直播此前是按三七开算的，达人提 30% 的打赏收入。平台运作越成功，往往抽佣就越强势。

当然，也有一些平台的玩家对"平台税"不满，但他们不一定就会离开平台。对平台型企业而言，一方面，平台搭建了基础设施，就像过高速路收费一样；另一方面，平台运行需要支付的带宽费用、服务器费用、CDN（内容网络分发）费用等都是成本，再加上很多人在平台上之所以能够成交，是因为平台为其导流、派单，平台为其获取和留存用户花了一定的费用。平台的抽佣无可厚非，这是平台与其参与者之间的游戏规则，重要的是抽取多少的"度"是平台管理者需要权衡的。

3. 互联网平台模式的改进：S2b2c 模式[1]和私域流量模式的崛起

互联网的商业模式按照行业类型具体固化为"游戏模式"、"广告模式"和"电商模式"三类。其中"游戏模式"从手游普及之后主要以用户充值购买装备、皮肤闯关为主，正是由于这种盈利模式导致主流的游戏基本上以竞技、挑战类游戏为主。腾讯正是凭借其在游戏领域的丰厚收入，才能在构建内容生态时显得从容淡定。

目前移动互联网流量最大的平台是微信。除游戏模式外，腾讯由于掌握了流量最重要的筹码而投资国内众多的互联网公司，成为最大的 VC 机构。微信之所以比其他互联网产品更能成为移动互联网国民级应用和普惠的基础设施，除了它是最大的社交工具和移动支付工具，主要还是因为微信社交关系链具有很强的黏性，并且不需要商业模式。张小龙曾说过，"微信是一个工具，而不是一个平台"，作为连接人、资金流、企业、产品、线下物等的综合工具，很多微商和运营私域流量的企业活跃其中，不定位于平台却胜似平台，其中从新媒体信息聚合角度而言，它是一个最重要的社媒传播平台，很多个人自媒体、新媒体公司、企业小程序等也是充分利用了微信不收"平台税"的特点。

"广告模式"是互联网行业中比较普遍的商业模式，只要是流量平台，就可以通过卖流量盈利，很多优秀的互联网平台型公司实际上也是数字广告平台，比如，BAT、字节跳动等均以广告作为重要的盈利模式。这也反映出互联网平台流量对线下商户、广告主是成交的刚需，而数字广告平台不仅能够承接广告主的投放需求，还可以满足

---

[1] S2b2c 模式：是互联网技术解决商对入驻企业的流量不加以直接影响，企业可以开设互联网工具获取"去中心化"流量的一种赋能模式，是对中心化流量平台模式的改进。其中，"S"（Supplier）是平台搭建的技术型基础设施，"b"（business）是入驻平台购买软件和系统的商户，"c"（consumer）即消费者或用户。处在平台端与用户端中间的商户有很多，叫作"小 b"，"小 b"与"小 b"之间没有合作联系和往来，各自通过"S"提供的工具来服务自己的用户，以构建私域流量。值得注意的是，b、c 均为小写，表示分散的市场主体和消费者，而 S 为大写，表示平台。S2b2c 无平台税是适合企业进行数字化转型的模式之一，与企业入驻各互联网内容平台做自媒体有异曲同工之妙。

第 3 章　根据商业模式确定企业的媒体化坐标

一些有流量但缺乏变现模式的开发者的利益，也能够为互联网行业各个 App 提供买量，实现用户增长需求。这使得数字广告平台成了广告媒介公司，这种广告模式运行得越成熟，流入的广告交易额越多，传统媒体生存就越艰难。

"电商模式"对商业模式的贡献最大，电商无论是演变成网红电商、本地服务电商、团购、拼购还是直播电商，其核心都是平台如何平衡用户端与商户端之间的关系。近年来，新电商模式更加依赖零售过程的数据化，而新零售以大数据为支撑来打通供应链、价值链与资金链，协调商品流、信息流与物流。电商模式按照平台对商户流量的控制程度分为中心化电商和去中心化电商，其中，中心化电商平台比如阿里巴巴需要商户向平台购买流量获得推荐；在去中心化电商平台中，企业商户可以搭建网店或小程序直接向用户提供服务，并获取私域流量，仅需要交纳一定的技术服务年费，S2b2c 就是去中心化流量的平台模式。当前市面上的 S2b2c 模式有以下三类：

（1）微信提供的基础设施和微生态服务商。微信鼓励无数"小 b"使用小程序、微信支付、腾讯云服务等产品作为数字化转型的工具，企业无须交纳相应的交易佣金。而为广大企业提供数字化升级技术解决方案的 ISV 服务商如微盟、小鹅通等就是典型的 S2b2c 模式，仅收取技术服务年费，而不会对企业进行交易抽佣。

（2）扎根在垂直行业内的赋能平台。既聚集了精准的用户流量，也为行业内企业提供业务载体，比如，房产交易领域的房多多、互联网家装领域的土巴兔等，推动了消费互联网与产业互联网的融合。

（3）自媒体 MCN 公司。企业以自媒体形式入驻流量平台，MCN 公司本身是平台，孵化旗下的自媒体"小 b"，由自媒体触达 C 端用户或粉丝，并且 MCN 机构无须交纳相应的平台税，能够为企业囤积相应的私域流量。

4. 对商业模式的研究是企业传播的前提

对每个商业模式的梳理和研究都需要有相应的案例作为支撑，只有充分理解了这些案例，才能总结出其中的商业模式。真正的行业观察者往往需要研究数百个商业案例逐一理解。

在商业世界中，哪些需要着重传播，哪些需要避而不提，甚至有的公司对内部的品牌宣传和媒介公关人才的教育背景和职业背景都有相应要求。一般情况下，商业模式中的盈利模式不会成为企业公关传播的重点，除非这个项目还处于起步阶段，需要更多的投资人和行业人士理解才会做商业模式的传播。例如，腾讯公关不会传播其游戏收入，阿里巴巴公关也不会对外传播其收了多少佣金或者营销收入。再如，百度、头条对其广告销售体系的组织模式也不会向外公开，有时只有等公司上市后才能从财报中看到这些信息，但是它们会对其自身的服务模式即平台能够给予用户或合作伙伴的产品、技术等优势进行重点传播。

要想快速了解一家公司的商业模式，我们可以作为顾客体验一遍，再结合产品、商业计划书和网上的通稿去理解，也可以结合该行业中头部平台的财报信息类推。企业的商业模式越来越务实，比如，在盈利模式上，一些服务商开始先收钱，再办事，鼓励用户提前购买一年的VIP，保障现金流之后再提供服务；在组织模式上，未来平台会鼓励更多的人在平台上创业而非打工，平台以更少的人力成本获取参与者更多的自由时间。

商业模式是一个项目的精髓所在，在一家公司规模比较小的时候能看得很清楚，甚至能根据商业模式做出预判，当这家公司的规模壮大后，往往会更擅长进行文化包装和公关传播，以吸引更多的投资机构和行业合作伙伴关注。当一家公司已经具备很大的规模时，就很难再看清楚这家公司的商业模式了，其传播策略与公司自身的业务发展是相关的，但从商业模式的本质和分析框架入手依然不难得出更内行的认知。

3.2 To C 企业的媒体化风格

To C 模式是指主要面向消费者进行传播和销售的商业模式，对大众消费品市场的企业而言，促销、带货通常是营销的主要目标，它们在做企业传播、媒体选择或者自媒体投放时会以销量作为评价标准，甚至会把一切企业传播理解为做广告，这导致很多销售驱动型企业以带货效果来评判媒体和自媒体的投放效果。但是从媒体和自媒体角度来看，以带货为目标的广告投放是在透支自己的影响力，媒体渠道毕竟不是电商渠道，这就使得很多时候 To C 企业的媒体投放相对低频，仅仅为了做品牌背书而没有被当作推广手段。

在新媒体的应用上最适合 To C 企业的传播方式是直播带货。营销是把对的商品通过对的地点以合适的价格卖给合适的人，在直播带货中，品牌、产品是主角，具备消费者的交易场景，直播导购团队选品，通过线上推介的方式，以打折促销的手段来销售、去库存，因而"直播"逐渐成为带媒介属性的数字营销手段。在本书 9.3 节有关于直播电商的详细解读。

在网络推广和销售方面，电子消费品、汽车、房子等领域摸索了不少成功的经验，值得其他领域的 To C 企业与媒体打交道时借鉴。

1. 电子消费品的媒体化投放方式

在电子消费品方面，近年来手机厂商（如华为、小米、OV 等）的媒体化投放特征有趋同化趋势。具体推广方式如下：

（1）重视明星代言。企业和明星之间签约通常不会超过 2 年，以互联网上受追捧的流量明星为主，比如荣耀 7 的代言人是陈坤，荣耀 8 的代言人是吴亦凡，荣耀 9 的代言人是胡歌，荣耀 10 的代言人是赵丽颖，华为 nova 的代言人是张艺兴和关晓彤等；类似于娃哈哈与王力宏签约 20 年的情况现在越来越少。不同企业会根据目标消费群选择相应的明星或名人作为品牌代言人，以实现更好的传播效果。

（2）重视粉丝营销。例如，对手机的粉丝营销最成熟的社媒平台是微博，明星饭圈文化与手机圈粉丝营销重叠，手机厂商比较重视微博"大 V"、微头条"大 V"。每个企业都有相应领域的垂直 KOL 和自媒体人。

（3）以发布会为节点做公关传播。企业发布会通常会大量邀请媒体人参加，将由企业、公关公司、媒体人组建的发布会社群作为活动预热、传播的临时工作平台。例如，手机硬件评测圈层的模式基本以企业与自媒人相互合作为主。在本书 10.6 节对企业召开发布会的内容会有详细解读。

2. 大宗消费品的媒体化投放方式

大宗消费品具有交易金额大、商品保值率相对较高、购买流程复杂、需要众多信息作为参考、销售人员需面对面沟通和服务等特点。下面以与房子、汽车相关的产业链为例介绍其媒体化投放方式，具体体现如下：

（1）高度依赖搜索引擎作为精准消费者的导流入口。一般买房和买车信息的决策周期比较长，会通过高频搜索进行全面了解，甚至会出现一些企业购买竞品品牌的关键词等进行推广导流的情况。

（2）厂商优先选择垂直内容平台和交易平台进行投放。比如，58 同城也被房产经纪公司称为"媒体"，懂车帝、汽车报价大全 App 等平台由于内容专业、流量精准也被厂商和公关公司作为"媒体"投放的阵地之一。

（3）高度重视口碑推荐和自媒体 KOL。由于用户对产品的购买决策需要大量信息作为参考，处于行业中的楼市自媒体、车评自媒体比较活跃，对用户购买决策的影响较大。此外，这些自媒体的楼盘置业的粉丝群还是下游装修、建材装饰销售的客户群，新车粉丝群往往是汽车改装、美容等业务的重点客户。

不难看出，以产品销售和用户复购为核心的品牌营销的 To C 媒体化投放广告已逐渐由电视媒体过渡到互联网平台，并呈现细分化、垂直深化的趋势；在媒介选择上，以网络新媒体为主，以传统媒体为辅，其中，电视冠名广告等主要是"双11"、"6.18"、国庆、元旦等互联网平台的大促节点。To C 媒体化传播愈发重视互联网流量平台的力量，相应的企业公关投放的合作对象相对稳定。而预算相对较少的企业和品牌往往倾向于采用店铺流量运营、软文推广等模式。

3.3 To B 企业的媒体化风格

To B 企业传播主要影响的是行业人士、产业链相关客户和合作伙伴，以及能够做决策的老板、投资人或机构等，其媒体投放以公关传播为主，广告买量为辅。

To B 相关投放还是以文字自媒体为主，在短视频、直播、音频等场景都很难作为载体进行相对理想的传播；而相应的公关文章往往需要有较强的逻辑性与可读性，文案的论述对象涉及所传播公司的市场状态、商业模式、App 及技术解决方案、线上服务相对于同行业所处的优势、创始团队发展理念、公司业绩、行业焦点事件等方面，需要原创作者懂业务逻辑，同时写出媒体所认可的有原创观点的评论文章。

To B 解读一般以科技、财经为主，企业通常会优先选择与行业相关的垂直媒体进行传播，比如，互联网行业公司以虎嗅、36Kr、钛媒体、人人都是产品经理、创业邦、投资界、亿欧、界面新闻、品途商业评论、艾瑞网、Donews 等为主；涉及上市公司或者财经领域的公关主要以财新、第一财经、格隆汇、财联社&蓝鲸财经、老虎证券、雪球、鸣金网等为主（见表 1-1）。具体的合作形式除了与这些媒体单独进行一对一合作，还可以直接与这些垂直媒体的专栏作者或资深自媒体 KOL 进行约稿合作，向这些渠道投稿。媒体对自媒体稿件的筛选除内容质量外，还会拦截一些软文内容，以便维持与企业之间的合作。不过由于媒体的投放价格通常比自媒体高，一些企业通常会选择与自媒体专栏作者进行原创合作，由自媒体将稿件分发至全网各个开放的媒体平台。

自媒体有深度、说理性的文章通常追求的是影响受众的精准度，而非吸引眼球的流量，一些垂直度高的 KOL 账户尽管阅读量在 1 万人次以内，但依然会有企业青睐。由于流量肯定是有考核的，一些粉丝多、名气大、分发渠道广的自媒体更容易成为公关公司的选择，公关公司在与自媒体议价时会更有优势。为解决深度内容的流量瓶颈，一些带团队的作者已经开始结合文字做相关的短视频（发在西瓜视频、哔哩哔哩等平台上）进行组合传播，获取视频流量为自己的影响力加持。从增强企业传播影响力的角度看，内容创作者做内容多媒介组合是有必要的，能提升客户的满意度。

垂直 To B 媒体和自媒体一般分布在电商及新零售、人工智能、智能硬件、SaaS、云计算、区块链+、智慧城市、金融科技、数字营销、财经等领域，甚至成为相对细分的自媒体行业，有的自媒体专家甚至可以帮助一些中小企业梳理出企业的传播核心价值点和策略，深受老板和企业公关负责人的青睐。与此同时，还有一些懂本行业的专业撰稿人，企业也可以多加接触并寻找合作机会。除此之外，企业还需要主动筹划媒体公关与媒体化行动，具体如下：

（1）重视媒体关系的日常化。与业内垂直自媒体保持联络，创作合作选题；组建媒体人社群，定期向媒体人社群发布公司通稿，由媒体人员发红包让大家进行转发，可以降低自媒体被竞品吸引的可能性。

（2）企业还可以研究自媒体文章的套路，深挖文章风格，针对自媒体的投稿渠道和分发渠道以原创内容进行分发，同时把精力放在企业开设自己的自媒体账户运营上，例如，开设"X 行业观察""XX 科技""XX 财经""XX 商业观察""XX 频道"等，尽可能不突出公司品牌名称，以网名或者花名形式发布一些专业视角的评论稿件，让市场部成为专业的自媒体团队，直接以自媒体形式进行一线公关实践。这实际上已经成为互联网大厂的标准动作，并推动了企业公关部门自媒体化的过程。

（3）入驻更多的互联网开放渠道。比如，百度百家号、头条号、网易号、搜狐号、新浪看点号、企鹅号、一点号等，尽量以个人账户，而不是以公司账户入驻这些平台，如果找不到合适的人，则可以用相关的文化传媒子公司账号注册，招募相关人员以自媒体形式来运营。

3.4 免费模式的媒体化风格

互联网与其他行业显著的区别是线上产品大多是免费的。比如，在 App 应用市场中，安卓手机的应用商城中基本都是免费产品，但各应用市场以广告模式盈利。腾讯的很多互联网产品尤其是社交软件对用户都是免费的，但其构建的国内最稳定的流量生态的商业价值不可估量，通过微信"九宫格"可一窥腾讯投资对"腾讯系"产品重要性的排序与引流，腾讯还通过流量生态构建出公众号生态、小程序生态、生态服务商产业链等。免费模式在一定程度上是"放长线钓大鱼"，追求的是更长远的流量利益。当然，如果从宣传免费模式角度看，则需要突出互联网平台的普惠价值。

"免费"已经成为互联网与其他媒介的主要区别之一，有些内容平台不得不先期以免费形式吸引用户，继而推出一些增值服务产品进行商业化变现。比如网络媒体平台上的内容也是免费开放给读者阅读或观看的，这样能从庞大的用户群体中筛选出部分愿意付费的 VIP 用户，如国内已有 36Kr、虎嗅等新媒体尝试知识付费形式。在知识经济领域，知乎、得到、喜马拉雅、蜻蜓 FM 等也是免费与付费并举的模式。

就自媒体而言，其创作内容给读者阅读往往是免费的，向很多媒体投稿或在互联网平台做分发也没有报酬，但这并不意味着自媒体是在"用爱发电"。自媒体的公众号如果粉丝多，其原创价值大，则可选择公众号原创文章付费，当然一些流量大号也可以通过每篇文章打赏；还可以入驻一些能够通过流量补贴的信息流平台获取大量的收入，并且大多数自媒体进行流量变现主要是靠广告或者公关的模式，一般是按篇收费的，费用不菲，这给渴望通过自媒体变现的朋友提供了多种选择。经常有朋友问：自媒体贡献的内容免费了，他们怎么生存？其实自媒体既可以通过粉丝赞赏或者交纳会费来变现，也可以与平台合作进行流量变现，还可以利用自身的影响力进行公关变现。从自媒体公司化运转就可以看出自媒体并不是无利可图的。

对企业而言，初创型企业很难再投入巨资做免费的内容生态，这也是为什么需要借助公开的数字媒体渠道而非自建网站吸引其他内容创作者的模式的原因，学巨头做免费商业模式的前提是拥有足够的流量，并能够以其流量生态获得广告收入和资本认可。如果企业是做系统软件的，实际上就以产品收费模式盈利，卖一单就赚一单钱，不可能做成免费的软件类的流量生态，否则与钉钉、企业微信、飞书等办公软件相比没有竞争力，但是软件售卖模式相对于国内免费的工具软件来说，要想获得更多的用户买单，必须拥有超越免费软件的更深入、更多的功能，比如 WPS、万兴科技、为知笔记、滴答清单等厂商就拥有不少付费用户，其产品优势是在用户体验上提供了免广告打扰、多端一键云同步、差异化功能等，而相应的厂商的公关则需要重视知识产权价值的传播，鼓励付费服务，提供更好的用户体验等。

免费作为一种中长期、隐形的独特商业模式，体现了互联网低成本壮大流量基础的优势，是互联网公司或互联网人都擅长使用的策略，但免费的目的是为了把用户体验、口碑做起来，以便以更好的势能为其他的商业模式铺路，比如融资、上市、广告模式、为企业提供流量补贴等均可以盈利，因而在产品或内容免费使用期间，企业对预期的商业模式和公关投入会相对密集。

3.5 媒体化如何影响企业的商业模式

在数字媒体时代，蓬勃发展的自媒体和相应的新媒体形式赋予了个人更广阔的表达空间，并逐渐成为很多人成长的舞台。自从有了自媒体，有才华的人不再怀才不遇，

第 3 章　根据商业模式确定企业的媒体化坐标

而是在内容上进行"专业主义"式的投入。不仅如此，对企业而言，自媒体还是创业者以一种小而美的方式直接面向用户营销的方式，其转化率、便利性不亚于电商平台，并且有一系列的工具弥补其规模性的缺失。自媒体不再是一个行业，而是成为一种商业模式的基础，能够给很多专业领域的人才以创业机会，甚至"公众号博主"已成为政策层面正式认可的职业。

笔者认为，各种互联网数字媒介与自媒体的流行，推动了企业投身到商业化浪潮中，对商业模式的影响主要体现在以下五个层面：

（1）改变了一些人的创业方式。很多人是先做自媒体，再创业的，自媒体已经成为创业的探路者，降低了创业门槛和风险。很多在专业领域深耕的自媒体可以成立咨询公司，无须再进行个人案例包装或名人背书，可以直接通过自己的思想深度来影响行业。同时，自媒体也可以包装自己成立的公司或工作室，让每个工作室都自带私域流量，根据账户的定位来派生新个体经济机构。

（2）改变了市场的销售方式。企业以往通过线下销售渠道或者网店进行交易，如今粉丝直接找到自媒体运营者进行成交即可，销售的逻辑从跟品牌到跟人，从大水漫灌式的广告推广到基于大数据技术的精准匹配。互联网电商平台、本地生活交易平台都开始重视商品的"种草"内容，鼓励用户进行"打卡"，商家内容推广也逐渐开始引入短视频、直播等方式。此外，网店销售模式如今逐渐转向网红自媒体直播带货，越来越多的老板通过直播带货出镜。直播相对于短视频内容而言，门槛更低，直接展现人、货、场。2020 年直播已成为各互联网流量平台的标配，而没有自媒体，就不会有直播带货这种创新的营销方式。

（3）改变了广告投放方式。现在广告的投放渠道要么是找自媒体，要么是找自媒体平台，前者是看重自媒体的私域流量，后者是看重自媒体内容所集成的公域流量，平台和自媒体都是受益方。例如，个人公众号、今日头条均是如此，只不过平台偏广告信息流推荐，自媒体账户偏植入的内容。广告内容公关化、平台流量广告联盟化，以及平台核算本身按曝光率、效果付费等模式逐渐塑造了数字广告的新格局，也使得很多 App 的商业化成为可能，甚至为了广告可持续投放，很多工具类型的 App 产品也转型为媒体化产品，以吸引用户更长时间、更高频次的使用。可见媒体化不仅仅适用于企业传播领域，也是互联网产品运营的常见方法。

（4）改变了行业社群及合作方式。媒体与自媒体不仅仅是发布资讯、新闻或者行业报告、评论文章的内容载体，还是合作资源的聚合器和社群的引流入口，而如何设计、运营社群，已经成为很多创业者的必修课。社群不仅是人脉的聚集地，还能加速行业资讯、资源、资金的流动效率，人们的生意合作关系逐渐转为线上社群和朋友的关系，人们把社群作为兴趣凝聚、线上会议、粉丝福利、人脉互通和共创的手段。很多公司都希望搭建和运营好自己的用户社群，以用户关系驱动品牌价值。

（5）改变了公司的组织方式。自媒体或者媒体化组织不是自上而下的指派式，而是去中心化、各自发光发热的分布式商业形态，这种在混沌中开启的组织是一种更高级别的进化和力量重组。过去几年真正具备冲击力的内容生态如公众号生态、头条&抖音生态、B 站生态、直播电商生态都是依靠内容创作者兴起的，未来企业也应借鉴互联网平台兴起的有益经验，鼓励员工把公司当作平台输出原创内容，企业借鉴 MCN 模式孵化自媒体账户和个人 IP，并提升企业传播效果和组织管理效率。

策略篇

企业媒体化的主要任务是媒体化营销

媒体化战略：数字时代企业如何做好公关与内容营销

媒体是信息或者内容传播的中介和载体，信息输入方是受众，信息输出方是信源。媒体化传播现状是全社会每个个体、每个组织不得不面对的现实环境。我们需要一分为二地看待这种新媒体环境，网上充斥着各种消息、热点评论、传闻等，既有人为信息高度流动、自由表达而欢欣鼓舞，也有人对严肃内容被解构、文化日益快餐化表示忧虑；有人因为互联网而变得更有主见，也有人在互联网中迷失了本心，丧失了独立思考的能力。因此，无论是企业还是个人都需要在媒体环境中找准自身的定位，而不是被流量所"异化"，而适应这种复杂的新媒体环境的做法就是"躬身入局"，成为一个懂人性、懂媒体的能人。

对擅长在媒体化传播环境中进行知名度营销的个人和创业者来说（见下页图），他们会想办法成为内容创作者或价值输出者进行内容营销，从而成为少数有影响力的 KOL 和"大 V"，他们之所以能够在媒体化营销中占据有利位置，离不开对账户的精准定位、输出专业度的内容以及与产业端的合作，其中不乏有人通过公关营销实现了账户盈利和财富增长。凡是能够在互联网媒体领域生存下来的创业者，对媒体化营销环境一定保持比常人更清醒的认知，才能做出有差异化且新颖的原创内容。企业的媒体化战略说到底还是依赖真正懂媒体、懂内容创作的优秀创业者，并由这些创业者打磨 IP 幕后的创作团队和营销团队，只有懂媒体化营销环境，内容创作者才能"如鱼得水"、因势利导。

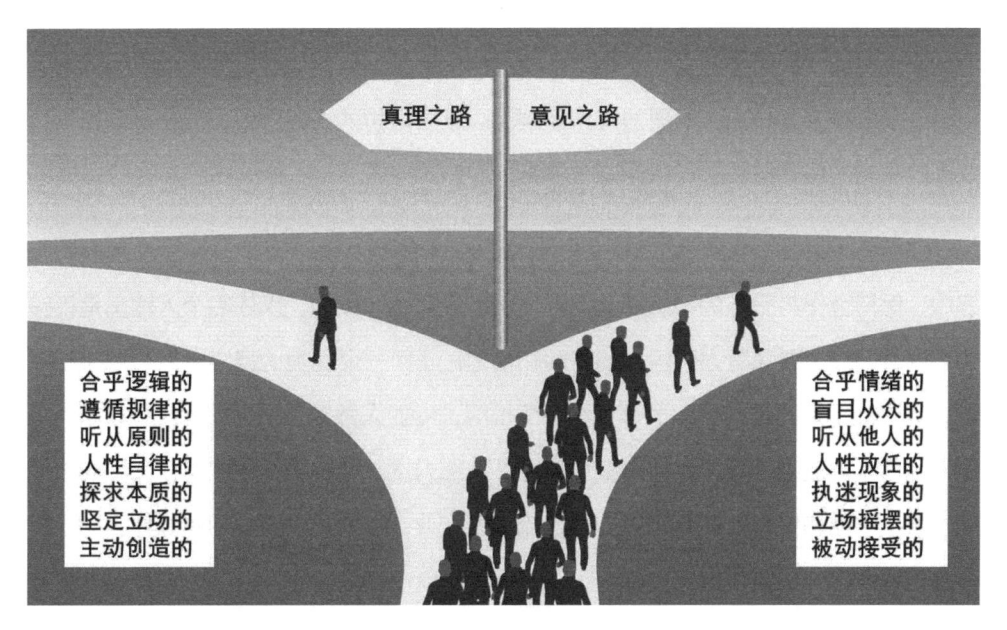

媒体化传播环境中人们的选择

对于对互联网新媒体感兴趣的朋友来说，他们不仅要成为各类信息的受众，还要积极成为创作者和运营者，这就要求他们对媒体化运营的基本规律有所了解。

1. 媒体化运营的基本规律

（1）如今头部自媒体已经高度机构化、团队化，"自媒体企业化"已成既定事实。内容生产机构都有周密的团队分工和轮班制度，这样生产出的内容才能满足海量的用户需求。团队式、流水线式媒体工业的优势除量多、高频、跟热点、抢流量外，还要做到内容的"可控化"，以至于新媒体公司之间的竞争无外乎是牌照、渠道资源、团队效率、客户投放量等。

（2）内容竞争愈发激烈，对从业者的学习能力、表达能力、知识更新迭代水平要求越来越高，而提升新媒体的运用能力最明显的法门就是"以输出倒逼输入"，尤其是进行高强度的写作训练，坚持输出有价值的内容。在本篇中有关于如何区分不同类型的商业文案、如何撰写媒体愿意主动收录的文章，以及如何针对不同的媒体形态进行粉丝运营的基本技巧，希望能够帮助到在职场中打拼的人，让他们为企业创造价值的同时真正形成在媒体化时代生存的本领。

（3）个人 IP 和企业媒体都将发展为 MCN，职场人要融入互联网平台和新媒体组织中，保持合作与服务的心态非常重要。新媒体要做大做强，仅依靠个人输出是不够的，内容创作需要耗费人们巨大的时间和精力，任何一个门类的自媒体做大都有其套路，其中最重要的是进行人员分工和环节拆解，专业人做专业事才能保证稳定输出，还要团结平台流量推荐、媒体审编、记者等外部力量。媒体化营销内容在读者群中传播，很多作品和传播处在新媒体公司的流水线作业中，而企业要学习新媒体公司，最紧要的是掌握作业流程。

2. 媒体化运营与其他营销模式的区别

以团队合作、平台赋能、MCN 为组织形态的机构传播是比个体传播更高级的传播形态，并逐渐成为"媒体化营销"主流，媒体化营销与以往其他营销模式相比，有以下三大特征：

（1）媒体化营销以内容营销为主。对个体而言，有价值地输出内容比被动获取信息更重要；对企业同样如此，企业的各个自媒体账户会积极扮演网红或专家角色，主动输出有用的信息吸引客户，而非消极等待顾客，产品生产过程、流通过程、消费过程均可内容化、数字化，成为内容营销的一部分。

（2）媒体化营销重视数字化媒介的发展，与新媒体的演变趋势保持同步，将内容营销作为市场业务的重要工作，在营销上对新媒体的使用与时俱进。比如，从传统媒介到公众号，再到直播、视频化内容等，企业要把内容生产、分发、消费放置在互联网平台上，从互联网平台上获取流量。

策略篇　企业媒体化的主要任务是媒体化营销

（3）媒体化营销主要包括广告和公关两大手段，广告追求高成本、高回报投放；公关追求低成本、高影响力投放。其中公关传播从以内容分发渠道数量为主转变为以观点为主；市场策划要着重以影响新媒体传播程度作为衡量标准。

媒体化战略的推行离不开职场人士媒体素养与技能的提升，这是本书"策略篇"（包括第4章至第9章）介绍的主要内容，即把"媒体化营销"在企业传播的内容执行和投放层面的要领梳理清楚。企业必须明确自己的传播策略，需要搭建企业的媒介组合，让广大员工熟练撰写各种商业文案，尤其是公关稿，能够持续找选题和持续生产内容，并能够掌握各种数字新媒体的运营技巧。本篇内容是企业媒体化战略的重要部分，对渴望在自媒体上有所突破的求职者、自由撰稿人、企业文案人员、新媒体编辑、市场公关等职场人士也是非常重要的，毕竟企业的媒体化营销落地需要团队成员的进步才能真正推行。

第 4 章

媒体化营销的三大原则

"营销"始终是每个企业最操心的话题,市场营销学奉行的以客户需求为中心指导产品研发、经营的行为已成为当代企业的共识。不过移动互联网带来的营销环境与传统的销售模式有很大不同,尤其是媒体化营销与传统媒介下的营销有较大的差异。媒体化营销包括哪些内容?下面将详细介绍。

(1)"IP化营销"或"知名度营销"。IP[1]意味着流量热度,可以是人或者账户通过流量变现,而制造IP的方式被不断总结出现,从以前的各种名人传记、大咖采访,到现在企业创始人做网红、文化传媒公司打造网红人设等,所做的诸多铺垫和造势工作都是为了发挥知名度营销效果。

(2)"事件营销"或"热点营销",主要是制造刷屏事件或推出热点议题,有常规事件营销与临时策划事件营销之分。其中常规事件营销包括按每年的节假日、营销节点来进行运作,比如,电商平台每年的营销节点"双11"、"双12"、春节、三八妇女节、七夕节、元旦跨年等时期商家会提前传播排期。临时策划事件营销包括网络

---

[1] IP原指知识产权,后逐渐演变为互联网上可聚集流量并可快速变现的营销对象,因而出现了电影IP、网红IP等。IP化营销也可以指"网红营销"。

热点事件、舆论议程设置，带有一定的偶然性，但同时也需要丰富的媒介资源来配合，其中，常规事件营销是企业营销传播的标配，而临时策划事件营销则属于"奇招"。

（3）"内容化营销"或"公关化营销"。内容平台均是内容营销的场地，其中包括微信公众号、微博、字节跳动等互联网流量平台，以及用户分享内容进行口碑推荐的"种草"社区，如大众点评、小红书、什么值得买等。

（4）"微信营销"或"私域营销"，主要包括朋友圈营销、公众号商城、社群营销、拼单营销、小程序营销、KOC 营销等。尽管微信流量受到短视频平台冲击，但微信由于社区的私密性和关系链的黏性有效地阻断了营销的泛滥。

（5）"信任营销"或"口碑营销"。无论是做原创内容、打造流量 IP 还是做电商卖货，都是为了培养用户对个人、产品或者品牌的信任感。以电商为例，淘宝引入"支付宝模式"是培养商家与用户交易的信任感；拼多多早期的"拼团模式"利用微信熟人圈的信任进行用户裂变；快手、抖音"直播带货"模式则通过博主与粉丝之间的信任变现。总之，因为消费者相信，所以成交变得简单。

上述类型的媒体化营销均离不开互联网流量平台，企业对互联网媒体、自媒体的理解越深刻，越能够调动广阔的媒体资源，从而以更低的成本获得更好的媒体传播效果。企业应用媒体化营销能够跳出低效被动的推销模式，为成交主动创造条件。

在具体实践中，媒体化营销有两大主要抓手：一是采用比较低成本自建媒体化渠道（自主公关）的方式获得营销效果；二是采用预算费用较高的对外投放广告引流来转化效果。媒体化营销强调公关与广告并举的模式，把自建媒体化渠道作为企业传播的常规战，以获取客户的信任为基础，以企业广告买量的模式作为营销闪电战，是公关活动的有效补充。

媒体化营销的目的是建立用户的信任感，企业在具体的移动营销和传播活动中如何经营信任感呢？接下来分三节对媒体化营销的三大原则予以解读。

4.1 放弃"自嗨式"传播，别走"蓝V"的老路

"蓝V"是指企业官方认证的公众号、微博、知乎、抖音等。很多企业一提到新媒体营销，就以为是运营自家的品牌，然后沿着这个思路想办法认证"蓝V"账户，事实上，那些只对产品信息感兴趣而特意关注"蓝V"的往往是内部员工或者合作伙伴，我们不能指望广大用户、顾客或者消费者会成为其"粉丝"。

新媒体运营人员如果要做好一个带品牌名称的公众号，压力是非常大的。因为企业"蓝V"代表的是品牌的态度和正式发声，触达的第一批用户通常是公司领导和内部员工，这使得很多内容都在全员的关注和监督中，比如对领导职位、高管排序、公司经营数据必须严谨对待，还要经过层层审核，有的演变为企业内部的"自嗨式"传播，效果可想而知。

面向用户的内容一定要"真人"发声、有网感、接地气，"蓝V"的账户属性是很难做到这一点的，因为"蓝V"必须以企业规定的品牌或者销售话术为基调进行传播，而不是个性化的、面对面的发声。即使运营人员按照自己的说话风格运营"蓝V"，也会被外界认为是品牌的发声，倘若引起歧义或者沟通问题，其舆论的风险也必须由品牌方来承担。因此，"蓝V"运营就会陷入两难的境地：要么做严肃的官方发声者，用户对"蓝V"很难产生情感；要么必须承担"蓝V"拟人化，运营风格受运营者个性差异的影响。

仅把公司的影响力传播等同于运营"蓝V"是片面的，"蓝V"需要有媒体化整体布局的支撑，而打破企业传播的思维定势需要对账户做好媒体化的准确定位，具体的改进方法如下：

（1）让"蓝V"继续做"蓝V"，确保其内容让内部员工看到即可。这些内容可以用于招商或招聘，其价值相当于企业的官网移动版。

（2）倾注精力重点做行业号和人设IP号。比如，企业注册"XX观察""XX研究"

"XX 训练营""XX 频道""XX 科技""XX 财经"等账户，也可以起更有个人色彩的名称，打破只报道一家企业的局限，扩宽选题范围，输出行业内容，将账户的关注范围从企业人士扩展为全行业人士，从企业内部传播为主走向面对用户、潜在消费者进行传播。

（3）企业负责人要经常在媒体或自己的社交账户上发表见解。企业负责人可以实名输出自己对商业、行业或产品的见解，并通过媒体采访、活动演讲等多种形式发布出来。企业负责人输出的干货信息通常是媒体记者或自媒体最感兴趣的内容，是一线的内容创作者绞尽脑汁都很难想出来的，企业负责人的名气通常与其内容传播广度成正比。比如，雷军说小米在创办之初没有做广告，其实小米把广告预算用在公关上了。雷军是一个非常勤奋的自媒体，其联合创始人和小米系高管构成一个新媒体矩阵，相当于一个公关部。因此，除以企业负责人为中心和发声主体外，还应该鼓励联合创始人和高管在自媒体渠道上发声，保持同一传播基调。将平时在社交账户（比如朋友圈）发布的内容同步到自媒体上，需要转发公司层面的内容时就毫不犹豫地转发，这样多人参与，会让公司传播更像"一个人"。消费者、用户、朋友、合作伙伴、投资人都有可能通过其朋友圈、自媒体账户来了解和判断一个人或者一个媒体化的企业格局、定位和专业度，了解其动态，并与其保持友好互动。

（4）鼓励用私人微信号作为移动客服与用户进行沟通。在沟通效果上，一般订阅号不如服务号和企业微信，企业微信不如私人微信号，当私人微信号发展到一定程度后视企业规模决定是否做 App。当企业没有实力做 App 时，需要加强用户与客服私人微信号的线上沟通，创业公司与大型公司相比的优势应该是企业与消费者或用户的互动更高频、沟通更直接、关系更紧密，当公司品牌的知名度达到一定程度时，即可把自身的产品、售后服务功能与客户组成一个 App，确保 App 的使用黏性，并创建认证员工在其中发布公司消息，为客户服务；认证用户在社群内进行 UGC 分享。

企业传播的终极目标是促成企业员工与用户之间互动、理解，为成交创造良好的品牌氛围和势能。企业在做营销传播时,"蓝 V"账户是由一群人运营的,但要让用户觉得账户是"一个人"在创作,这是 IP 化运营的诀窍所在,要保持其内在价值系统、文字风格或个性的稳定;公司运营的 IP 账户由个人 IP 去吸引认可自己的人转化为公司的用户或客户,再通过私域流量积累,把品牌的定位落地在一个个服务账户的朋友圈层中,并在用户心目中留下独特的心理印象。这个顺序与网红电商、直播电商的逻辑是一致的,也是企业媒体化营销的正确方向。

4.2 坚持软植入,"软广"是企业公关的法宝

很多公关和媒介对 PC 端的投放处理基本以新闻通稿或主打销售的"硬广"为主,以保证用户搜索后呈现出相关的内容,这使得企业向不同的网站发文的模式一直延续至今。但"硬广"在手机端通常并不能打动用户,因为缺乏有效的互动和信任,比如,主打销售带货的"硬广"主要分布在淘宝千牛平台、京东内容开放平台,以及什么值得买、小红书等平台,也逐渐转型做直播电商的流量场景。

企业向媒体投放软文时,如果对产品或项目的介绍过于直白或以自夸为主,通常会被审稿编辑判定为"营销文",从而拒稿,这就大大降低了该文章在行业媒体的曝光率。一些有经验的公关人员往往会与专栏作者或者自媒体人员进行详细沟通,公关人员需要预先从媒体视角对内容风格进行把关,与自媒体一起耐心打磨出优质的文章,找到作者的观点和文案传播的平衡点,从而在后续传播中潜移默化地影响外界对品牌的认知,这种策略已成为很多企业公关策划的重要工作。

公关软文的优点是创作的内容以"软植入"的方式投放媒体,文章具备一定的可读性,不会让人带着对广告抗拒的心理去读文章,会被作者的观察视角和论证角度,或者叙事方式和故事所吸引。而内容只要有足够的吸引力,就能被全网不同的媒体转载,往往文章的干货越多,越有独立的观点,转载的媒体就越多。企业只要掌握这种

干货内容"夹带私货"的传播技巧,就能借力打力,达到"四两拨千斤"的效果。

在大众媒体时代是"广告为王",知名的营销案例基本上都是大广告主打造的,而在数字媒体化时代是"公关为王",公关软文、新闻媒体采访和公关赞助活动成为品牌投放的主要任务,其他媒介是企业吸引注意力的补充。在笔者看来,广告就是要大声告诉全世界的人"你买我的就对了",它可以不断重复,以达到潜意识的"洗脑"循环效果;公关就是要告诉目标用户"相信我就对了",它倾向于赢得用户对产品的亲和度和价值观的认同。一篇有"软广"的营销文章的最高境界是让读者看不出是广告。

一个优秀的公关人员能让企业迅速获得媒体、用户和投资人的注意,从而间接提升企业在资本市场上的估值或者市值潜力,为企业融资和发展创造良好的外部环境;反之,若一个企业的公关力量薄弱,一旦出现经营问题,就很容易作为舆情导火索催生大量的负面内容,将对企业经营层面造成极大冲击。因此,企业在面对媒体化营销的外部环境时,公关的影响面其实比广告更复杂。广告是锦上添花的"糖",公关是日常佐料的"盐",而很多公关的事件、内容、效果比广告促销和"硬广"文章更具杀伤力与穿透力。

很多企业之所以一直坚持做"硬广",在媒体上的解读没有深度和力度,一方面,说明企业的用户量还不足以成为媒体感兴趣的流量话题;另一方面,企业公关意识和公关能力薄弱。如何才能在短期内提升企业的公关能力?笔者认为有以下方法:

(1)企业内部要招募和培养一批撰写软文的高手。媒体化营销的练兵方式就是写软文。在很多大型互联网公司的公关部此类人才非常稀缺,其待遇往往比很多自媒体的待遇还要高,这已成为自媒体转型的选择。

(2)坚持走"极简"内容和深度内容并举的传播策略。极简是指用短视频、漫画、海报等形式表现,力求条理清晰、一目了然且有趣;深度路线则是让市场部与行业研究院相结合,让内容有数据和发展趋势支撑,有丰富的信息量,能从行业全局角度结合人们感兴趣的话题点进行深度传播。

(3)团队每个月度进行一次选题规划,并结合时间点、热点、观点、网友感兴趣的话题随时调整和设置选题,这就要考虑到企业媒体化团队的议题设置和内容执行能力。如何在内容议题设置中进行"软植入"?一个优秀的公关能将服务的品牌对接媒体圈层资源,并创造良好的舆论气氛,而更能体现一个公关的专业能力与"质感"的是,不断通过商业软文和传播要点发起话题设置,为企业战略发展起到明显的推动作用,相应的人员需要对行业有足够的了解,对舆论节奏的把控有一定的敏锐度。

(4)公关人员要维护外部的自媒体作者和媒体主笔,并不定期地交流选题,输出一些公司资料和最新的公关导向,主动为他们创造话题,提供选题素材,甚至争取长期合作的 KOL 在创作选题、演讲时以案例形式进行辅助说明。此外,还可以邀请媒体人定期举办小型沟通会、分享会并参观企业等,这些都是传播企业良好形象的铺垫工作。比如,国内天眼查、启信宝、企查查三家公司都有自己的媒体人群,它们都会随时根据互联网热点为媒体公司提供最新信息,而媒体公司的记者在引用时强调出处即可,这三家公司并没有提供相关的公关费用,它们是通过为媒体公司的文章服务来实现自身传播的。

总之,企业如果具有这种"软植入"思维,就能大大节省传播费用;个人如果掌握了这种植入能力,撰写内容的道行也会有所提高。"软植入"思维不仅适合企业,也适合个人社交表达与生意往来,它体现的是一个人的"高情商"。实际上,在商业社会中,除了纯文学和基础学科,任何商业内容甚至学术理论均有其潜在的利益倾向,区别在于内容运营者如何设置营销内容的比例,如何巧妙地植入和结合利益点,以及如何进行观点的阐述。这种"软植入"的技能已成为衡量一个媒体账户和自媒体能否商业化的重要参考。企业应一边加强"广告直播化"的带货模式,一边坚持媒体化营销的"软植入"模式,这样才会提升企业在数字媒体中的影响力和变现能力。

4.3 口碑即转化，坚持在服务客户中创造内容

当企业沉迷于市面上各种获取新用户流量推广的方法和套路时，是很容易忽视做好老用户口碑和服务的，正所谓"近悦远来"。做生意的最高境界就是和客户像朋友一样彼此拥有"信任感"。

营销学的"二八法则"包含两层含义：一是20%的客户带来80%的销量；二是开发一个新客户的成本是维护一个老客户成本的4倍。也就是说，如果一家公司每年能开发出20%的新客户作为增量，充分做好老客户的维护就能够维持一年大多数的收入。实际上，很多从未学过任何营销技巧和流量技能的零售门店、个体户等基本上都依靠老客户照顾生意。只有不断坚持"以老带新""老新并举"，才能在竞争激烈的市场站稳脚跟。

广告可以影响品牌，但无法积累起口碑效应，做口碑必须要有正念和诚心，赚的是人品，成交量与复购率是口碑的"副产物"。比如，小米手机品牌可能并不"高大上"，但小米模式却深受其粉丝追捧，小米能提供给客户超预期的产品，并且在手机价位上很难有竞争对手，即使存在对手，对方也难有利润，而小米却通过赢取的口碑让粉丝消费小米生态链中的多种商品。

在移动互联网中，粉丝营销标杆企业是小米；在智能物联网中，粉丝营销标杆企业无疑是蔚来。蔚来汽车在2019年濒临破产，在最困难的时期做了一件很有勇气的事情，就是让购买蔚来ES8、ES6的首任车主终身免费更换电池，这些老车主经常义务帮助蔚来服务中心（NIO屋）为新客户提供试驾服务，车主自发组织车友群、车友俱乐部、NIO day等活动丰富车友的生活，增强品牌口碑和凝聚力，这些行为对一些还在犹豫是否购买纯电动汽车的朋友起到了"软销售"的带货作用。蔚来创始人李斌说过"是用户救了蔚来"。小米和蔚来汽车的区别如图4-1所示。

小米：产品性价比带动用户复购　　　　　蔚来：服务加车主社群带动新用户消费

图 4-1　小米与蔚来应用消费者口碑开拓市场的区别

在营销学中，消费者的满意度是一个 QSP 组合，即一个产品的价值包含质量（Quality）、服务（Service）和价格（Price）三个核心要素。一个产品在质量和服务方面与其他同类产品大体持平，让消费者感知不到，但它如果在价格上远低于同类产品，也能够获得明显的市场优势，这就是小米占据大量手机市场份额的原因。一个产品即使价格比其他同类产品高，但其服务和质量明显胜出，也依然可以卖得好，并且圈层内用户之间的认同感会很高。例如，从定价上看，蔚来汽车与其他国产汽车相比，属于豪华车型，但其凭借在车主服务和整车质量用料方面的优势，同样能在新能源汽车市场占据一席之地。

企业可以把用户对产品的品质和服务过程的满意度延伸为用户对品牌的忠诚，以及用户与用户之间的价值观认同，并在公司发展过程中逐渐构建起一个共同的信任体。企业把用户当作粉丝和朋友，当企业给用户"超预期"的满意体验后，用户会被"圈粉"并复购产品，即使是金额较大的产品，也会得到这个圈层内部人员的口碑推荐，从而形成品牌传播"正反馈"，品牌实际上在用户群体中成为"养成系 IP"，让用户能"用爱发电""用购买行动点赞"，支持和陪伴企业发展，这是企业营销的高境界。

未来商业社会中，企业的营销工作将从"拼智商"过渡到"攒人品"，商业口碑的积累基于客户的信任，企业的"媒体化营销"要想办法让产品充满"人情味"的同时，顺其自然地收获持续经营的利润，这是"坚持服务客户"的丰厚回报。

企业如何才能通过积累媒体口碑实现变现呢？如何更加精准地在规定的成本范围内给客户提供满意的服务体验呢？笔者认为有以下思路值得借鉴。

（1）以优质和低价的产品吸引种子客户，让客户反馈和好的评论为后期的销售背书。企业前期的目标不在于赚钱，保持不亏本即可，把精力放在获取初始客户的满意度上，在客户预期较低时，提供超出行业平均水平的服务体验。

（2）把客户的口碑评价和老顾客的社群活动通过数字媒体（比如微信朋友圈、抖音、自家的 App 社区等）进行反复传播，并加以固化、扩散或放大。企业通过团队合作形成服务标准化与阶梯化，鼓励客户为获得更好的服务续费升级。只有充分发挥团队运营的力量，才能保证内容稳定输出，以及社群、朋友圈、活动等运营的有效性。既要在服务客户的过程中创造现金流，还要努力把付费的客户变成生意上的朋友，这需要团队成员与客户之间紧密联系，才能形成一个客户深度参与的社群或 App 产品，从而帮助企业打造一个"利益联合体"。

（3）将企业的服务标准化，并把客户服务费用包含在相应的产品价格中，结合客户对厂家的贡献程度给予身份确权，区分"游客"、"定金客户"、"已购客户"与"复购客户"，由此制定不同的服务体系和参与权限。要保障企业的现金流，就要锁定客户，先收钱，再交货，而让客户交钱的理由则必须有产品、服务、价格的支持。移动互联网使得价格体系逐渐透明化，只有将价格标准统一，采用依托互联网 App 的直营模式，才能赢得用户对企业的信任。规模越大的公司通常越能做到"用户即客户"，做私域流量变现的新媒体团队通常更在意客户的精准度，以及如何让客户更快地成交，并形成现金流快速回笼和周转。对商业模式是 To B 的媒体而言，用户和粉丝本身并不是客户，一般进行公关合作的才是客户，是否能把对客户差异化的内容服务与用户体验结合起来，做出甲方满意、用户接受的内容，已经成为很多以企业服务为经营模式的媒体和自媒体业绩的分水岭，这也是媒体的客户口碑与变现能力的基础。

（4）寻求产业链上下游之间的用户资源兑换，坚持与合作企业做联合推荐和跨界合作，相互背书。

在口碑营销的基础上结合媒体公关和适当的广告推广，才能把获取的新用户流量进行有效承接和转化。

第5章

企业如何构建媒体化的 IP 矩阵

与个人自媒体相比,企业搭建的自媒体账户不需要担心盈利模式,而且企业的自媒体团队更能专注于深耕行业内容,但劣势在于很多企业组建的自媒体账户在起名、定位、选题规划和表达方式方面还带有很强的宣传痕迹,没有完全理解媒体化营销的内在逻辑,因而不能把自媒体矩阵的影响力发挥出来。那么企业如何构建媒体化的 IP 矩阵呢?下面分四节进行讲解。

5.1 企业品牌思维与网络 IP 思维的区别

很多企业每年都花了很多费用做媒体公关,却没有构建自己的自媒体矩阵,企业高管团队也没有自己的社交媒体账户,企业的公众号、微头条或微博等也疏于打理,这种一味地依赖对外投放的外援式传播是缺乏根基的。

其实,企业构建属于自己的自媒体账户矩阵是"一本万利"的,可以一次投入,反复使用。很多企业之所以没有搭建自媒体矩阵,主要原因是企业不知道如何做自媒体。所谓"自媒体是有独立表达能力并能在网上持续发布内容的'人'",尤其是短视频和直播模式出现后，自媒体（或称为内容创作者、博主）的"人化"属性就更加明显了。

很多公司依然是把自己的品牌当作一个机构，而不去发动创始人、高管和员工参与其中。这种物化而非人格化的思维方式目前看来有些落伍了，而跟不上媒体化发展形势的根源在于固守"组织品牌思维"，把品牌看得比具体的某个人更重要，甚至设想该品牌脱离公司里的人依然能够运转，这是一种典型的"工具理性"。在任何一个行业，能够被大众消费者所熟知的品牌总是相对较少的，大多数产品只是"牌子"，在品牌赛道竞争激烈的中长尾企业，如果把传播思路更新为"IP 思维"，就会发现打造 IP 比打造品牌更灵活，发展潜力也更大。

从内容营销范畴看，IP 可以被视为用户可消费的人格化符号和企业可营销的对象。在移动互联网世界，一切可以凭借这个独特元素而带来流量、热度、话题、粉丝的对象（包括热门内容创意、人设、动漫形象、明星等）都可被叫作 IP，与品牌相比，IP 具有拟人化、故事性、有温度、有周边延伸、更吸引人、能够"自传播"的特点。比如，影视娱乐行业中只有头部明星或者票房大卖的电影系列才叫 IP；再如，迪士尼就依靠 IP 和周边而成为全球最大的文娱集团。当然互联网 IP 的范围更加宽泛，也更具包容性。

由于更丰富的自媒体表现形式赋予了企业孵化属于自己的 IP 的肥沃土壤，在媒体化思维中，IP 就是自媒体的人格化与人设化。当企业的传播战略是想办法"人格化 IP"和构建"IP 矩阵"时，企业就能充分把创始人、管理者和员工的积极性调动起来，至于传播渠道，也就很好梳理了。

5.2 企业可在哪些互联网内容平台注册账户

企业在选择媒体化传播矩阵平台注册和运营时，要遵循以下两个原则并举。

第 5 章 企业如何构建媒体化的 IP 矩阵

原则一：坚持泛流量生态导向。尽可能利用互联网平台的流量，把账户开设到知名媒体的专栏上，也要尽可能利用各种具有流量红利的新的传播媒介，找到自己擅长的文字、短视频、音频等不同媒介类型进行重点运营。表 5-1 列出了企业自媒体矩阵在互联网上的主要入驻平台。

表 5-1 企业自媒体矩阵主要入驻互联网平台

自媒体矩阵	文字或图文自媒体	短视频或直播自媒体	音频自媒体
主要入驻平台	微信订阅号	视频号	微信订阅号音频
	头条号	抖音、西瓜视频	喜马拉雅
	百家号	哔哩哔哩	蜻蜓 FM
	企鹅号	快手	荔枝 FM
	网易号	淘宝	……

原则二：坚持行业垂直内容导向。比如，科技领域企业可利用自媒体账户在 36Kr、虎嗅、钛媒体、亿欧、人人都是产品经理等平台投稿；汽车领域企业可以"非蓝 V"的评车人账户入驻懂车帝、易车网、汽车之家；房产领域企业可用第三方研究机构账户入驻房天下、安居客、贝壳找房等；装修领域企业可以入驻土巴兔；营销"种草"领域可以品牌账户或分享达人账户的形式入驻小红书、什么值得买等。一般行业媒体往往集内容、企业店铺、产品展销于一体，其媒体化营销效果不容忽视。

1. 以文字或图文内容为主的自媒体矩阵

企业传播若以文字或图文为主要的内容创作形式，则可入驻的互联网平台如下。

（1）微信阵地：公众号、个人微信号、朋友圈、社群，其中订阅号需要购买有留言功能的账户，或者使用一个不常用的、有留言功能的企业账户进行账户转移。

（2）百度阵地：在百家号平台发布内容能够优先被搜索到，标题应吸引人。

（3）今日头条阵地：以头条号和微头条为主，其中优质内容可以转为中视频发布在西瓜视频平台。

（4）其他阵地：企鹅号、网易号、搜狐号、新浪看点号、1 点号、雪球号等。

2. 以短视频为主的自媒体矩阵

短视频逐渐成为移动互联网的新流量高地，很多企业都想从短视频流量红利中分"一杯羹"，因而无论是以短视频为主的营销形式，还是其他媒介形式转型做短视频的，都比较重视短视频传播。那么要入驻哪一家平台呢？笔者认为有以下选择。

（1）微信阵地：视频号、个人微信号、朋友圈、社群，其顺序可以视企业具体情况调换。但在 2020 年，视频号在微信生态的潜力值得广大企业重视。企业通常比较看重微信的私域流量。

（2）字节跳动阵地：抖音、西瓜视频，以一个今日头条账户可打通字节跳动旗下所有的产品。建议企业开设今日头条账户，再捆绑抖音号。

（3）其他阵地：B 站、快手、小红书等。

短视频内容平台为直播创造了线上即时交流的场景，几乎所有的短视频平台均开设了直播功能，若短视频传播能力不足，可以与粉丝沟通进行网络直播，将直播内容剪辑并保存后发布。若不具备短视频创作能力，可以直接将文章内容转成短视频，播音、素材包、剪辑等均可外包，文案才是短视频作品的内核。

3. 以音频为主的自媒体矩阵

音频是不可忽视的重要媒介，它在知识经济领域的应用相当广泛，一些主打知识付费与互联网教育领域的企业应当重视音频自媒体矩阵的搭建，可选择的平台如下。

（1）微信阵地：订阅号。

（2）网络音频平台：喜马拉雅、蜻蜓 FM 等。

总之，企业一旦构建起自己的媒体化矩阵，就可以把内容营销常态化，再辅以媒体公关工作，单独针对某媒体或者某自媒体进行重点维护，有的放矢，让企业传播做到以自己的渠道经营为主，兼顾其他媒体公关工作。

5.3 给自媒体账户起名时容易出现的误区

无论是个人还是企业，打造 IP 的第一步都是先为账户起一个名字，这虽然是一小步，但却伴随着整个账户的生命周期，不可小看。遗憾的是，有些自媒体的名称并不具备 IP 的潜质，网名看似随意，一旦确立，此后的内容传播就基于这个网络昵称。自媒体账户的昵称就像是一个人的名字，最重要的不是好听与否，而是要易记、顺口、独特。以下是给自媒体账户起名时应避开的误区。

误区一：名字乍一看更像一个机构名称。尽管这样的名称在关键词搜索中有利于获得流量，但长期来看很难有真正相信自己的粉丝，这类自媒体一开始误入了营销号流量路线，而不是走"人格化IP"路线。尽管做得大可以赚取"硬广"费用，但很难有自己的名气，正所谓"鱼和熊掌不可兼得"。实际上，现在很多名字看起来像人名的自媒体账户是由团队运营的，这是因为这些团队深知名字像一个机构名称的自媒体账户的弊端。

误区二：账户名字没有辨识度。尽管账户名字叫起来朗朗上口，但大家提起这个名字时无法联想到本人，即使内容很优秀，也会被误以为是其他人的内容，这就不合适。因此，在扎根做内容之前需要对这一领域的主要 IP 账户有大致的了解，在精准定位之后再起名。

误区三：名字取得太长、太有诗意，比较难记。有的账户名字比较文艺化，有的长度超过了 8 个字，有的带有生僻字，或者比较空灵和充满诗意，这样反而与粉丝拉开了距离，不方便粉丝称呼，自然也无法传播。

误区四：账户与行业捆绑太紧密。当某个行业火的时候，通常有很多公众号的名字与行业的名字相似，随后由于该行业快速失去话题性而不得不改名；有的把相关的名字局限在一个相对狭窄的领域，从而缩小了受众面。此外，名字与职业或者行业联合组名，在未来职业发生变化或业务调整时，之前的名字就会成为内容选题和个人业务突破的"天花板"。

误区五：粉丝过 5 万人后依然没有为账户注册商标。诸如商标、域名、品牌名称等知识产权均遵循"先抢注先得"的原则，当前自媒体商业化、团队化运作已经成为主流，这使得自媒体商标注册与品牌商标注册变得同等重要。要知道，市面上一直存在一些恶意抢注商标的公司。因此，凡是有志于长期从事媒体化实践的企业或者个人都应该提前做好准备。例如，笔者坚持使用"靠谱的阿星"这一自媒体账户数年后，了解到商标从申请注册到成功申请大约需要一年半的时间，就提前做了防御性注册，申请并最终拿到了第 35 类、41 类、42 类商标注册证（见图 5-2），三个商标加起来不到 5000 元钱，这样可以长期使用，比注册公司再做产品品牌投入的费用要低得多。

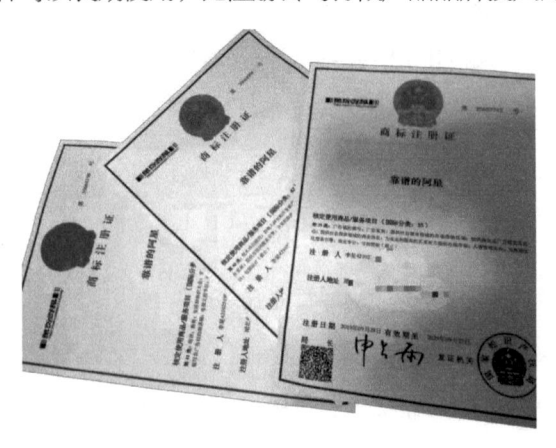

图 5-2　自媒体商标注册证举例（第 35 类、41 类、42 类通常较为实用）

误区六：经常更换自媒体账户名称。有的做自媒体总是纠结账户名称，每隔一段时间就重新换一个名字。其实名字终究是代号，账户受认可的核心还是内容。如果一个账户的 IP 名称已经深入粉丝心中，并成为口头称呼，就已经成功了。

误区七：不同的自媒体渠道采用不同的名称。有的自媒体账户与其导流的微信号使用的并不是同一名称，这不利于全网粉丝关注微信公众号，也不便于将粉丝导入微信号。一旦账户被平台处理，粉丝就处于失联状态。由于公众号的粉丝积累相对较难，所以可从一开始就在公众号中放置私人微信号，保持微信号头像、名称与自媒体账户一致。如果对自媒体账户的名称不满意，则可在收集第一批忠诚的"种子"粉丝之后，根据粉丝的称呼选一个自己最受用的"网名"，这样的网名往往也是最有传播力的。

自媒体账户名称的好坏并没有绝对的标准，但以上误区还是应该避免的，尤其是那些内容做得相当出色但却因账户名称一直掣肘的自媒体，需要重视自媒体 IP 思维和命名技巧。

在笔者看来，媒体化团队运营的公众号在起名时通常应注意优先用"名字+行业"的方式，这样看起来像一个"媒体品牌"，有行业属性才可能变现，着重往 KOL 方向发展，在运营团队打磨成熟之后，再做一个 IP 号；企业可以选择被粉丝认可的"花名"或昵称+深耕的领域名称作为账户名称，集中团队的人力资源、商业资源来降维做一个 IP 号。大多数中小企业在资源有限的情况下，可结合所处领域只做人设IP 账户，将所有的粉丝流量导入私人账户，而不是让企业自媒体的账户名称看起来像"蓝 V"，所有的传播要想有效果，必须在"人设化"的账户中"说人话"才能实现。当然，企业创始人本身就作为这样一个 IP 是不需要操心起名的事情的，直接用真名或者"真名+品牌"即可。下一节将介绍创始人 IP 自媒体账户的运营要点。

5.4 创始人如何打造有媒体影响力的 IP

企业创始人的知名度与企业品牌的知名度通常是正相关的，而创始人的形象通常比其思想传播得更远。如何把创始人的形象以 IP 形式固化下来并不断往其中注入公司品牌和战略的内涵，则至关重要。

如果说广告卖的是产品或品牌，公关的核心工作则是围绕形象打交道，这包括社会形象、品牌形象和创始人形象，其中创始人形象又包括自己的外貌、谈吐、教育背景，以及职业背景、创业故事、"三观"、人设、交际圈等，创始人形象与企业的命运紧密捆绑在一起，属于企业需要管控和打理的价值投资，这需要创始人投入自己的热情和精力，企业也需要对品牌公关、媒体关系进行统筹结合。

如今依然有不少企业认为应该低调发展，这种理念也许适合极少数行业的企业，但不适合绝大多数企业。所以，大多数企业在创业之初就应该开启自我营销。

在媒体化潮流中，创始人是企业最好的代言人，有些名人企业家（比如华为创始人任正非、福耀玻璃创始人曹德旺、格力董事长董明珠等）本身就是名人IP，他们的思想观、价值观通过媒体"圈粉"能让更多的人了解其事业，为自己的企业发展铺设了更宽广的道路。特别是在市场竞争激烈的环境中，企业家IP能够为企业节省巨额公关费用，并取得其他传播方式无法比拟的效果。当然，企业家IP不是一蹴而就的，需要在创业阶段就有足够强烈的传播意识，以及内容营销规划和媒体公关能力。创业公司打造创始人IP的技巧如下：

1. 吸收"双创"时期一些To VC项目在营销方面的精华

如果项目还处在撰写商业计划书（BP）融资阶段，在找合伙人时可跟进一些科技媒体，比如找36Kr、i黑马、亿欧、创业邦、投资界&新芽等媒体寻求报道，一般BP的内容不方便公开，此时如果有相应的媒体报道，则相当于项目传播的信息在创投圈内公开，很多投资机构在调研过程中会把相应行业声量较大、做媒体推广较多的项目作为研究对象，创业项目被媒体推介相当于官宣。项目一旦融资成功，就可先把独家消息发给业内的创投类媒体做首发，其他媒体往往会自动跟进转发，再配合企业公关投放的媒体资源进行推动。一般在融资之后，企业会安排媒体记者、自媒体KOL进行专访，以对项目进行深度解读，从而让企业创始人在发展初期就获得较高的行业知名度。

2. 创始人应主动与媒体、自媒体接触

项目的媒体公关与创始人相关的要点通常包括创始人的教育背景和职业背景、创始团队的组建经历、品牌创立的初衷、市场开拓及用户增长经验、商业模式创新点、公司使命或愿景等，一般可由大媒体或者资深 KOL 撰写一篇好文章梳理清楚，打造成类似于公司项目介绍的"名片"。与其在十个媒体投放十篇不同的文章，不如花大力气打磨一篇好文章，在不同的渠道反复传播十次，以加深读者印象。与此同时，平时多留心做一些价值传播，否则在关键时候就要临阵磨枪，创始人和团队高管也需要与媒体人互换微信并多交流，培养好感。比如，笔者以前在为一家公司服务时，在了解到创始人需要媒体资源之后就搭建了社群，群友基本上是业内知名媒体人。类似的社群资源比比皆是，连接并非难事，难的是放低姿态，保持归零心态。在传播过程中还需要提炼出一句 Slogan（品牌口号）来概括公司的商业模式，并长期应用在一些投资人、关键客户、广大服务对象群体渠道发力做广告或者公关，这种定位精准且持续的媒体传播行为能为企业发展提供巨大的帮助。

3. 做到在商言商，服务于企业发展需要

创始人刷存在感的目的不是盲目追求舆论声誉，而是在实实在在地解决用户的问题。很多创始人通常也是"大 V"，其个人账户的关注度与企业受关注的程度大体一致，虽然企业没有做成功，但创始人的知名度提升了，这样的 IP 往往难以复制，并且不一定是创始人 IP 的目标。创始人主动在社交媒体上分享和刷屏是有必要的，但企业老板做自媒体更需要将自身的言行与公司的战略、宣传和工作进展协调起来，以公司传播和行业见解为基础，以个人兴趣和生活方式为辅助，即不要让自身的账户变成没有灵魂的广告机器，要让人感受到创始人的自媒体 IP 账户是公司发展的线上窗

口，当粉丝能够跟随和见证公司的成长时，这种体验比其他宣传推广更有说服力。

5.5 职场人士如何正确打造个人品牌

企业在职人员是否可以像公司老板一样打造个体 IP 呢？这个问题并不好回答，本质上每个人的职场名声不取决于自身的内容，而是由自身的成功经验所决定的，对很多职场人士来说，如果没有自媒体的出现，关于"他们是谁，在哪里"可能都无人知晓，更无法让自己在互联网上连接到优质的社会资源。

笔者发现自媒体圈内不少"大 V"基本上都是从职场开始做起的，在一个相对稳定的平台上接触到自媒体领域，"泡"在这个行当里，逐渐有起色之后就开始"创业"。或者其所处的行业相对比较热门，其职业又靠近一些信息源头，于是开始撰写一些有看点的内容，比如，有的在互联网公司做运营、做产品，能带着相应的职业眼光看行业；有的在 VC 机构做一些投资项目，顺便做起了带投资分析属性的自媒体；有的在学校或者行政岗位上工作，比较清闲，就开始在自己感兴趣的领域撰写文章。做自媒体要想使内容言之有物，往往需要输出一些落地的、实用的信息，这也是职场人士做自媒体的一大优势。

由于目前很多公司还没有实施新媒体战略，没有把公司当作媒体公司，企业老板、高管和员工也没有形成分工明确的自媒体矩阵或者 IP 团队，甚至有保守的领导认为员工做自媒体就是干私活，强迫员工要么放弃做自媒体，要么放弃本职工作，进行"二选一"。实际上，现在职场中很多年轻员工除了培养工作技能养家糊口，都在修炼一份相对漂亮的工作履历，其中，自媒体就是看得见的作品，其传播效果也是员工能力的有力体现。因此，打造自媒体，培养可传播的 IP 品牌已成为职场人士的内在动力。如果企业能有"全员即自媒体、公司即 MCN"的媒体化理念，将企业自媒体与员工的新媒体活动结合起来，就能够释放员工的积极性，推动公司发展。与其让员工玩抖音、刷朋友圈、刷微博或知乎，还不如让他们从消费者角色转变为生产者和传播者角色，这样至少可以走上媒体化营销的职业道路。

关于职场人士如何打造自媒体，笔者认为有以下办法。

（1）对于进取心强、在职业生涯中刚起步的自媒体，可以开通自媒体的渠道经常撰写一些公司软文，为公司节省一笔公关费用；或者在公司出现公关危机时，及时从第三方角度进行解读和正向引导；或者利用自己的行业影响力为公司带来一些合作资源，慢慢争取到老板对自己价值的认可。总之，要把自媒体作为服务公司的工具。

（2）对于走上正轨的自媒体朋友，可以争取调岗到研究院、市场公关部或者产品经理等强调脑力活动的岗位加强锻炼，往往真正的佳作、干货不是从网上搜集来的，而是从工作实践中得出的，钻研得越细致，越能够列出多个小选题、小专题，制作成系列进行传播，并且可以征求用户的意见和与用户互动创作内容，这些都比"闭门造车"写出的文章更有传播力。

（3）自媒体要与自己从事的行业一致，要做到让行业里更多的人知道自己，一定要在内容上尽可能保持风格和选材与专注的方向一致。比如，在教育行业就做教育自媒体，在互联网公司就做科技自媒体，自己做什么行业，就选择做什么自媒体。只有逼迫自己做一个行业自媒体，才会从行业维度去思考，才能更好地理解自己公司的业务，从而逐渐以更大的格局来看待工作，给出一些超出具体事务层面的真知灼见，这些最终作为价值闪光点体现在工作中。

（4）如果当前环境不许可，则可跳槽到一些媒体公司工作，或者帮助公司组建媒体化团队，孵化媒体 IP。如今内容分发渠道权重正在弱化，自媒体最核心的是内容生产和规划的能力，以及背后的行业资源、媒体资源、客户资源等。一般"单打独斗"地做自媒体是很艰苦的，完全做自媒体之后没有上班和不上班的时间概念，打开电脑就是写，打开手机就是做传播，这种工作是很辛苦的。能够有一个平台助力自己施展抱负需要珍惜，在媒体中做专栏内容或者编辑内容与自身做公众号并无区别，一般如果有主笔水平，则可以申请在媒体中担任一个独立的 IP 账户的总负责人，比如组建团队进行媒体化运营，其短视频或者账户传播的成果属于公司，对公司和对自己均有好处。笔者相信媒体化战略深入人心之后，从内部发掘人才将成为新媒体的发展趋势。

如果企业没有推行媒体化战略，也没有鼓励员工将新媒体推广业务与自身的工作结合起来，则员工应该坚持以企业工作为主，在工作能力不够的情况下坚持在企业内做事也是一种学习和积累。

第6章

如何展开媒体化营销的"双翼"
——广告与公关

也许每一个营销人都曾遇到过这样一个问题:公关与广告的区别是什么?其实这两个营销传播范畴经常互用,概念十分模糊,在笔者看来,"公关就是打了广告你都看不出来是广告,而广告却是你一眼就能看出的"。二者之间的融合度越来越高。比如,某汽车厂商打广告,大家基本上很快就能判断出是哪个品牌商的汽车,所有广告的目标都很明确——"买我就对了",剩下的策略就是反复透过广告形成的视听印象来影响消费者的心智,属于"销售洗脑术",这是传统企业重要的营销方法。公关相对广告来说更显"曲径通幽",但对心智的深层次塑造却有过之而无不及,公关的最终目标是"信我就对了",追求"走心"。

要想得到用户的信任,企业的媒体化营销离不开广告和公关的相互配合,并且要以广告为辅,公关为主,因为公关更加常态化,广告则是非常态的。广告容易"雷声大,雨点小",公关却可以"润物细无声",也可以"四两拨千斤",因而更适合绝大多数企业。企业在增强公众的信任感方面,如何活用公关传播呢?下面以汽车这一常见的大宗消费品为例来解读。

（1）通过公认的常识来实现厂商的信息传达。比如，消费者都知道产品质量取决于技术进步，技术进步取决于研发费用投入的多少，厂家如果要宣传自家的产品研发费用投入足够多，则可以做研发费用投入排行榜来展示自己对产品质量的重视。为了表示排名客观，可由独立的第三方垂直研究机构发布类似的消息。这些举措比单纯打广告更有说服力。

（2）通过一个反常识的事实论证争取一部分人的信任。比如，某国产汽车厂商从来不打广告，但汽车销量不低，表明产品口碑好，此时可以做一个口碑排行榜，或者对产品销量奇迹做一些专业的营销解读，刷新人们对营销的认知，说明并不是营销开支越大，品牌规模效益越强，销量就越高，这种对消费者底层逻辑变化的解读往往也能让人对不知名的品牌另眼相看。

（3）通过媒体"大V"、垂直自媒体的测评或客观点评进行推荐。一般媒体人都有其擅长的方向和相应的流量池，他们通过个性化的发声来向粉丝传达自己对品牌的理解，充当社媒平台的KOL。通常情况下，项目初次投放是通过公关公司接洽、询价、作品打磨、甲方认可之后进行的，作品风格不能有"广告腔"，否则容易被粉丝认为是"被充值"，反而影响KOL的信誉。长期合作之后，厂家往往会重点筛选出一批有独立观点、能够影响粉丝对品牌的认知，并且在圈内或市场反馈均不错的自媒体或媒体人，这些就是厂家公关人员重点维护的对象。

（4）鼓励用户进行UGC传播，并培育粉丝文化和社群运营。有的企业重点放在媒体资源上，有的企业则着力把顾客的传播热情发掘出来，让用户去传播产品的品牌，一般用户认可企业的产品品质或服务后，就会认可企业奉行的价值观，并自发为企业做宣传和推广。

当然，上述4种公关传播形式中，第1、2种需要通过传统媒体或平台型媒体进行传播，第3、4种则通过自媒体传播。对企业而言，传统媒体的价值主要来自媒体公信力的背书，而支撑自媒体平台运行的基础是用户流量（活跃规模、开启频次、沉浸时长等），其共同特点都是观点导向。公关的优势就是对一个行业越了解的媒体，越能够从用户思维出发通过内容达到比做广告投放更好的效果。

在媒体化传播环境下，企业广告之所以不如公关传播高频，还有一个原因是，《互联网广告管理暂行办法》规定："互联网广告应当具有可识别性，显著标明'广告'，使消费者能够辨明其为广告"。这使得在互联网上曝光的各种移动广告形态均需要在显著位置打上"广告"字样，以提示消费者分辨清楚（见图6-1）。而企业的公关活动更尊重用户体验、传播讲究作品的观点、追求作品与用户之间的共鸣，因而用户接受度会更高，并且更符合当今环境的"软植入"特点。

图 6-1　广告必须标出"广告"字样，公关则不用标出"公关"字样

6.1　广告和公关投放的微妙区别及普遍应用

在移动互联网媒体化环境下，公关和广告呈现出相互合作、彼此交融的特点，具体如下：

- 互联网广告的主要作用在于买量[1]，如今越来越多的公司不再打广告，而是做公关传播和私域营销；很多广告公司也纷纷转型做公关公司，一些营销服务机构陆续为甲方服务媒介投放服务，其媒介资源逐渐覆盖了传统媒介、户外媒介转变到互联网平台、媒体与自媒体等。

---

[1] 买量：即获取新用户。

- 营销行业出现"广告公关化"和"公关广告化"趋势，很多广告越来越"软"，着重强化品牌影响力；而很多公关活动也尽可能利用媒体资源为企业提升影响力，逐渐成为企业获取用户、粉丝、客户的营销标配，从而达到很好的转化效果，甚至一些公关传播会给上市公司的股价或市值带来利好效果。

普遍存在一种说法是"广告衰落，公关崛起"。在笔者看来，衰落的是传统媒介广告，互联网广告依然占据重要地位，而如何看待公关和广告的用途，对企业提升营销预算的效果非常重要。

1. 衰落的是传统媒介广告，互联网广告处于兴盛期

随着互联网新媒体取代传统媒介成为注意力中心，移动广告也逐渐取代传统媒体广告（如电视、报纸广告）。在传统媒体广告中，企业广告主通常不知道广告费用要花多少才能见效。如果大众广告投放赌赢了，消费者、渠道代理商都来了，形成一个良性循环，赌输了则可能"元气大伤"。传统媒介广告真正具备广告价值的时段和版面通常是稀缺的，当大部分厂商都争夺稀缺的广告资源时，传统媒介的溢价就会迅速攀升。当传统媒体整体注意力下降之后，传统媒介广告逐渐会淡出企业营销投放的选项。很多报纸订阅量下降，传统电视逐渐被互联网电视和网络视频平台的电视版所替代，手机成为主流媒介，企业的广告投放效果大打折扣。尽管央视频道和一线卫视平台依然拥有较大的影响力，但广告主主要是一些为提升品牌形象的互联网平台客户，这可被视为传统媒体广告整体衰落的余晖，其高昂的赞助费用也不适合绝大多数企业做广告投放。人们看到互联网的大促活动与电视台进行"台网联动"的合作，春晚的冠名赞助商主要以互联网巨头为主，其主要目的是利用媒体背书效应，现在很少有企业选择通过电视广告投放方式来打开品牌知名度或促销。

由于企业获取品牌影响力的刚需存在，相应的广告预算大多投向了互联网平台，数字广告模式的崛起是数字化媒介成为流量主场的必然结果，数字广告投放主要集中

在互联网流量平台。由于互联网的注意力是相对"去中心化"、开放、多元的，激烈的行业竞争让互联网巨头充满危机感，对适合企业、用户共存的流量生态更加珍视，比如头部互联网平台会利用自身的流量生态进行广告变现，利用自身的数字化技术逐渐构建起数字营销平台，帮客户进行广告投放，实现用户增长，会吸收越来越多的开发者、产品工具成为"广告联盟"的合作伙伴。比如，百度有凤巢系统和百度广告联盟、字节跳动有巨量引擎和穿山甲平台、阿里巴巴有阿里妈妈与淘宝联盟、腾讯有腾讯广告与优量汇等，这使得互联网广告得以充分数字化，相关内容在 6.2 节将详细解读。

2. 媒体化时代企业投放数字广告的主要方式

如果把广告模式看作是平台流量变现的发动机，把账户的大数据看作是广告运行的"燃料"，信息分发机制（比如搜索引擎、算法推荐信息流机制和账户大数据分析等）则是"引擎"。从 PC 时代到移动互联网时代，用户规模在壮大，信息分发机制在升级，但广告模式作为流量平台的主流商业模式并没有太大的变化。

（1）数字广告的特点

数字广告是一种相对较简单且能快速获取流量的方式，也是媒体化营销的重要选项。与传统媒体广告相比，数字广告具有如下特点：

- 靠近流量入口的广告收入多。比如搜索框（含微信搜索框）、应用市场、智能手机静默安装、微信主页中订阅号的消息与朋友圈、智能语音识别系统等。随着智能手机全民普及、App 在各个细分赛道逐渐头部化，使得搜索框、应用市场、手机安装作为信息入口的功能在萎缩，而微信与智能语音由于存在工具属性，顾及用户体验，在广告变现上的动作相对"温和"。
- 任何信息的呈现方式和产品中均可以植入广告。比如，网站、网店、H5 页面、App 端、信息流、小程序页面等均可以商业化，在网页端盛行文字链接、Banner

横幅广告、Button 按钮广告等；在移动端包括信息流广告、开屏广告、激励视频、插屏广告、朋友圈广告等多种形式。

- 广告原生化、场景化，越像一条信息的广告效果越好。大数据营销让广告的投放活动越来越精准，并且投放的全过程均可实现数据化。

（2）数字广告的种类

数字广告在互联网流量平台以媒体信息的形式存在，在不同的应用场景中有不同的形态，按企业的买量和将流量导入落地页的形式主要分以下 4 类：

- 引流用户在手机上下载并安装安卓应用或 App Store 的应用，以明星产品买量为主。
- 通过微信二维码直接引导用户关注商家的公众号、微信号或者小程序，这是广告引流的"一次转化"，即把公域流量的用户转化为私域流量的用户，而微信号、小程序和 App 均属于平台不会再进行任何交易分成的私域流量，微信生态投放适合中小微企业主。
- 在今日头条、抖音等内容平台中呈现信息流广告，其落地页是商家的小程序，适合本地化商户从平台引流用户消费，以及一些游戏厂商买量。
- 直接通过 App 的开屏广告或者网站的 Banner、贴片、弹窗等广告导流至网店中成交，适合电商平台和大品牌商。

3. 企业公关投放渠道

企业公关投放渠道包括媒体与自媒体，其中媒体公关渠道有官方媒体及其融媒体矩阵、门户媒体、资讯端、垂直媒体、垂直社区、数据调查机构。如果公关传播的目的是提升品牌影响力，通常公信力越强的媒体，公关效果越好。如何与媒体打交道？在本书第 10 章将会详细解答。

企业开展自媒体公共关系的主要维护对象是机构自媒体、营销号、KOL 和专家型自媒体等。企业媒介可以通过自媒体生态（比如微信、微博、微头条、抖音、小红书、

第 6 章 如何展开媒体化营销的"双翼"——广告与公关

哔哩哔哩等)进行筛选和寻找,也可以由公关公司推荐资源。对大众消费品企业做推广时,应首先选择投身于直播带货的自媒体,其次是短视频自媒体;To B 企业做公关传播,依然是以 KOL、公众号自媒体投放为主,一般企业要对接投融资或者合作客户资源,选择关注本行业或者领域的垂直自媒体 KOL 效果更佳。往往信任感越强、转化率越高、用户画像越清晰的流量平台越容易成为公关投放的阵地,从而吸引一些优秀的自媒体生产专业内容。自媒体自创、自编、自审,在原创观点表达与具体传播需求相结合方面可以创作出一些粉丝、行业媒体关注的优质内容,这需要自媒体与企业公关共同进行"软植入"打磨。本书第 11 章将会详细解读。

"营销"讲究气与势的结合,"气"是追求内心认同感,"势"是基于自身的实力。营销是需要追求能量场和气氛烘托的,就像营销会议要在五星级酒店开,需要邀请专家站台,开场之前有主持人介绍等,但真正能够把气势稳固下来并变成企业行动的,还需要在明确了解广告与公关的区别后结合运营(见表 6-1),才能提升营销效果。

表 6-1 "营销双翼"——广告与公关的区别

名称 选项	广告	公关
目标	记住+行动 (买我就对了)	信任+行动 (信我就对了)
媒介种类	①传统大众媒介广告 ②数字广告(PC 网络广告、移动互联网广告)	①媒体公关(报道、报告、背书、赞助) ②自媒体公关(软文、咨询、活动)
特点	"硬",一眼看出是广告,智商活	"软",看不出是公关,情商活
主要表达载体	视频广告、信息流广告、设计图片	文案、活动、测评、白皮书
参与者	广告主、广告公司或者广告联盟、开发者或流量主(媒体)	企业、媒体及互联网平台、用户
计价形式	按单次投放的结果付费 oCPM、oCPC、oCPA	按每次作品约定的费用付费 (原创、直发、原创+投放等)
趋势	广告公关化、广告形式原生化、程序化广告联盟平台化、广告直播化	公关广告化、公关追求信任感营销、流量研究机构,以及咨询公关化、媒体及自媒体公关化、新媒体公司公关化

6.2 互联网"广告联盟"的运行逻辑

企业要想投放数字广告,直接找移动互联网流量平台的商业化营销平台或者广告联盟即可。广告联盟是移动互联网平台对外连接流量方的机构,是互联网行业中 App 的整合者和流量的调配者,很多 App 在商业化方向遇到瓶颈时也会找广告联盟合作,商量对策。我们会看到,有些 App 开发者拥有流量主和广告主双重身份,他们既需要将自身的流量变现,也需要在其他流量池买量以实现用户增长。因此,广告联盟在互联网 App 商业化与用户增长中发挥着枢纽作用,它们的存在使得数字广告的投放、制作、反馈变得高效,助推越来越多的企业将广告纳入媒体化营销中。

国内数字广告联盟虽然有很多,但要成为移动互联网广告市场对广告主和流量主均有号召力的数字广告联盟,既需要有丰富的流量资源,又需要能够精准识别的大数据技术和相应的产品作为支撑,还要有相应的多行业、多领域达到一定规模量的企业客户(广告主资源)的积累。我国主要的数字广告联盟逐渐集中在 BBAT(百度、字节跳动、阿里巴巴和腾讯)这四家,即百度广告联盟、穿山甲平台、淘宝联盟和腾讯优量汇,这些广告联盟侧重于对外整合更多的开发者、媒体和流量主,以便广告主有更多元的投放选择。

1. 广告联盟如何撮合广告主与开发者

广告联盟是由互联网广告的"程序化购买"发展而来的,企业广告主一开始选择在巨头的产品体系内投放,在合作一段时间之后,需要在更大的流量池中获取新用户,这就需要移动互联网的数字广告平台可以整合更多 App 的流量。与此同时,被整合的开发者获得相应的流量收入之后可以专注于自身的产品与服务。广告联盟一端连接广告主,为其提供更丰富的投放选择,另一端整合广大中长尾网站、App 开发者、自媒体(公众号或短视频内容创作者)流量主,为它们创造收入来源。开发者也可以选择入驻多个广告联盟,广告联盟与广告联盟之间也会相互竞争,这就迫使广告联盟

第 6 章 如何展开媒体化营销的"双翼"——广告与公关

去打造一个更适合 App 开发者的商业化环境。

广告联盟相对传统的广告媒介公司的核心区别是，其广告需求收集、广告发布渠道和广告投放过程的跟踪均是数据化的。程序化广告在不同的 App 开发者产品中呈现，离不开广告联盟运营人员与开发者商业化团队在产品接口、广告数据打通方面的技术合作。

具体而言，广告联盟后台包括广告需求方平台（DSP）、媒介方平台（SSP）和广告信息交换平台（ADX）三部分，这三个平台分别包含广告主经营者、专业数字广告经销商、数字广告设计者，以及负责数字广告分发、对接、返现的运营人员。

对广告主而言，不需要自己在网上寻找适合投放的 App，直接通过广告联盟（官网或者手机 App 平台）注册账户，就能实现一站式的广告投放；广告主在广告联盟后台通过多种标签选择确定投放需求，根据自身的预算选择广告计费方式，比如 oCPM（优化千次展现出价）、oCPC（优化点击付费）、oCPA（优化行为出价）等方式。在广告联盟后台可以直接查看广告投放效果，方便进行灵活调整和效果反馈。

对广大渴望进行商业化的 App 开发者与流量主来说，他们可以入驻广告联盟申请成为流量主，在后台可以屏蔽不合适的广告来源，标出自身的账户粉丝、流量画像体系吸引相匹配的广告主投放，对自身的平台上用户点击和曝光费用的广告价值进行评估，流量主在广告联盟后台接单并查收相应的广告费用。

因此，广告联盟的出现提升了网络广告投放的效率，方便广告主动态跟踪广告投放情况，实时呈现广告效果以避免出现投放浪费的情况，广告联盟为广大 App 开发者或流量主提供的"商业化"变现模式让其没有后顾之忧，让他们更加专注于自身产品的服务体验和流量获取。可以说，广告联盟养活了半数以上的移动互联网产品。

对广告主和流量主来说，广告联盟是平台；从广告联盟的角度而言，开发者和流量主也被称为"媒体"，广告主被称为"客户"，广告联盟充当广告主与产品开发者之间的撮合者，只要 App 拥有流量，就可以成为企业所需要的"投放媒体"；广告联盟的主要业务是帮助客户找到有流量的媒体渠道进行投放，同时帮助开发者实现广告变现。

2. 广告联盟如何帮助开发者或流量主获利

国内数字广告联盟之间在整合流量方面存在博弈。由于不同平台的内容创作者和全网 App 开发者都有强烈的流量变现需求，不同平台的变现模式又各有差异，这使得各个广告联盟发展出各自独特的优势。

比如，百度广告联盟的活跃站长大部分是 PC 端和百度 App 的本地商户，连接的是搜索广告主偏好者；阿里妈妈和淘宝联盟的"广告主基本盘"是从事电商的企业品牌主、网店店主等；字节跳动系的穿山甲平台则专注于服务移动应用的变现，并将字节跳动广告主订单向更多的应用场景分发，在工具 App 商业化方面积累更多的合作伙伴。此外，腾讯广告作为腾讯统一的商业服务平台，汇聚了腾讯社交场、内容场、交易场的用户全场景和丰富的腾讯域内及域外流量。其中，"域外流量"由优量汇对接，助力外部开发者通过优量汇这个广告联盟平台实现流量变现及买量增长。微信系的内容创作者（公众号、视频号等）和开发者（小程序、小游戏等）的广告收入则以微信广告商业化能力为依托。优量汇和微信广告均为腾讯广告旗下的品牌。

广告联盟之间除了流量规模的比拼，其核心竞争力是保持广告投放的可持续性，这不仅需要让开发者在进行广告变现的同时不损害用户体验，还需要广告主在广告投放中能够获得有效的转化，而当开发者需要用户增长时，也能通过广告联盟强化自身的平台化服务能力，具体体现如下：

（1）对开发者进行充分激励，比如实行阶梯式激励和返现、重大销售节点广告奖励，甚至对效果更好的超额部分给予补贴等，以确保广告的效果落地。

第 6 章　如何展开媒体化营销的"双翼"——广告与公关

（2）广告联盟需要构建起全链路广告数据分析工具，让数字广告投放更加精准，并且能够根据反馈进行投放优化。

（3）加强广告体验的审核与管理，以算法驱动，让广告成为有用的信息，出现在需要它的用户那里，并增强广告作品的互动性。

（4）针对不同投放级别的广告客户给予不同级别的深度服务，尤其是关键客户，需要广告联盟与甲方、投放渠道进行广告呈现层面的打磨、沟通，以便开展长期合作。

广告联盟的存在价值是多层面的，它充分体现了互联网商业通过数据化进行利益共享的生态效益。对中长尾 App 奉行免费模式的产品来说，广告联盟是进行流量变现和商业化的希望。正是因为有广告联盟，广大用户才能安心享受很多免费的优质产品服务；对互联网流量生态而言，广告联盟还为这些开发者的用户增长创造了流量相互勾兑、置换的平台，当企业通过媒体化经营聚集到一定的用户量后，流量可以通过广告联盟进行商业化。对互联网头部流量平台而言，营销变现引擎对自身的商业化变现和平台内部创作者生存下来至关重要。

从企业传播的角度而言，要客观看待广告联盟的效果。一方面，广告联盟是快速、大规模获取用户流量的渠道，打个形象的比喻，公关积累私域流量模式就像游戏中的中小玩家苦练技巧，而广告买量就像"土豪"直接花钱购买装备开挂升级，企业通过广告联盟能够使广告投放过程的数据可视化，投放预算与频次可控、线上实时反馈效果；另一方面，企业不能对广告联盟的作用产生依赖，真正懂媒体化营销的企业会同时做好广告与公关，广告预算产生出理想的效果。而如何留存用户并持续进行转化，依然离不开公关传播与内容营销的引导。

6.3 用媒体化思维升级企业公关的工作模块

现在很多企业都设置了公关总监的岗位，甚至一些初创公司开始搭建品牌公关部，其工作范围涵盖市场、新媒体运营、品牌、广告、宣传等，可以说公关已经成为企业除销售、产品研发外的重要部门。

尽管各企业由于行业性质不同，可能公关工作略有差异，但无非都包括四大模块：品牌公关、创始人公关、公司自建自媒体渠道或利用外部媒体资源公关、危机公关（即为公司创造良好的舆情疏导通道与沟通环境），如表6-2所示。

表 6-2　媒体化公关工作模块

公关工作模块	媒体化思维升级
品牌公关	聚焦传播主对象、确定和迭代传播话术、制定阶段传播策略和活动、与部门协调及与合作伙伴跨界合作、借鉴新法
创始人公关	出书、出镜、路演、媒体采访、团队奋斗素材的积累
媒体、自媒体公关	搭建和维护媒体资源库、自建和运营自媒体渠道
危机公关	客观对待、完善模式、服从监管积极整改、接受批评正道弥补

如何从媒体化视角改造和升级这四大工作模块呢？

1. 品牌公关的工作模块升级方法

一家公司在创立之初通常先由合伙人确定创业项目的品牌名称，此时公关人员的职责是如何向外界介绍"品牌项目"。比如，很多创业公司的项目名称与公司名称并不一致，这就要求确定好是传播公司名称还是项目名称。比如，美团点评的公司注册主体是"北京三快在线科技有限公司"，这个名字仅传播了项目名称，没有公司名称。有的公司既传播了项目名称，也传播了公司名称，如今日头条、抖音的母公司是"字节跳动有限公司"，各条线既要宣传各自的产品，又要传播"字节跳动"这个公司名称。一般中小企业为了使传播资源聚焦，可以只传播项目名称。

公司传播品牌时要想对外稳定传播企业的经营理念和价值观，就需要提前梳理品

第6章 如何展开媒体化营销的"双翼"——广告与公关

牌初步的定位和价值体系,这是企业高层、公关经理和对外媒体沟通的一个准绳,也被称为"公关话术",当然话术需要根据公司的发展不断迭代。

企业传播一定是以最新迭代话术为标准的,甚至根据不同的项目派生出更细化的项目传播话术作为公关传播的目标,相应的已发布的通稿、深度稿、舆情稿、领导采访稿等可以作为补充素材。随着企业的高速发展,其商业模式和战略目标都有可能发生变化,品牌内涵也在不断变化,这期间注意不要使用过时的话术进行传播,留意领导确定的最新话术版本,在对内培训、对外招商、媒体采访时进行更新。

在制订企业阶段性的传播计划(比如按年度、季度、月度等)时,不同阶段的传播计划与公司的经营活动和目标是紧密关联的,公关工作在战略层面实际上是品牌传播,在战术层面是活动策划。比如,企业结合热点营销往往有助于团队成员保持相应的网感,还需要根据自身的运营活动进行拔高,多策划一些主题活动,与合作伙伴或捆绑的大品牌进行跨界营销、异业合作。目前很多互联网平台自身都有面向客户固定的营销活动节。这些活动是与公司其他业务部门相配合和沟通进行的,而不是品牌部发起的独角戏,只要品牌的传播活动是代表公司整体向外组织的,传播受众也是运营的主要对象,必要时可以给部门一些"福利"(用好传播资源来协调部门之间的关系),因为离开了业务部门的具体支持,品牌传播工作将是"空中楼阁"。

比如,项目重大进展、改版,以及上线新产品、明星用户入驻、让用户为产品代言等都可以作为公关素材。笔者作为媒体人就经常为一些项目上线、周年庆、嘉年华等活动代言,而企业仅需要搜集一些合作伙伴的个人形象照、一句话介绍、箴言等就可以用模板批量制作成海报,再由合作伙伴或者公关负责转发至朋友圈和社媒平台。

此外,企业可以与媒体、自媒体、互联网平台进行合作,多参加媒体举办的活动,争取成为媒体的报告和输出文章的分享案例;企业在进行品牌传播时可以与合作伙伴联动,策划跨界传播活动。企业在传播活动中要积极与媒体进行联动,让企业的"事件营销"成为媒体关注和讨论的话题。因此,在品牌传播上,可以借鉴最新的营销玩法。营销方法没有专利权，我们可以虚心向广大企业学习。

2. 创始人公关的工作模块升级方法

创始人一定要与企业品牌进行深度捆绑，这是品牌记忆的天然联想点，只有将创始人的形象、故事、个性融入品牌，品牌传播起来才不会单调。创始人的知名度对项目早期的团队组建、客户开拓有很大关联。创业有风险，即使项目不成功，企业也可以通过不断孵化新的项目来反复试错，从而让项目的起点越来越高。

首先，参考已有的企业家IP成功的"路数"，方法基本上一样，那就是"出书"和"出镜"。出书分为请传记作家撰写和员工根据老板的讲话稿件来写。人物出镜此前基本上以电视台采访为主，在成功打造企业家IP方面较典型的有央视推出的《赢在中国》和《遇见大咖》两个系列节目。近年来，根据"双创"的新形势和新需要出现的创投类媒体（比如亿欧）和对话类自媒体（如创业人物访谈）都有专门针对创业企业的访谈型节目。

即使没有媒体采访，现在创始人也可以以短视频形式进行传播。实际上，目前短视频平台对账号内容的垂直度和专业度要求也相当高，很多传播内容沉淀下来，实际上是企业成长过程的见证，未来将成为外部媒体了解企业发展的第一手素材。如果把打造创始人IP作为媒体公关的工作，创始人做广告代言人的确能够大大节省企业的经营资源，而很多创始人为了推销自己的项目，经常会在投资机构与媒体联合举办的大会上进行"路演"，参加路演会议越多，对演讲内容的打磨就越熟练，而相应的广告出镜和采访内容基本上以路演视频为主。当然，随着公司规模的壮大，老板对外传播的影响力通常也会提升。当今也是商场英雄辈出的一个年代，真正能够形成号召力的企业家除其业务对社会进步产生巨大影响外，其输出的内容也能契合"时代精神"。

3. 媒体、自媒体公关的模块升级方法

企业的媒体公关工作既要防止出现不利舆情，又要多利用媒体渠道进行传播，对媒体传播趋利避害。注意，以下做法并不能改善企业的媒体舆论环境。

比如，一些企业不主动找媒体曝光或者发声，但是网上经常出现一些企业不想看到的负面信息。还有一些企业进行了公关投放，但并没有常态规划，也没有构建起属于企业自身的"公关自媒体"。

现在很多大企业基本上都有大量媒体资源，企业可以通过公关的资源或者公关公司的协助快速建立起自己的媒体资源库，目前一般企业的媒体资源库都有传统媒体、资讯端、行业专家自媒体、垂直领域媒体等。不同的媒体类型，其公关策略不同，其中资讯端账户体系可以自建矩阵，然后交由公关部内部运营；官方媒体可以作为创始人公关、公司重大节点和事件的新闻投放阵地；行业内自媒体内容往往可以直接覆盖到相应的垂直媒体，因而相对于垂直媒体公关，选择自媒体 KOL 性价比更高；专家型自媒体主要以财经作家圈和经济学家圈为主，他们的视角往往更加学术化和理论化。

企业维护媒体关系是为了预防负面影响，要想主动在媒体上长期发声，企业公关部门就需要构建起自媒体矩阵，具备与媒体同等内容运营风格、行业观察稿件撰写的能力，以及结合企业产品、项目推进需求发起选题进行巧妙的"软植入"的能力，将自身发展成为 MCN。相关内容在本书第 1 章、第 5 章、第 10 章、第 11 章均有详细解读。

4. 危机公关的工作模块升级方法

没有一家公司能预料到何时会出现舆情危机，但舆情危机一旦发生，处理起来就相当棘手。一般企业出现舆情危机的主要原因无非是业务模式制约和平时的媒介公关

没有做到位。

对业务模式的弱点需要客观地看待，有的平台型企业会经常出现舆情危机，正所谓"林子大了什么鸟都有"，一些互联网平台（包括电商平台、直播平台、媒体内容平台、广告平台、社交平台、众筹平台、本地生活服务平台、技术服务平台、信息流平台等）有数亿用户，平台要想有效地规避用户的一些违禁行为，其员工离不开对法律法规的学习，以及对平台内用户的行为规范进行事前引导。因此，企业要把媒体、用户所反馈的问题当作改善企业经营管理的契机，做到有备无患。

在互联网平台监管趋严的环境下，要真正预防舆情危机的发生，其责任并不仅仅在公关部门，企业创始人与管理层要做好顶层规划，将经营行为、行业规范、平台规范结合在一起，如果发生了较为严重的舆情危机事件，要在第一时间调查清楚事实，予以正面回应，在态度上要坚持遵照事实与媒体沟通、真诚接受批评与自我批评、积极调整直到完全合规，防止事件扩大或复发。此外，坚持与行业协会、主管单位进行沟通并通报，降低负面影响。在发生危机之后，企业可以根据危机情况做出相应的"对冲"，释放相应的善举，比如，多做一些突出公益性质、强化平台有正能量的好人好事等，以此作为后续公关的主题，消除不良影响。

上述经过媒体化思维的基本原则、理念和方法改造之后的公关活动模块最终能否做好，既取决于企业创始人对公关的重视程度，也取决于企业公关部门平时与媒体机构、自媒体、公众沟通合作的程度。有关舆情危机公关涉及的媒体、用户、主管部门和公众之间的复杂关系，将在 6.4 节进行系统解读。

6.4 危机公关的处理策略

舆情危机或者负面事件往往具有不可控性和偶发性，一旦发生，就会在极短的时间内成为媒体选题和舆论关注的焦点，从而出现舆情险情。对很多企业而言，创业本

第 6 章 如何展开媒体化营销的"双翼"——广告与公关

身就是一个风险巨大的游戏,失败可能导致整个团队的心血付之东流。每一个品牌都是存储客户信任的"无形的银行",任何消极的媒体报道和互联网上出现的铺天盖地的质疑都有可能产生"挤兑效应",成为"压死骆驼的最后一根稻草"。因此,媒体发声要谨慎,企业在任何时候都要重视媒体公关公司,并具备处理公关危机的能力。

在笔者看来,企业的舆情危机主要发生在以下四方面:

(1)品牌形象受损。往往是由于产品质量、经营不当、与其宣传不符导致的。

(2)创始人形象受损。如果创始人德不配位、人设崩塌,不仅让创始人围绕 IP 的前期经营功亏一篑,还有可能使公司与创始人的关系割裂。

(3)涉及媒体关系的负面处理。一般是企业以为媒体或自媒体发布了不利于自身商业利益和品牌形象的报道,有的是负面传播出于不实消息、以讹传讹;有的是断章取义、蓄意夸大;有的是竞品互撕引发媒体站队解读等。

(4)接受监管处理。这种情况需要一分为二地看待,有的是按要求对 App 进行整改,导致 App 被下架,需要提前声明,向用户传达清楚,以避免造成误解;有的是产品功能不符合相关规定被下架等;有的是公司陷入官司被起诉;有的是接受反垄断审查等。

当然,大多数舆情危机是由于信息沟通出现了问题,其妥善处理方式是有章可循的,其实媒体舆情报道反而是最易处理的。此外,出现舆情危机的情况不排斥企业经营行为存在争议,例如,制假售假、资金链断裂、老板携款"跑路",或其经营行为涉嫌违规、违法甚至犯罪,这些在严格意义上属于正常报道,企业不能主观地视为舆情危机,强行要求公关人员进行舆情处理,这时公关人员要有社会责任感,坚守自己的职业道德。

笔者认为公关危机处理有三条策略:以预防和疏导为主,与媒体、自媒体做朋友,管理好关键时刻（见表6-3），这三条策略彼此关联。

表6-3　企业公关危机的病因与诊治方案

舆情危机的"病因"	公关危机"诊治"的原则
品牌形象受损	以预防和疏导为主（和媒体打成一片、社群红包维护、节假日及发布会活动；建媒体关系管理库）
创始人形象受损	
涉及媒体关系的负面处理	与媒体、自媒体做朋友（晓之以理、动之以情、诱之以利）
接受监管处理	管理好关键时刻（好时刻、坏时刻）

企业应对负面舆情的心态要好，要相信大事能化小、小事能化了。笔者曾为一家高速发展的独角兽公司做过咨询，当时公司处在被对手轮番抹黑和不正当的竞争中，网上充斥着资金链断裂、用户蜂拥退款的报道，尽管公司做了辟谣和严正声明，效果依然不明显。当时笔者建议该公司的公关总监与多个媒体群的群主展开合作，让群主发红包求转发至朋友圈，一个群按照500元计算，发20个媒体群共计1万元，转发媒体人超200人，多一个朋友就少一个敌人，抢在竞品和下一波谣言攻击之前行动。另外，如果互联网公司的通稿内容流量不高，也可以通过媒体人、自媒体人转发进行传播。

企业公关对媒体人、自媒体人、媒体机构要像对待客户一样，构建CRM（客户关系管理）和相应的资源库，对资源库的信息随时进行更新和完善，并用一张表反映出维护进度。对圈内媒体和自媒体进行拉网式盘点，然后通过微信有针对性地与媒体人进行沟通，提前自报家门、打好招呼；位于不同城市的自媒体来本地活动或出差时要主动去联络；平时在行业知名媒体或者互联网资讯平台发现关联度较高的自媒体作者时可以先交朋友，并多加入一些媒体群；企业公关人员可以与关注本行业且有独立见解的媒体人进行合作；经常在媒体人聚集的社群保持活跃并进行友好互动，比如有新闻通稿内容可以发红包求转发，这些对企业舆情控制具有防微杜渐的作用。即使自媒体观点出现分歧，公关人员可晓之以理、动之以情，积极争取，友好地沟通。与此同时，企业对维护媒体关系和预防危机要注意从管理的"关键时刻"开始做起。

第 6 章　如何展开媒体化营销的"双翼"——广告与公关

所谓"关键时刻",是指公司的高光时刻或特殊时刻,既有好时刻,也有坏时刻。"好时刻"的情况包括公司公布融资节点、上市之前的静默期、被行业巨头战略投资、公司上市 IPO、每个季度财报发布、新产品发布会、重大活动促销节点、公司或创始人获得荣誉等。"坏时刻"的情况包括高管辞职或重大人事调整、公司被官媒点名或者约谈、公司服务器故障导致产品宕机或客户数据丢失、产品因质量问题出现事故、创始人婚变或生活作风问题曝光、上市公司创始人身体出现状况、公司内部权力争夺、裁员风波等。"好时刻"的舆论往往正面报道较多,但也有"好事者"喝倒彩的情况;"坏时刻"往往容易成为媒体自发关注的热点,一些不明真相的群众和自媒体也会忍不住蹭热点,这些都给企业公关工作带来了巨大压力和挑战。

无论是好时刻还是坏时刻,都是企业媒体公关需要密切与外界沟通的时间节点。

首先,要坚持传达正确的信息、驳斥谬误传闻,要坚持传达符合公司一贯遵循的文化准则和传播话术。

其次,对发展过程中出现的问题,公关文章的说明要注意字句的修辞,有技巧地给出解决办法,传达认真接受批评并积极改进的态度,待风波过后要进行正面强化传播。

最后,对蓄意制造谣言或者人身攻击的情形,在不占用公众资源的情况下,可以向传播者发送予以明确的追究法律责任的意图,并争取庭外和解或者仲裁,对不实报道等尽力就此打住即可。与此同时,企业对不伤及"筋骨"的批评或言论应保持一定的容忍度,内心要强大,不能有舆论"洁癖"或者"玻璃心"。

上述三条处理公关危机的策略要贯穿媒体公关与品牌传播运营的始终,落实到具体的负责人,并结合舆情危机可能出现的地方提前进行查漏补缺,给出预备解决方案。

第 7 章

不同的商业内容，不一样的格局

据统计，2018 年、2019 年、2020 年分别有 820 万、860 万、874 万名普通高校大学毕业生面临就业选择问题，而在庞大的找工作大军中，文科生的选择面相对于理工科生来说要窄，一些体制内和大型企业的行政岗位对学历及综合素质要求很高，很多文科生毕业后因专业不对口而去做销售、卖保险，比较好的就业出路就是从事商业写作，岗位涉及行政文员、企划宣传、广告策划、市场策划、文案、媒体编辑、新媒体运营、品牌公关、客服、行业研究等。从事商业写作与营销策划的就业门槛低，工资待遇和发展前景相对比较理想。当然，这也是企业媒体化战略在执行层面的基础工作。

实际上，很多企业的综合型写作人才或文案人员都相当紧缺，往往越是高层，越依赖通过开会、公文的形式来管理内部；如果没有很高的新闻撰稿水平、很强的文件起草能力，可能连基础的工作干得也不利索。很多人上大学忙于课本知识的学习，并没有经过系统的写作训练，对世界运转真相以及社会人情世故又缺乏宏观的了解，如果没有较好的知识面和阅读面，那么其写作水平可能还停留在高中阶段。写作的层次和境界是没有边界的，就商业写作而言，除了要具备基本的文字功底和逻辑分析能力，还要有用心观察和总结行业工作的习惯。若能不断地通过撰写新媒体稿件来锻炼

第 7 章　不同的商业内容，不一样的格局

文笔，那么你的文案写作能力会突飞猛进。在商业写作这一关系到职场生存的硬功夫方面，如果能钻研出其中的技巧和方法论，则对于内容输出、价值传播、职业发展等都是相当重要的。

本章将商业写作分为三类：宣传型文案写作、广告型文案写作和媒体型文案写作，它们分别对应企业市场及行政岗位、广告公司、新媒体及公关公司三种企业服务业态（见图 7-1）。

宣传型内容	广告型内容	媒体型内容
老板意志决定一切；官网、官博、蓝V、企业公众号、内刊和内部培训是主阵地；负责行政庶务与市场支持；**本质是企业文化传播者。**	甲方意志决定一切；文案+创意+策划+执行双方打磨；广告公司确定媒介投放，甲方市场部负责监控效果；**本质是营销预算内服务外包。**	符合公众与行业关心；商业内容PR口径主导发声，媒介关系包括媒体、自媒体、机构，内容包括新闻、评论、报告、活动、事件营销等；**本质是打造媒体影响力。**

图 7-1　三种商业内容的主要特点

很多文案人员由于长期在某一领域从事相应的工作，不一定知晓并擅长撰写其他类型的文章。由于商业写作不是纯文学创作，必须要充分理解具体事务及行业背景，如何在规定的时间内完成文章，这需要一定技巧的指引。本章内容比较适合刚刚走入职场、有相关天赋、尚未得到系统的工作训练，或者对职业前途比较迷茫、渴望掌握一技之长的读者。

笔者个人的职业经营情况对应这三种商业文体，笔者在做自媒体和媒体人之前，做过广告文案撰写、市场策划、企业宣传以及企业公关等岗位工作，对不同文案体裁之间的差别以及它们的局限性有较深的感受、站在媒体化战略的视角，期望本书能帮助广大企业、广告公司、公关公司吸收新媒体公司的传播优势，针对三种不同的文案

类型对企业提出一些改进方案，帮助企业组织培养一些务实的商业文案人才，以适应当前数字化新时代蓬勃的发展需求（详见表 7-1）。

表 7-1 针对不同的商业文案企业媒体化战略的改进方案

商业文案种类	宣传型内容	广告型内容	媒体型内容
企业媒体化战略改进方案	作为忠实记录者与文化传播者	保持企业服务心态	以媒体型内容为主，吸纳种子成员
	内外兼顾，发声可控化	引入媒体公关服务，加强与互联网平台合作，深度服务差异化	运营团队化、选题多元化、人才专业化、绩效数据化
	要有声有色，发展"一专多能"	做好广告效果汇报和复盘，力求精准触达	与媒体圈、自媒体加强内容合作，完善媒体关系

下面分三节对此进行提纲挈领的解读。

7.1 宣传型文案的特点及创作技巧

宣传型文案主要包括公司新闻稿、公司文件、领导讲话稿、市场物料文案、内部培训文案、公司官网文案，以及企业刊物或者编撰的书籍等，其主要发布渠道为企业的官网、内刊、公众号；阅读对象主要是公司老板、管理层人员、基层员工，也包括希望了解公司的投资人、客户、渠道合作伙伴等利益相关者以及应聘者等。

企业内部的宣传渠道搭建起来之后，就要持续不断地发挥其功能。由于移动互联网在吸引用户注意力与链接资源上具有优势，使得公众号、小程序等相当于企业的移动官网。目前企业公众号成为企业新闻的主要发布渠道。企业公众号发布的内容往往相当于公司对外的正式发声，这就要求企业文案必须符合公司的口径，并经过重重审核才能发布；这样做的好处在于能使很多老板尤其是创业公司的创始人高度重视公司对外输出文案，让一些有才华的员工得到领导重视，容易脱颖而出。而相应的弊端也比较明显，企业文案带有较强的事务性质，一旦离开企业的具体环境就失去了再传播的价值，因此基本很难适应对外媒体；再加上企业内部的文案风格往往与企业文化、行业属性密切相关，很多企业内部的文案属于老板的传声筒、扩音器和记录者，企业宣传人员本质上是企业文化的传播者。

笔者认为，宣传型文案并不会消失，依然是企业进行媒体化传播的基础，但可以从媒体化的视角进行升级。

（1）企业文案要成为公司忠实的"记录者"。要做好公司史料积累与整理工作，除撰写文字归档外，重要的新闻事件还需要拍照和录像，便于随时翻阅和进行档案管理，并且还能够作为拍摄宣传片、新闻媒体的素材，逐渐成为公司的重要"故事"来源和品牌资产；这些内容作为企业传播的基础资料，将为企业简介与公关传播话术更新提供材料支撑。

（2）企业文案要做到内外兼顾、发声可控化。对所有对外输出的新闻稿件要严格做到审核校稿，并且走规范的签字流程，这样一旦在内容表述上出现分歧、纠纷等，相关工作人员就能规避风险。企业宣传人员要积极开拓传播渠道，根据媒体化环境的变化予以调整，并了解外界媒体对公司的相关报道，收集网络上针对公司的舆论、声音等。

（3）企业文案传播一定要"有声有色"，立足一个专业发展多种技能。企业宣传人员要多学习媒体化行文风格，以文字为工具扩展职业方向，增加其所在岗位的含金量。企业宣传人员本身不仅要会做文案，还要懂设计、摄影、剪辑、广告创意策划、主持、培训、企业外部广告与公关合作对接等，让企业传播看得见、摸得着，并能参与其中。公司内部宣传工作的形式要丰富，走进员工的内心，而且还要与公司核心部门及市场销售工作密切结合，提升其附加值。

7.2 广告型文案的特点及创作技巧

一般广告公司是按照服务项目分组驱动的模式推进工作的，往往会服务于多个广告客户。因此，与企业内部的宣传文案只服务于一个老板不同，广告公司往往需要服务于多个（甲方）客户。

在广告执行期间，相应的工作受甲、乙双方的合同约定，因此，每一篇稿件、每一个广告型文案作品都将消耗甲方的预算，甲方有权限对内容、传播思路、发布渠道、效果评定进行严格的审核；而负责维护客户关系的 AE（客户执行）也能决定文案怎么写、写什么、写到什么程度，文案和设计人员所创作的内容都要接受甲方的修改，定稿之后才能发出。在很多广告公司中，广告文案往往兼任广告策划和客户执行的角色，对设计师等有一定的管理权限。尽管广告公司的工作具有一定的创意性，但由于属于企业广告工作外包，因此需要服从甲方的意志。

随着传统媒体的式微，广告公司不得不以数字广告投放为主，而数字广告平台以及广告联盟实际上取代了传统广告在媒介选择、广告效果监督、广告设计等方面的工作，传统广告文案、策划与 AE 等工作岗位逐渐被设计师、产品经理、运营人员、客户经理等所替代；再加上广告投放媒体信息开放化，以及相应的报价信息不对称性逐渐消失，很多广告公司要么选择转型为公关公司，要么为客户提供整合的媒体化营销解决方案。

广告公司的广告文案相对于企业的宣传文案显然要求更高，岗位的薪水也相对较高。广告文案的不足之处是晋升空间有限，文案需要反复修改的压力较大，侧重于从外部为企业服务，没有在内部与公司一起成长，其升职或转岗为管理人员的锻炼机会相对较少。那么，如何从媒体化视角升级广告文案的工作呢？

（1）广告文案[1]需要保持为企业服务而不是施展才华的心态。

所有文案作品皆从客户实用性效果出发，不做多余的创意发挥，如果"浸泡"行业时间不长，则要相信调研数据，尽量回避感性的臆测和主观判断；只有身经百战后，才能形成对行业的"直觉判断"，也才能将自身的创意应用在企业传播之中；广告文案要多与客户进行沟通，"磨刀不误砍柴工"，往往在需求、核心要点上沟通得越清楚，在广告内容的审核阶段就会越轻松。

（2）广告文案要会写软文，广告公司在坚持以往广告模式的同时引入媒体公关服务项目，以更加深度的内容与公关传播策略服务好企业营销传播。

广告公司要坚持"媒体化营销双翼联动产生共鸣"的服务思维，无论是广告传播还是公关传播，广告公司都必须在真正了解客户所在行业的发展阶段、存在的痛点以及发展方向之后，提出真正能打动企业的短期、中期、长期的传播策略。那么，在不同的营销阶段要采用什么样的营销手段、匹配什么样的营销资源、消耗多少营销预算呢？这需要站在全局的角度提出媒体化营销传播解决方案。在服务于 KA（大客户）时，广告公司还需要有专门驻场人员，与甲方企业宣传部、市场部密切沟通和协同。很多 4A 广告公司之所以客户资源多、服务报价高，并不在于其广告作品的水平有多高，而是由于其在行业内服务了一些头部品牌，对竞品的市场状态更加了解，更加清楚地知道如何吸收本行业内有效的市场营销动作化为己用。关于营销技巧是没有任何专利的，在一个产品上应用有效果，在另一个产品上往往稍加变通同样有效果，这几乎是营销策划的套路。但是，4A 广告公司"船大难掉头"，本土中小广告公司可以通过在媒体上投放深度软文、营销软文、商业植入、事件营销等环节制造差异化服务优势，以争取与更多的客户合作。

---

[1] 文案一般指文案作品，也可以指宣传、广告文案写作人员，此处的广告文案指广告公司的"岗位"人员，而非广告作品的文字内容。

（3）广告公司需要重视广告效果汇报的数据化，并为后续的精准传播做好复盘。

广告公司或项目组在向甲方汇报结案时，一定要有详细的互动反馈数据、有渠道发布的截图、有用户和市场反馈，往往汇报数据越详细，客户会认为花钱越值。而涉及视频广告的大众媒介投放，传统广告公司需要引入第三方数据公司进行检测；随着短视频以及内容营销成为互联网平台进行流量变现的方式，广告公司还需要与互联网平台在广告短视频 Gif 化、开屏化、插播化、原生化等方面加强合作，直接为企业成交网站或私域流量载体精准导流，并衡量对阶段销售业绩的拉动效果，这样可以保证企业能够有针对性地进行广告投放，以及保持与广告公司的合作关系。

由于很多广告公司转型为公关公司，同样作为企业的营销外包服务机构，其服务人员设置大体相同，上述很多关于广告文案和广告公司的建议也适用于公关公司。

7.3 媒体型文案的特点及创作技巧

媒体文案主要包括传统媒体报纸和杂志上发布的新闻、特写、时评等，新媒体公司及垂直媒体平台上发布的深度稿、公众号行业评论文章，以及互联网社媒平台如微博、微头条中的内容等。一般媒体型文案是由作者撰写、代表个人观点并发布在媒体上的文章内容，与其他商业文案相比，其更为综合化、包容化，发布渠道更加自主化、分散化。很多媒体的内容既有媒体机构原创，又接受外部投稿及 UGC 创作，互动性较强；相比企业传播、广告公司传播，其完全数据化，并且还是很多企业产出内容的投放平台。

本书中介绍的内容营销和媒体公关更倾向于以媒体内容风格要求来重塑企业宣传型文案和广告型文案的形态，以媒体型文案作为所有商业文案的主体，企业要致力于成为新媒体公司；因此，媒体型文案的写作方法尤其值得宣传文案与广告文案岗位人员学习。

第 7 章　不同的商业内容，不一样的格局

专门针对某些行业的垂直媒体往往会与该行业内的一些企业打交道，比如，媒体记者或者专栏作者直接对企业创始人进行采访，或者以访谈为主；企业直接与媒体平台的专栏作者、自媒体撰稿人合作，投稿；由公关公司直接物色自媒体和媒体资源，等等。一般公关内容以文字为主，以视频为辅；市面上垂直媒体与新媒体公司、转型的 MCN 机构的盈利模式主要以与企业公关部门及营销部门合作为主，以平台补贴、读者付费阅读等为辅；因此，无论是企业、媒体还是自媒体、新媒体公司等，都必须熟练掌握媒体型文案的创作能力。

对于创业投资类、科技类 To B 型媒体的报道，其阅读群体主要以对具体业务感兴趣的专业人士和职场商务人士为主，该报道既有客观性的一面，又吸收了网络评论的个性化、接地气、多元化的优点，因此在内容的可读性、自传播性上明显强于企业型文案和广告型文案。此外，媒体内容本身也包括公关软文。公关软文是其盈利模式的重要组成部分，内容采编具有开放性，同时也不乏自媒体投稿的情况。这使得很多企业在与媒体、自媒体接触和合作的过程中，迫切感受到媒体型文案的不足，以及媒体公关人才的缺乏。

因此，从媒体化战略的视角看，企业要进行内容营销、转型孵化自媒体的 MCN，笔者认为，应以媒体型文案表达方式为传播工作重点和主要追求，并注意以下几点：

（1）企业要明确把媒体型文案与其他类型的文案区分开，并将其作为企业传播的重要部分。媒体型文案的功能定位是影响行业舆论，扩大品牌传播范围，不把文章写得"内部宣传化""新闻通稿化""广告文案化"，应给予作者更大的表达权限，从媒体评论人的"局外人"视角看待行业、企业或项目。其行文风格是以"第三方人士"口吻传达作者的主见，并植入公司材料和传播要点，给阅读者留下思考的空间。在总结效果时，可以根据自动转发程度来判断文章传播的影响力，并总结撰稿技巧，在企业内部要反复对员工进行培训，策划出更多的选题。

（2）企业在内容运营上要坚持个性化原创、网络热点评论与行业干货并举的思路。往往选题越是新颖、观点越是突出、材料越是独家的内容，就越容易受到全网媒体的欢迎，其阅读的长尾效应比较强，传播周期比较长。因此，公司要多召开选题会，选题组针对行业方向、热点评论及观点提炼等进行讨论。媒体人在撰稿前要对相应的媒体内容有大致的了解，力求对原创内容的观点进行提炼，在文章中以故事形式，并结合众多人的探讨、议论等来撰写采访内容。创作团队在创作媒体稿件一段时间后，就能够发现各自所熟悉和擅长的细分领域，通过持续深挖撰写犀利的文章。不同的媒体人要在不同的细分领域均形成原创报道的内容，将其整合在一起后，媒体本身关注的方向就会相对较为全面，也就会为后续新媒体账户孵化及媒体流量聚集打下基础。一般企业的 MCN 团队可以分组来研究某一行业，逐渐提升内容创作的专业度。

（3）企业自身要开拓新媒体的投放渠道和矩阵，善于将整个媒体圈人士通过一次次通稿转发、原创约稿、活动邀约等形式有效地组织在一起，让企业本身成为媒体报道的选材范围，让企业传播的内容借助于媒体圈报道扩散至搜索引擎、信息流平台、社媒平台。

（4）企业要激励创作人员，以结果管理为导向，根据文章在多个平台上的数据表现，针对内容的平台流量收入按照一定的比例分配。比如平台流量收入的 30% 属于原创小组，70% 属于公司；全网阅读量 10 万+的要奖励创作人员，500 元/篇；分账户进行运营，对平台账户的补贴按项目组进行分佣；所有的数据人员均可在内部 OA 系统和远程办公系统后台查看每月的具体收入；按效果发放绩效工资，避免出现吃"大锅饭"的情况，对于所有人员实行工资上不封顶，以增加自驱力。

在媒体化时代，宣传型文案、广告型文案和媒体型文案这三种文案有融合的趋势，尤其是企业流量费用开支增多后，对企业的直接影响是倾向于打造个人 IP 和媒体公关，更重视媒体型内容创作和公关软文的传播；而很多广告公司逐渐将业务从广告投放转型为以媒体公关内容为主。

第 7 章　不同的商业内容，不一样的格局

由于互联网媒体行业竞争激烈，从拼原创到拼服务，即使是一些审核相对严格的媒体，也采用快讯的方式来采编企业宣传内容，并设立广告区和活动策划赞助等。此类商业内容的融合，要求无论是企业、广告公司还是媒体人都必须同时具备这三种文案的撰写、策划和运营能力，并逐渐以媒体内容为工作重点来培养自己与团队的能力，这实际上也提高了这三个领域的人才流动性，拓宽了职业发展空间。企业对掌握这三种文案技巧的人才都很刚需，广大企业可以把宣传型文案作为媒体型文案的种子选手，把广告型文案作为媒体公关的帮手和商业化成员，媒体型文案则是企业传播的主力军。三者环环相扣、相互配合，不仅能帮助企业汇聚更多的新媒体人才以纾推广之困，同时还能让企业留住人才，为其提供长期发展的晋升通道，这样团队将成为企业媒体化战略执行与落地的运营人才基础班底。

第 8 章

如何撰写行业深度稿

在"内容为王"的新媒体时代,无论什么媒介表现形式的内容,其信息量、知识含量、逻辑思维性、思想趣味性等因素都决定了内容质量。实际上,内容形式越丰富,文字就越容易成为其他传播形式的基础。众所周知,如今互联网消息传输快捷,情绪"爽文"或浅显的文案比比皆是,但深度内容依然是稀缺的,其传播的穿透力是其他"短、平、快"内容所无法比拟的。当企业传播的商业内容逐渐转向以媒体型为主时,我们就会发现一些重要的垂直媒体以及权威媒体更喜欢发布和主动传播有深度的内容。文化程度越高的读者,对内容质量的要求越高。如何让团队具备持续生产深度内容的能力,已成为自媒体、内容运营团队、新媒体公司的"吃饭本领"。

"深度稿"是指一种在企业公关中区别于新闻稿、广告稿、舆情稿的面向专业媒体发布的干货内容。对企业而言,深度稿需要带有很明确的传播目的,能够反映出创作者对行业的理解及其对网络事件的穿透力,其往往是体现创作者的思想、见解、价值倾向的代表作。新媒体竞争越趋激烈,谁能更高效地创作出深度稿,谁就能在媒体圈获得更大的名气和影响力,并能够以此变现;一个自媒体账号创作的深度稿越多,其所积累的粉丝就越多,变现的潜力就越大。

第 8 章　如何撰写行业深度稿

本章将对深度稿创作的逻辑和方法予以说明。本章内容是笔者通过五百多篇行业深度稿的创作总结出的一整套方法论，希望对企业文案、公关人员、市场人员甚至新媒体运营人员学习并掌握撰写深度稿的写作技巧有所帮助。在创作好深度稿之后，按照深度稿的逻辑整理音频、短视频等就有了观点，并且一篇篇深度稿能像"石榴籽"一样环环相扣，让创作者步入持续创作的正轨。本章将按照创作深度稿所需要的素材、提纲构思和谋篇布局等环节来讲述，希望读者能够掌握在主流媒体中常见的"深度好文"的写作技巧。

8.1　如何做好选题规划并获得消息源

媒体做内容有的是先定好选题再去找消息，有的是有消息后再定选题，还有的是二者兼之。有的媒体负责提供新闻、快讯、报道等消息，其基本职责是告诉用户出现了哪些最新消息、独家消息、重磅消息等。广大用户具有获取消息以满足对环境感知的需求，这使得资讯媒体需要昼夜不歇地运转。有的媒体则比较重视对消息的评论，并针对消息制定选题，但其发掘的消息相对较少，主要以原创的评论选题见长。而自媒体受制于新闻消息采访和报道的权限，但是可以充分利用消息做网络评论选题。由于自媒体在流量上的竞争较为激烈，如何找到消息源，结合消息制定选题并挖掘一些新颖的写作素材也是内容创作者的基本功。选题的来源本身离不开获取消息的习惯，内容创作者更接近有价值的消息源、掌握更丰富的行业信息，再加上具有一定的见解，在制定深度稿选题方向时才能做到游刃有余。

笔者总结出以下消息渠道和选题制定的经验，希望对读者的持续生产能力有所帮助：

（1）内容创作者要善于利用网络公开的热点消息，快速跟进并做评论。比如传统媒体在醒目位置更新的消息、新媒体公司发布的集成度较高的行业信息等，如科技圈的小程序Readhub、36Kr的快讯、钛媒体的瞬眼，以及财经圈的财新网、第一财经等。此外，内容创作者还可以根据热榜获取互联网平台上的热点消息，比如微博热搜、知乎热搜、抖音热搜、B站热搜、今日热榜App等，当众多的消息话题点摆在面前时，也就不需要担心"巧妇难为无米之炊"了。

（2）内容创作者要多交流、咨询，关心行业大会，广泛引用行业人士的观点。企业可以主动邀请媒体人进行采访、交流，经常收集媒体人对行业最想了解的信息和选题的方向。一般行业大会均有录音稿件公布，尽管有不少是项目路演信息，但去掉"水分"之后，也是能挖掘、解析出一些有用的写作素材的。当然，内容创作者除了可以依靠媒体采访内容，还可以将人物传记、企业认可的专门书籍等转化为文章报道素材，但是在稿件中要指明出处。

（3）原创团队或内容创作者可自建消息源头池或者组织社群活动，并注重对自身原创观点的挖掘和整理。在商业媒体中，通常有不少消息是由企业发布的，获取的途径就是直接关注企业内部官方渠道，包括大公司企业号、企业公关部门发布的内部邮件信息、针对有话题的问题企业公关部门的回应等。一般新媒体公司在起步阶段可以通过免费报道形式连接创业者、投资机构，与其一起成长，等其壮大之后，往往越是早期进行报道和采访的媒体价值越突出，而当新媒体团队邀请企业、投资机构出席付费活动时，它们往往也会愿意参加。当一个自媒体发现与其合作的企业、客户或者采访创业者达到一定的量级时，企业公关部门提供的资料、信息量就会足够多。此外，新媒体团队还需要根据行业划分出不同类型的社群，加速信息汇聚到社群，将内容生产、关系链接、活动变现等结合在一起，它们缺一不可。

（4）内容创作者要系统研读行业内上市公司每个季度向股市投资人发布的财报。目前在互联网公司和科技企业中上市公司比较多，随着科创板注册制的推出，未来还会有更多的行业内优秀的公司上市，一般企业在IPO前都会有详细解读公司业务以及市场风险的招股书公布。如果能坚持研究企业在股票交易市场提供的招股书与财报，那么就能了解到企业经营的一手信息，通过对公司的营收数据、组织架构、商业模式、中长期规划等有价值的信息进行对比，提升评论的深度。相关资料可以在老虎证券、雪球、格隆汇等财经媒体社区中找到。

（5）重视公司的工商信息和市场数据报告。要了解行业内公司或者关注某一家公司的主要信息，则可以使用天眼查、启信宝、企查查等 App 来获取信息；要了解每一条赛道的投融信息或者国内头部投资机构所投的项目，则可以使用 IT 桔子、投资界等网站来获取信息；要了解市场发展报告，则可以关注 QuestMobile、TrustDate、易观、艾瑞等第三方数据机构每个月发布的行业调研报告。

上述一些消息源只是制定选题的辅助点和触发点，要想确定选题内容，还需要坚持以下原则：

选题的确立与新媒体账户的定位相关。毫无方向的新媒体账户是不可能在竞争激烈的内容世界中脱颖而出的，往往内容垂直度越高，越容易得到平台或者公关公司的推荐，这也是衡量账户是否优质的指标之一。

选题的提出要具备独特的观察视角。选题策划的切入角度、观点等，要体现出创作者对行业的理解，让读者有跟读的欲望，同时让创作者充分发挥创造力。拥有这样的选题意识是文案人员持续创作的"网感"。

选题的产生与主要服务对象密切相关。正如本书第 3 章强调的商业模式中的服务对象一样，如果新媒体账户是针对行业特定的读者来制定选题的，那么选题方向应主要以行业大公司及业内相关热点、趋势为主；如果账户本身是服务于企业的，则需要根据企业宣传和公关重点创作内容；如果账户前期是追求文章数量和在媒体上发声，那么选题要保持与媒体以往发布的内容和观点的差异性。不同的服务对象决定了自媒体账户内容要实现不一样的目标。

一般由专人定一个专业方向，在此基础上分组创作，保持内容的细致度和专业度。

当前自媒体与自媒体、自媒体与媒体、MCN 与新媒体公司等的竞争实质是选题策划和执行能力。由于消息源获取效率、选题规划水平、出文速度等方面的差异，导致好内容是跟着人走的，一般媒体都采用主编负责找更有传播力的选题，作者负责执行选题落地，编辑配合校对、发布等工作模式。如何根据传播的反馈不断调整选题的能力，是一个新媒体团队能否进步的关键。

8.2 深度稿的标准

正如对"美"的感受虽是主观的，但也有审美客观标准；虽"文无第一"，但深度稿其实也是有标准的。形象地说，文章标题如同一个人的眼睛，逻辑如同一个人的身材，内容思想如同一个人的灵魂，好的文章能够让读者从标题、文字、逻辑、观点、情绪、思索中感受到创作者的写作能力，这种能力可以通过内容训练形成。这实际上是专业媒体创作者与业余写作爱好者的最大区别，下面分别予以讲解。

1. 标题如文章的眼睛

标题必须独特、传神，最好让人过目不忘。一般观点独特的选题的标题不需要去搜索比对；而如果选题同质化程度较高，则需要对标题进行搜索比对，看看标题是否是独一无二的。比如在微信或者百度中搜索标题，如果出现很多类似的文章，则需要对标题进行修改。

一般在不同的平台上同一篇文章的标题可以有相应的变化，比如在头条号、百家号、一点资讯等信息流平台上适合用三段话式标题，直接呈现文章最吸引人的信息点；在微信公众号中，耐人寻味、短小精悍的小标题让人更有欲望点击；而在媒体中往往会选择切中文章主旨的标题。

由于内容相对较多，尤其是在资讯端及媒体网站上，大部分读者是利用碎片化时间来阅读和浏览的，一般会根据文章标题来决定是否点击阅读，因此多花一些时间写一个吸引人点击、让人按捺不住看的好标题是值得的。一般每篇文章至少应该准备3个标题，然后从中选择或者综合成一个更佳的标题。一般标题选择的要点和技巧如下：

（1）常规标题是主题概况式的，也可以采用自问自答式、提问式。一般标题字数不要超过28个字，建议多准备两个标题备选，没选上的标题作为摘要导语或者资讯端的双标题。

（2）在撰文时可以先写出平实的标题，然后在文章校改阶段，从文中选择一两个金句或者能制造观点冲突的句子作为优化的标题。

（3）直接将犀利的论点作为标题，也可以大幅度提升点击量。往往一个四平八稳的标题获得的流量，不如一个看起来漏洞较多的标题获得的流量大。

在一些新媒体团队内部甚至有专门修改和撰写标题的人员。术业有专攻，我们要力求对文案"画龙点睛"。

2. 行文逻辑就是谋篇布局的能力

虽然有的稿件包含了很多信息，但读者读起来不知所云，这是由于作者要表达的点太多了，让人抓不到重点。如果作者按逻辑表达来写文章，就能让文章思路更加清晰，而与逻辑关联度不高的内容可以从文章中删除，再另写一篇文章或作为短视频内容输出。对创作者来说，一切内容要想让人看得懂、看得明白都必须是有逻辑的，写作本身是锻炼作者逻辑思维能力以及表达能力的有效方式。

比如在撰写商业文章评论时，创作者需要从商业模式的内在逻辑出发进行解读，其相当于项目的"中心思想"。即使从公司所呈现的产品着手，也可以根据产品逻辑推导出其商业模式；反过来说，如果产品设计不够合理，用户体验不好，则也可以根据商业模式推导出产品接下来的迭代走向。这样创作者就可在深度稿中梳理出产品现状、解决思路及落地方式，以及产品的改进方向；或者直接引入竞品进行比较，看该产品的独特之处在哪里，创始人和团队为什么会确立这个方向和模式，该产品的市场反响怎么样，能否带动其他产品跟进等。如果文章写的是干货分析内容，那么思考方向就是力图呈现这些问题的答案和结论；如果文章有利益相关，那么就要对上述问题进行巧妙的逻辑论证。

如何才能让文章看起来很有层次感，并引导读者一步步阅读呢？笔者总结出一个技巧，就是活用数字"三"。"三"是最有逻辑感的，正所谓"道生一，一生二，二生三，三生万物"，人的所有判断都可以被拆解为最简单的三段式。具体而言，在文章谋篇布局时，可以用"第一、第二、第三"来表述，也可以使用"首先、其次、最后"，还可以使用"是什么、为什么、怎么办"讲清楚，或者从"正、反、合"角度辩证解读，丰富文章的论述维度，就不会显得内容单薄，也不会有不知从何下笔的苍白感。在文章中经常使用"结构化"的分析方式，也就形成了所谓的行文模板（具体如何让观点按照行文模板展开，8.3 节会讲解）。

3. 观点最考验作者内功

一篇真正能扣人心弦、触动灵魂的文章，可以让人忽略其他方面的影响。想要文章改变人的认知、激发人的行为，则其需要有鲜明的观点，该观点本身可以给人一种崭新的观察视角和思维启发。

在媒体传播环境中，写文章不是讲道理，与其追求四平八稳、无懈可击，讲一些正确的废话，不如标新立异、剑走偏锋，将废话换成一个有趣的故事、一个形象的比喻；即使其貌似荒诞、错误，但能够言之成理、自圆其说，也可为好文章，这就是所谓的"有态度的媒体"。这也是互联网能够包容各方面不同的建议，让持有不同观点的人之间形成激烈争锋，却依然让人沉醉其中的原因。只有深度稿的内容层出不穷，才能让网络媒体不陷入低水平、反智的"舆论撕裂"中。

对于身处媒体传播第一线的人来说，在明确大是大非的前提下，要勇于亮出自己的观点。此外，无论观点偏向哪种，都有人赞同，有人批评，没有人掌握绝对的真理，无非谁更有逻辑，谁更能找出逻辑与现实更好的吻合点。网络传播的确存在情绪化的一面，内容运营者要把握其中的"尺度"和"分寸"，既要让内容有腔调，又要注意情绪仅是佐料，文章要传达正确的"三观"，不能盲目地为了流量，被一些网络用户的低俗、偏激、愤怒等非理性情绪带偏。"做自媒体就像做人"，一个优秀的自媒体能够引人向善，带领用户实现提升，这样的自媒体往往能够做得更长久，成己达人。

事实上，每个内容领域的创作者都如过江之鲫，能长期输出具有深刻洞见的文章的媒体人凤毛麟角，其中大多数文章均停留在"伪深刻"层面。正是因为大多数文章均停留在表层传达上，久而久之，内容同质化情况就出现了，即使套用了一些深度框架分析偶尔"出圈"，也很难保持持续生产。而要输出观点独特、深刻的文章，前提是创作者需要对其所处领域进行长期观察、深度阅读及认真实践，并且能够依靠媒体化表达技巧，深挖读者感兴趣的选题，让试图了解这一方面信息的人不得不阅读此文章。只有如此，文章的观点才有了灵魂，而观点输出就是自媒体的灵魂。

相对于其他形式的传统媒体，自媒体的突出优势是有个性化表达，也有个性化主张，其传播或者是为了吸引有某想法的人，或者是成为某一群体的代言者或情绪宣导者，或者是能够让人加深对某一领域的认知、改变对某一事物的看法等。那么，如何才能让文章的观点更加锋利、有穿透力呢？其实可以通过以下方式来锻炼。

（1）对于观点深刻的文章，值得仔细读三遍以上，将自己代入文章的问题情境之中，看看自己能否写出这样水平的文章；如果读了几遍之后发现有不认同的地方，则可写一篇反驳的文章，通过竖一个靶子写出有自己思考的文章。

（2）在自己经常观察的领域总结出某个定律或者大致规律，然后用大量的事实和现象去论证，也可以写出一篇有观点的文章。当然，为了防止忘记，可以随手记下观点碎片，等到写作时用上。

（3）内容创作者不必是一个完美的知识传播者，在作品之中可以呈现知识结构逐渐深化、认知失调及知识变迁的过程，只要言之成理、态度谦虚、容人批判，就一样可以形成一篇好文章；而文章中所展现的内容，对其他人从局外角度观察也是很有价值的。这是互联网媒体与学术内容一个很大的区别。

（4）如实地表达出资深行业人士、专家的谈话带给自己的启发，并能举一反三，也可写出一篇深度稿。

8.3 适合"刻意练习"的三个写作模板

很多人对写作有畏惧感，越是想写好，越是觉得难以下笔，这是未经行业高强度训练的初学者经常出现的状态，是可以通过有章法的练习克服的。

实际上，模板化写作是优秀写作者的大忌，但却是一篇合格的文章必不可少的"学步车"和"脚手架"。这就好比考研英语作文是有模板可依的，虽然完全按照模板来写得不了高分，但可以拿到及格分，而真正优秀的创作者是对模板烂熟于心之后的灵活变通，形成自己的写作模板。很多自媒体账户的特色都体现在创作者的表达方式上，这与其模板化创作是分不开的，再加上深度稿更突出观点逻辑及信息增量，而不太在意文字是否优美，追求语言平实，是比较适合模板化写作的。

本节就提供了媒体化深度稿的写作模板，经常从事软文写作或者媒体投稿的朋友可以在熟练掌握写作模板的基础上做一些个人自创的灵活调整，在写作不同类型的文章时可以使用不同的模板来提升产出的效率，也可以组合使用这些模板写出不重样的内容，以适应持续快速输出深度稿的节奏。

1. 以提纲带全文的写作模板

如果你接到某个选题却迟迟没有思路,则可以先在 Word 空白文档中按照表 8-1 所示的方法写出标题、引子,以及第一、二、三部分的逻辑框架和结语(虽然没有一个模板可以满足不同的写作需求,但这个模板的好处在于可以进行个性化组合)。一篇文章可以被拆分为六个模块,其中前五个模块又分别被细分为三个不同的选项,可以进行多种组合。这样既可以保证模块应用的丰富性、灵活性,又可以保证按模块撰写的文章更具实用价值。

表 8-1 以提纲带全文的写作模板

写作提纲	具体方法(任选其一)
标题	标题 1(一句话概括核心传达信息,落选也可作为摘要)
	标题 2(内心倾向的趣味化表达)
	标题 3(本文中最令人满意的金句或者观点)
引子 (任选其一)	以读者当前关心和议论的人、事物、现象作为开头
	以竖一个靶子制造观点对立的形式切入
	以讲一个故事的形式切入
第一部分 (小标题)	讲是什么(定义层面的科普或行业现象呈现)
	梳理行业发展历史、多项目参与的故事
	所论述领域内存在的业务痛点
第二部分 (小标题)	讲为什么(出现上述现状或问题的原因分析)
	对于存在的问题为何克服,改进有何难度
	市面上的优秀案例(进行植入)
第三部分 (小标题)	讲怎么办(解决上述问题的方法)
	优秀企业的方法论、业绩、采访
	接下来的发展趋势,自己的看法和建议
结语	总结提炼,展望未来,行业高度

使用上述模块写作提纲,在行文前先写 500 字勾勒出大体思路。如果觉得写 500 字也比较困难,则可以按照表 8-1 所示的模块逐步思考,带着问题去看产品、项目和资料,甚至可以进行分类整理,使得要点环环相扣,从而保证全文具备足够的增量信息。做好这些撰稿前的准备工作,能让深度稿完成得更顺利。

而在具体行文时,"引子"模块的字数约为 500 字。文章主体逻辑框架有三个部分,平均每个部分可以写 1000 字,加上结语,整篇文章初稿加起来 3500~4000 字,在修改过程中可以删减一些观点,使行文更加简练,语句和逻辑衔接得更加紧密。

当然,在熟练掌握该写作模板之后,可以将"引子"与"第一部分"合并作为第一部分,将"第二部分"和"第三部分"合并作为第二部分,即文章主体部分,将"结语"作为第三部分,整篇文章也就分为三大块,它依然是媒体欢迎的深度稿写作模板。每一部分可以分别写一个小标题,以保证全文的逻辑性,方便读者阅读或者快速浏览文章梗概。

2. 适合媒体投放的深度软文的写作模板

如何把文章写得既干货满满,又能够结合企业需求植入相关信息,同时还能够满足读者的阅读体验?这就需要内容创作者在充分理解深度稿行文风格的基础上,开发出一种适合企业做干货深度软文的模板,使用此模板写出的文章区别于一般"自嗨式"营销稿件,接近媒体型文案的要求。

当然,根据具体企业客户需求的不同,稿件创作的重点肯定是不同的,需要灵活调整。比如,有的企业不想在稿件中出现行业内竞品,那么就需要与其他行业的项目或者事件进行对比;有的企业希望能够客观对标市面上的头部客户,以呈现自身的独特优势;有的企业则希望传达活动、会议信息及生态内合作伙伴的信息等。撰写这样的稿件,一般要求作者有独立的见解,切入口相对较小,可读性强。此外,有的企业希望作者表达出强烈的个人见解,有的企业则希望作者能够以严谨、平实的文风进行创作。

笔者认为创作符合企业要求的深度稿,创作者需要做好以下九个方面的准备工作。

(1)清楚客户对稿件所要求的传播要点、思考切入点。

(2)明确项目优势以安排植入点位置。

（3）研究客户项目的介绍，以及客户提供的最新资料。

（4）研究客户认可的媒体型文案。

（5）确定创作提纲，找到差异化切入点。

（6）是否有相关的行业调研报告。

（7）是否有客户案例资料。

（8）此前是否有不被客户认可的文章，以及不认可客户传播要点的文章。

（9）最近是否有可以借鉴的热点、活动或者风口等。

上述内容中，前三点是必须了解的，其他几点是辅助的。

如果想将客户要传达的点巧妙地植入稿件中，则需要把媒体传播的"明线"与企业软文传播的"暗线"区分开来，并采用明暗线交织的写法，这样写就的文章从明线上阅读是符合媒体需要的，从暗线上看又是企业所追求的软文。适合媒体投放的深度软文写作模板如表8-2所示。

表8-2 适合媒体投放的深度软文写作模板

"明线"（媒体干货内容点）	"暗线"（企业公关软植入点）
标题：搞清楚想传达给读者的核心信息，标题吸引眼球	确认是否需要在标题中带上项目名称，也可拟定一个标题作为备选，不带项目名称
引子：竖一个靶子瞄准解读；以读者生活中所遇到的日常现象切入；最近市面上的现象、行业峰会等	引出客户项目名称，突出行业定位、主要服务人群
第一部分：行业发展存在的痛点、市场规模及发展潜力，用数据说话	创始人的讲话，投资人及投资机构看好，服务客户的资料、荣誉等
第二部分：市场上有哪些项目及具体公司分类，含对标项目优劣势分析	放置客户项目图片、相关业绩介绍，商业模式偏服务模式和组织模式的差异
第三部分：发展成果对用户、产业链、社会的好处，点评项目可能存在的困难和挑战，以及相应的改进方法	植入项目落地优势图片，加上联合创始人、VP采访等，接下来的发展计划等
结语：发展趋势，商业如何让生活更美好	公司模式符合发展趋势，行业标杆

当然，该模板的明暗线本身可以互换，比如客户坚持要求突出营销信息，那么就

可以调整比例设置，将企业公关植入点放在明面上写，而文章的干货部分作为辅助支撑进行说明。一般结合客户提供的通稿来撰写"伪深度"营销软文，写起来会比较快，但相对于"以明线为主线，以暗线为植入点"的稿件，其干货要少一些，传播出去之后读者的互动和反馈、网络的转载量也要少一些；但是由于"伪深度"营销稿件生产速度较快，撰稿门槛大大降低，因此它被一些营销号广为采纳，并逐渐成为新媒体中更为广泛的一种供稿方式。

3. "伪深度"营销软文写作模板

之所以把一些植入比较明显、读者一眼就能看出的稿件称为"伪深度"稿，是因为其行文风格依然是媒体化的，逻辑简单明了，但是内容并不饱满，一般只单独介绍一个项目，广告植入得比较直接。由于有的客户就希望要这样的看起来植入比较明显的文案，因此文案人员也需要有写作模板进行创作。

比如，在"引子"模块中先从行业讲到自身，然后依次讲该项目的过去、现在和未来，这样排列的逻辑往往比较清晰；还有文案结合巨头所做的项目或者知名项目进行捆绑式论述，在对它们进行分析之后，对自身项目进行分析，二者之间形成对比，得出优劣势。这样的写作模板相对比较简单，如表8-3所示。

表8-3 "伪深度"营销软文写作模板

时间线模式	捆绑营销模式
标题：一文读懂前世今生、某行业十年、某客户行业2020年复盘	标题：知名项目+客户项目、知名IP加上客户项目、最新概念热点+客户项目等
引子：某行业造成的影响；人们的感知如何	引子：行业前景、发展潜力、市场份额及格局、创业机会点
第一部分：过去发展如何（植入客户）	第一部分：别人的业务模式、发展现状及存在的问题
第二部分：现状如何（植入客户）	第二部分：客户的业务模式、发展现状及独特经验
第三部分：未来如何做（植入客户）	第三部分：行业走向更需要哪种模式（用户层面、供应链层面、行业进步层面）
结语：做时间的朋友，长期主义	结语：市场变量，新物种、新机会

4. 其他文章写作模板

文章的行文方式不拘一格，内容创作者可以运用上述三个模板，形成自己的风格，比如以第一人称的视角记录所思所想，以散文随笔的形式直抒胸臆，等等。为了避免写作程序化，限制写作创新，大家可以采用一些操作起来相对简单的模板：

（1）采取"分总"或"总分"的简化模式来撰稿，一般"分总"侧重于讲事实加上总结，"总分"侧重于行业见解加上例证。

（2）按序号分段写作，每一段无小标题。这种写法相对随意，但每一段观点清晰，适合打草稿，在对内容进行综合归纳、精简之后也能出彩，可在随笔之中应用。

（3）以"故事体"或"非虚构体"方式来写，一边描述故事，一边夹杂采访信息，代入读者的情绪和感受。即使讲故事也是有逻辑的，比如故事是怎么开始的、谁是主人公、有什么戏剧冲突、故事是怎么结尾的、故事表达的主题是什么，等等。

必须要强调的是，写作模板其实是一种套路，将套路用到一定程度，就会出现反套路的写作，比如一些故事虚构体文章并不符合常见的论述文的范式，但很快人们就会发现故事虚构体也有一些新的套路。新手使用写作模板创作商业内容，就是按照深度稿的标准进行具体文章的写作，所谓"操千曲而后晓声，观千剑而后识器"，写得多了，才能真正了解互联网上的那些好文章是如何写出来的。应用写作模板的目的是为了不再用模板，使写作方法自动内化为表达的一部分，"运用之妙，存乎一心"。当内容创作者自发总结出适合自己的写作风格时，他就可以"出师"了。

8.4 软文写作的明线与暗线

目前在新媒体各种投放形式中，软文模式商业化远比其他传播形式更成熟，也是媒体机构与自媒体 KOL 的主要盈利模式，而软文中溢价最高的又当属深度稿；因此媒体化组织要想提升商业深度稿的段位，达到"深度"稿"随风潜入夜，润物细无声"的效果。通俗一点说，就是写软文要让读者看不出是软文，只有作者和客户知晓传播意图，这就需要特别加强对公关软文明暗线交织写法的锻炼。这其实是一个商业内容创作者的"道行"，也是目前很多营销号、行业垂直媒体、专家大咖号之间的分水岭和"潜规则"。一般内容创作者无法突破这层"天花板"，导致其虽然写了很多文章，也关注了不少作者，但是由于看不懂深度稿写作方式，也不明白其背后的商业逻辑，因此也无法从软文模式中获得收益；而有了这样的"行业认知"之后，还要能写出优质的深度稿软文，就必须熟练掌握明暗线交织的写作方法。

所谓软文的"明线"，是指作者借什么题发挥，文章的引子和由头是什么，作者在这篇文章中直抒胸臆的观点是什么，文章整体想要向读者传达一种什么样的情绪和感受，文章的讨论借助于哪些热点话题展开，等等。"明线"是用来引导读者观看和点击的，必须足够鲜明、有冲突，并以冲突性和戏剧性来吸引读者看下去。而"暗线"则是指软文中要植入的传播要点、品牌商的行业地位、商业模式或核心优势、品牌团队的观点露出、市场业绩、第三方背书，等等。一篇文章的"明线"与"暗线"的内容所占的比例至关重要，往往越是好的深度稿，干货内容越多，植入内容越少。一篇深度稿中的"暗线"内容所占的比例多少，往往取决于客户的传播目的，以及客户对内容的把关程度。如果文章以流量为导向，则植入内容会多一些；如果文章以媒体投稿和发布为导向，则植入内容会少且巧妙一些。笔者建议，对自媒体约稿或者企业投稿内容的"明暗线"的巧妙把握，往往需要公关总监与企业领导沟通清楚，要以干货为主，避免通稿化、"硬广"化。

目前市面上 80% 以上的软文都是把"暗线"当作"明线"来做的，内容过于浅显，能够让读者和媒体编辑一眼看出是商业赞助性质的稿件，很难得到真正广泛的自动传播，以及媒体的转载发布，相应的媒体影响力和传播效果也有限。因此，没有所谓"明线"与"暗线"的概念，往往出来的是与通稿差不多、一眼就能看出"广告"的营销稿，也就失去了做媒体化营销软文的意义。只有不到 20% 的软文创作懂得"明暗线交相呼应、比例适中"，这样才能够收到良好的传播效果，能引发优秀媒体的主动传播，往往这样的团队也能够获得不菲的公关收入。

因此，只有让公司领导清楚地认识到深度稿内容的传播优势，他们才会加大对公司内部新媒体、市场及公关的整合力度，才会支持建立媒体化内容运营的人才团队。

当然，以深度稿作为媒体公关目标有一个致命的弱点，就是其导向是以垂直媒体公关为主的，而垂直媒体并不代表客户的喜好。事实上，任何垂直（行业）媒体也都会由于其自身需要与企业合作盈利，而对渠道上非合作的投稿软文进行拦截，因此企业本身的内容创作者并不需要完全以媒体方向为依据，互联网流量主要局限在开放平台如腾讯、百度、今日头条、抖音、微博、搜狐、新浪、网易、B 站等，而不是垂直媒体；企业的自媒体和垂直媒体也都入驻这些流量平台，而企业要打造自媒体账户，输出内容争取流量，弥补不懂媒体化公关软文的短板。

企业入驻互联网开放平台所孵化的自媒体账户，需要尝试以不同的方式和用户接触。比如，相对接地气的方式是以内容营销为导向，逐渐视频化；主打行业观察号、IP 人设的账户，则可以发挥内容创作者的专业底蕴，观点犀利，引导用户关注，并主动向互联网流量平台分发以获取流量，根据用户反馈来调整创作的方向；一些主打与行业观察号合作的企业，可以通过热点评论、行业梳理等不断提升自己对媒体内容的理解。此外，在企业内部还可以通过行业研究、学术研究、专家采访等形式不断输出干货内容，将观点不断汇编成公关话术，作为企业品牌传播策略和企业市场推广话术的一部分。而对垂直媒体的公关只是对外媒体公关的一部分，在第 10 章中会进行详细解读。

第 9 章

"全域流量"布局下不同媒介的运营策略

企业传播的策略是围绕"流量"展开的,要么是"养"流量(用媒体化手段囤积"私域流量"),要么是"买"流量(将"公域流量"转化为"私域流量")。创业公司倾向于"养"流量并进行转化;大公司或互联网平台则往往通过广告联盟,在不同的开发者那里投放广告,用"买"流量的方式来获得用户增长,其实二者并无孰优孰劣之别。企业需要布局"全域流量"(即公域流量加私域流量,二者不可偏废),那么在公域流量的互联网平台,如何以媒体化内容矩阵常态化运营,通过媒体化"营销双翼"来获得更多的流量和更大的媒体影响力,并做好就近转化流量的准备呢?企业媒体化战略的推行需要应用不同的媒介,并且需要对不同媒介的类型、性质及其在不同场景下的作用有全面的了解。

如今公域流量媒介渠道越来越集中,而媒介的种类却越来越多。在移动互联网兴起的头几年,企业要投放的资讯端有多个,各个行业垂直媒体多达数十家;

第 9 章 "全域流量"布局下不同媒介的运营策略

而最近几年,互联网注意力的"马太效应"开始显现,企业投放的信息流内容平台已屈指可数,互联网内容平台逐渐成为流量主导,其内容创作者生态又是平台之间竞争的基础。因此流量集中化,又相互制衡的移动互联网的媒体环境对企业以及后来者来说更为友好。

企业适应媒体化营销环境所面临的一大挑战是日益丰富的媒介表现形式——除公众号图文外,还得兼顾短视频平台、直播带货模式、网络音频平台和融媒体渠道。那么如何才能有效地驾驭它们呢?这些不同的媒介表现形式既对应了用户的使用场景,也使内容创作者有了不同的选择,从而延伸出很多细分的产业,正如公众号联盟、新媒体公司、网红 IP 孵化器分别属于不同的行业,直播电商团队和游戏电竞公司分别属于不同的产业链,一个媒介多元化的互联网世界为创业者营造了广阔的空间。当企业转型进行媒体化经营,发展到一定规模,拥有较大的用户量时,就不能在某一种媒介上孤注一掷;否则,既不利于账户的安全运营,也很难实现"破圈"传播。

事实上,在不同媒介上整合传播已经成为众多头部自媒体和媒体化团队的现实选择;而没有实施媒体化战略的团队在多元化、碎片化的媒介世界中,很容易晕头转向。当企业实施了媒体化战略后,内容型媒体公司会在不同的媒介中重点孵化相应的自媒体账户,不断扩充企业的流量版图;团队的运营工作内涵和任务会大大丰富,企业会针对不同媒介的流量转化情况和内容营销效果为其项目组配备不同的运营人员;在自媒体账户冷启动初期,会以聚集更多分散的、碎片化的用户为主要目标;企业内部的公关团队也会想办法将内容发布到多种媒体上,为企业带来密度更大、渗透效果更好的传播。

企业的全媒体、多媒体、混媒体布局,是企业传播的数字化升级方案所追求的"传播全渠道"与"全域流量"布局——企业本身的声音会遍布各种媒介,形成一种类似于 IMC[1] 的合力，企业在多媒体领域的经营数据也会成为未来企业"数据中台"[2]的重要组成部分。不妨设想，未来企业传播中心可以整合旗下所运营的不同站点的自媒体账户数据、所要更新的文档或作品、已发布内容的阅读数据及互动情况，以及粉丝分布及画像数据、增长曲线等，在数据中台模块中进行可视化呈现，能够对不同媒介组合、不同投放效果的数据进行预测，并能够根据数据情况给予团队成员即时的、定量化的工资激励。

一般全域流量的利用率和规模与企业的发展规模成正比。因此企业要实现业务增长，创业公司一开始就要有搭建和运营全域流量的意识，中小企业要想办法让自身的流量资源发挥出应有的价值，大企业要把全媒体数据整合到数据中台中。

本章共分为四节，分别介绍移动互联网的四大媒介形态，包括公众号和自媒体号、短视频和中视频、直播和直播电商、网络音频媒介，基本上囊括了企业所必须要运营和布局的主流移动媒介形式，并对企业在不同媒介上传播运营的数字化升级方案进行逐一拆解。

---

1 IMC（Integrated Marketing Communication，整合营销传播）是营销学与传播学的结合，主张整合不同的媒介和销售渠道，协同起来做品牌传播，用"一个声音"讲话。但 IMC 的思想是在线下零售业务占主流的时期形成的，其"一个声音"的主体是商品品牌，而非企业所孵化的自媒体 IP。企业要借鉴 IMC，首先需要构建起专属的自媒体 IP 以及人设作为传播对象，在这个基础上吸引和转化线上流量，形成自身的盈利模式。

2 数据中台：致力于将企业所拥有的各方面的业务数据资源转化为数据生产力的工作台，一般由专门的数据中台技术团队负责为企业搭建，为数据可视化、可运用、可持续运营创造价值。数据中台率先在一些大型互联网公司、国企中应用，是国内企业数字化转型升级和大数据产业发展的重要方向，也是区别于企业服务中的 SaaS（软件即服务）、PaaS（平台即服务）、IaaS（基础设施即服务）的 To B 业务。

第 9 章 "全域流量"布局下不同媒介的运营策略

9.1 图文自媒体号运营，公众号依然是运营重点

由于公众号整体打开率下降，企业流量获取困难，一些企业对公众号运营有所懈怠，其考虑的问题甚至从最初的"怎么提升流量"变成"纠结还要不要做公众号"，这显然是低估了公众号的价值。

微信是整个移动互联网产品的"超级 App"，如果仅将用户的日活次数及停留时间看作流量，而不考虑成交率的因素，那么微信无疑一直占据国内移动互联网流量的"头把交椅"，其他所有移动产品加起来争夺移动互联网的剩余流量。用户在手机上安装的 App 越多，他们在微信上的时间反而越相对稳定，当流量被越来越多的 App 大量分流时，很多中小客户端的打开习惯就很难再被培养起来。换言之，移动互联网的头部 App 跻身窗口期早已经关闭了。在这样的流量格局下，作为微信最重要的流量生态，公众号依然是广大自媒体和准备进行媒体化运作团队的必选项。

因此，我们依然需要理性地看待微信公众号（见表9-1），其具体特征如下：

（1）公众号属于去中心化流量，各个公众号之间缺乏往来，也缺乏微信平台的流量分配。企业单独运营，争取粉丝订阅，流量多少取决于运营者自身。由于微信公众号属于运营者（号主）的私域流量，不需要交纳流量税，在微信生态中单个粉丝的变现转化率比其他领域要高，尤其是粉丝关注量较大的账号变现快、IP 价值高，粉丝量较少的公众号则易产生"孤岛"效应。

（2）尽管微信是国内最大的流量生态，但它属于一个相对封闭的流量闭环，微信对公众号能力开放较为克制，比如绝大多数账户一天只能推送一次信息，外链没有开放，博主无法直接添加粉丝微信进行沟通，没有全面留言和赞赏功能等。

（3）腾讯本身没有对公众号的内容实施补贴，对原创保护力度大；在内容比重上以图文为主，以短视频、条漫、音频等为辅。以图文为主的表达方式吸引了大量长期进行原创的优秀作者，这些作者本身又构成了移动互联网各个垂直媒体和信息流资讯

端吸收原创自媒体作者、抢夺用户流量的高地，公众号已成为网络图文原创内容的"源头"。

表 9-1　微信公众号运营概况

	功　能	特　征	技　巧
微信公众号	发布长文，综合了图片、视频、短视频等，类似于移动版博客	属于去中心化流量，缺乏平台流量分配；腾讯没有对内容进行分类运营	明确账号的功能和定位；内容选题尽量垂直化
	腾讯系最大的流量生态，功能开放相对克制；对网生内容原创保护最好	无补贴，却拥有移动端最活跃的原创作者群体，是各资讯端和媒体发现优质内容的"水源地"	保证全网账户名称一致；公众号内容要同步到其他自媒体开放平台渠道
	绝大多数账户一天只能推送一次信息；一次最多发8条图文；外链没有开放	粉丝属于运营者的私域流量；对于个人是输出价值和链接资源的舞台，小号易产生"孤岛"效应；大号团队化、商业化运营	粉丝流量要落地到微信，促进粉丝好友化，提升成交率
	分为订阅号和服务号	粉丝关注量较大的账号变现快、IP价值高，"软广"流量价值高于其他自媒体账号	增加内容的复用价值

微信公众号是适合内容创作者输出价值、链接资源的舞台，其内容要求相对其他平台要高，属于 PGC 创作平台，只有提供有价值的内容才能获得粉丝，比如把知识讲得有趣，把复杂的事情讲明白，并且能够通过关注博主的内容获得成长或者技能等。尽管公众号的粉丝积累相对其他平台比较缓慢，但是它可以作为内容创作者的人脉聚合器，也可以成为网络原创内容的首发站。有人把做公众号当作个人兴趣，也有人把公众号博主当作正式职业。公众号的商业流量变现主要有两种模式：一种是 To C 模式，直接对粉丝流量进行转化，通过知识星球或微信社群进行变现；另一种是 To B 模式，为企业提供"软广"撰写和发布渠道。

根据《新榜》在不同领域的评估，公众号前 100 名基本为企业团队化运营，虽然有些是个人 IP 模式，但其背后拥有团队支撑内容原创更新。从个人运营公众号的体会上看，单个人运营公众号确实吃力，对时间和精力的消耗都是巨大的，因此自媒体竞争已与媒体竞争一样，既比专业，又比谁的人多。只有团队化运营才能保证内容量大、发布频次高，才能吸引更多的新人关注，抢夺不经常更新的公众号留下的注意力空间。

类似于这种个体运营者逐渐被边缘化的生态发展趋势在淘宝上也曾出现过。淘宝从一开始就鼓励个人网店模式，而现阶段基本以电商团队为主。在团队化运营中，大品牌商又逐渐压缩中小微企业的流量。不难看出，公司媒体化运营加速了公众号进入新媒体公司争夺战阶段。

对于企业运营公众号，笔者建议采用如下方法：

（1）明确账号的功能和定位。如果公众号的定位是以直接服务于粉丝和客户为主，则使用微信服务号；如果以内容输出为主，则选择开通订阅号。企业可购买一个有留言功能的账户，订阅号输出的内容要符合账户预设的深耕内容方向。企业要明白，媒体作为成熟的文化产业，大致的经营方向已经确定了，包括"科技""财经""教育""三农""军事""娱乐搞笑""汽车""美食""时尚""房产""旅游""育儿""游戏""体育""健康养生"等（建议参考腾讯网或搜狐网等门户网站中的导航栏），然后在这些方向上做垂直细分。这样做的好处是其内容不至于过于小众，也能够通过分发内容至多个媒体平台覆盖相应的潜在阅读群体。此外，账号定位垂直化的好处是能够与其他账号区分开，保持自身的特色。企业团队做垂直化运营往往能够结合公司所处的行业、所生产的产品使用人群特征，以及自身的商业模式找准定位，这比个人凭借兴趣做账号定位方向更加清晰、明确。

（2）无论是运营媒体品牌账户还是个人 IP 账户，都要保证全网账户名称一致，公众号内容要同步到其他自媒体开放平台渠道。企业要将公众号内容与百度百家号、头条号、企鹅号、一点号、搜狐号、网易号等资讯端进行捆绑，并分发至账户垂直内容与垂直网站关注属性一致的细分平台，这样全网粉丝都是精准的。百度 App、今日头条、腾讯新闻等资讯端通常按流量数据进行一定的现金补贴，适合团队孵化 IP 矩阵运营。无论是企业还是个人做新媒体 IP，一般前期都是先开公众号，公众号粉丝积累缓慢、阅读量相对较低，其内容隔夜被分发在今日头条、百度、知乎、B 站等流量渠道或本行业关注度较高的垂直媒体上。

（3）粉丝流量要落地到微信，加深企业与用户连接的密切程度，提升转化率。如果是 App 运营团队，则可以引导用户添加客服私人微信，通过私人微信推送消息，吸引用户关注公众号，免费获得福利；而公众号实际上是私人微信或企业微信稳定的导流入口，要尽可能在关注介绍、推文末尾等地方引导粉丝扫码添加（作者、客服或商务人员）私人微信。运营人员在不同渠道上分发内容要进行有针对性的调整，比如在头条号中可以引导用户关注头条号，避免有搬运痕迹；如果搬运至腾讯系流量平台如知乎、B 站等，则可以贴出公众号二维码吸引粉丝等。一般移动成交的前提是添加微信好友，粉丝添加微信好友之后，信任成交就完成了一半，平均一天能从公众号导流到个人号 5 人，一年就是 1825 个好友。企业需要什么样的客户资源或者朋友，就撰写与行业相关度高和专业性强的文章或内容，然后向主动前来的好友派发活动、对接社群、发布朋友圈。关于如何进一步做好私域流量运营，将在第 12 章中进行详细解读。

（4）增加内容的复用价值。公众号内容实际上是企业连接合作伙伴和粉丝的工具，比如运营团队需要获取某一领域的资源，就可以撰写行业深度稿（关于行业深度稿的写法见第 8 章），分发至微信订阅号或者网络媒体，有人会主动来洽谈，深度稿也就成了"投石问路"的营销方式。随着某一行业原创输出内容和信息量的增多，该行业的资源也会越聚越多；运营者可以把对公众号感兴趣的人聚集起来，采取线下活动和线上社群相结合的方式把粉丝变成生意合作伙伴和朋友。很多公司对会议营销、活动营销等已经驾轻就熟。此外，所输出的内容沉淀下来可以汇编成书，也可以由内容团队制作成短视频（通常是视频素材加上语音、字幕等，剪辑也较为简单，聘请一位视频编辑人员来做即可）投放在其他平台，落地的联系方式也是一种引流办法。

9.2 短视频平台"三岔口":做抖音、快手还是视频号

如今人们在短视频平台停留的时间越来越长,短视频逐渐变成网络表达的新方式。短视频平台究竟值不值得企业入驻并开展内容运营?企业如何选择短视频平台?各平台的特色是什么?企业利用短视频平台如何既做平台信息流广告主、直播带货博主,又能获取流量?对于这些问题,本节将一一进行解答。

1. 短视频是一种新融合媒介形态吗

短视频平台已经成为集视频、直播、新闻资讯等多种内容形态于一体的多媒体融合客户端,能满足用户在移动端沉浸式地获得有趣、好玩的资讯内容,并且以"视听并茂"的方式进行传播。与传统媒体一样,网络视频平台基本按照品类进行运营;而新媒体也与短视频平台一样采用算法推荐内容。手机短视频 App 呈现的 UGC 信息量较小、不"烧脑"、碎片化,适合年轻人打发碎片化时间。短视频平台的推荐机制是算法针对用户的兴趣推荐相关的热门内容,这些内容能够不断激发大脑分泌"多巴胺"产生兴奋、提神的效果,从而让用户把挑选内容的选择权交给了机器推荐算法。这种产品设计基于人性被动、高效获取内容的需要,能够最大限度地把用户的碎片化时间转化成沉浸式的流量时长。

短视频平台有着不同于以往媒介形式的内容产生激励机制,算法能够聚集用户流量来打造内容爆款,从而鼓励内容创作者(自媒体)原创表达、持续产出优质内容,开通直播获得粉丝打赏分成的收入。对平台而言,就不需要走类似于爱奇艺、腾讯视频、优酷等购买精品版权内容资源的套路了,而只需要对优质的 UGC、PGC,以及优秀的内容创作者进行精准识别和分发。

目前短视频已经在泛娱乐、时政、社会、明星 Vlog、知识视频、影视作品等方向形成了流量优势,鼓励个性化的原创视频内容。内容创作者的创造力是无穷的,用户

跟着原创作者的内容进行了流量大迁徙。短视频平台在产品设计上尝试放开全量直播，可上传作品的时间越来越长，从最初上传作品15秒或17秒延长至1分钟，一般时间越短，对内容抓住用户注意力的要求越高，通过增加内容的时长能够降低内容创作者的创作门槛；而超过1分钟的中视频形式能容纳更多的信息量，它已成为短视频平台的一部分。

"中视频"可以供内容创作者输出更为密集的信息，是文字转视频素材的转型媒介，目前已在时政解读、汽车评论、财经科普、知识传播、影视剧解读等领域占据流量优势，各个短视频平台或互联网内容平台倾向于推荐面向镜头表达、内容垂直度高的UP主（或称"博主"）。与此同时，短视频平台的内容生态已经逐步成熟，内容品类将逐渐向细分化、专业化、IP团队化、平台MCN化方向发展。因此，不难看出互联网视频内容平台的大体分布。

短视频平台：抖音、快手、腾讯（视频号+微视）。
中视频平台：西瓜视频、哔哩哔哩、好看视频。
长视频平台：爱奇艺、腾讯视频、优酷。
视频流量三巨头：字节跳动、腾讯系（含腾讯投资的内容平台）、百度系。

由于短视频趋于中视频化，以及短视频直播平台化的趋势明显，短视频流量将主要集中在抖音、快手和视频号上。

2. 解读抖音、快手和视频号的产品逻辑

快手与抖音确实越来越像，快手不遗余力地"升维"，抖音在不断地下沉并"降维"。而微信本身是"巨无霸"，视频号是微信内容生态的补充。短视频融合使得公众号、朋友圈"铁树开新花"，面对抖音、快手的流量竞争将不再焦虑。由于这三家所依赖的主要流量和用户基本盘不一样，使得它们未来也会各自成长，呈现出不一样的产品逻辑。

第 9 章 "全域流量"布局下不同媒介的运营策略

（1）从产品调性上看，抖音是"达人秀"和"万花筒"，分享美好的生活以及有灵魂的人和事，用户在抖音平台能够跳出所在圈层的束缚，看见更大的世界，尤其是 TikTok 国际化成功后更明显了。可见，除算法之外，抖音平台对优质内容的运营能力实际上也是三家中最强的。

快手是"老铁社区"和"社会生态"，内容创作者的特长与普通人的定位结合得恰到好处。在快手平台，用户希望看到博主现实生活中关掉滤镜的"原生活"，不会刻意追求高级。微信"视频号"是微信号的视频版，也是用户的"朋友圈"Plus 版与"能量场"，这里不仅有家庭关系、职场关系、同学关系，在强大的社会属性及人性的束缚之下，视频号将更加突出商业、舆论和媒体属性。

（2）从产品逻辑上看，抖音对用户的沉浸感最强，这源自基于机器学习的算法推荐机制，系统能够根据用户行为推荐其感兴趣的内容。抖音还能对平台内的热点人物、热点资讯进行捕捉，将热门内容迅速推向全网，这使得它成为短视频中最有实力"缔造流行"和现象级传播事件的平台。字节跳动开创的产品算法推荐模式，无论是应用于国内的抖音还是海外的 TikTok，都是"用户增长标杆"，是全球产品的风向标。快手则定位并立足于短视频场景做直播平台，其竞争对手是 YY、斗鱼等平台；而视频号弥补了腾讯系在短视频领域的短板，同时吸收了抖音和快手两个短视频平台很难获取的长尾用户。

抖音的推荐逻辑是发现好内容，平台把用户流量分配给达人账户分享的优质内容，适合头部创作者和粉丝黏性足够强的兴趣分享 UP 主。快手也会优先关注博主，属于半私域流量，适合发展中腰部创作者。视频号本身的流量避开了算法推荐优质内容的分发逻辑，而依靠社交关系链来进行关联式推荐，从而筛选出同一圈层的热点内容，更有利于小微个体参与初期获得社交关注度。

（3）从盈利模式上看，抖音乃至字节跳动是数字广告平台，巨量引擎接受企业主投放合作，通过直播带货变现头条系流量；星图广告接单系统化解平台、用户与广告主之间可能出现的分歧，能够为平台内容创作者带来收入。快手作为直播平台，其粉丝越多、越忠诚，平台从用户那里拿到的直播打赏分账就越多；快手与内容创作者之间的利益捆绑牢固。目前视频号的盈利模式并不清晰，虽然会为视频号博主上线直播打赏功能，但其对腾讯流量防守的战略意义更大。

3. 如何选择短视频平台

对个人而言，只需专心做好内容，进驻哪个平台不重要。"弱水三千只取一瓢饮"，哪个平台有粉丝和流量，就在哪个平台深耕。而对新媒体公司或 MCN 公司来说，就要更多地思考团队分配、账户变现潜力、流量转化等问题，以决策根据不同平台的特点投入资源。抖音、快手和视频号各有优势，就看它们是否适合自身发展（见图 9-1）。

抖音	快手	视频号
算法推荐内容，内容富有沉浸感，是"达人秀"与"万花筒"；适合企业品牌营销、信息流广告推广及"小而美"爆款种草等；属于流量型或品牌型短视频平台。	老铁社区、直播盈利模式，覆盖下沉市场移动用户；直播电商生态完善，适合MCN与中腰部网红合作，企业作为供应链补充，属于成交型媒体。	依靠社交关系链推荐视频内容；适合微信公众号作者转型做短视频；可导流至公众号及私人微信号；适合创始人打造个人IP、知识经济，打通小程序，补充微信场景短板。

图 9-1 抖音、快手和视频号的优势

如果企业或者孵化的个人 IP 自媒体账户倾向于做"成交型"自媒体，那么快手优于抖音和视频号。抖音的直播带货场景在 2020 年迅速升温，在 3C、美妆、特产及严选等方面的潜力巨大，在商家入驻抖音小程序或者开通小黄车的起步阶段，抖音官方会选择与其他电商平台合作，以丰富抖音直播电商的品类选择，使商品品类更丰富，用户体验更好。视频号尽管依托微信生态具备私域流量的优势，但由于有微信私

第9章 "全域流量"布局下不同媒介的运营策略

人号、小程序等成熟场景，视频号导流带货的功能并不明显。快手2020年的招股书数据显示，"在7.76亿个月活用户中已经有26%的用户是内容创作者；快手电商流量已有1亿个用户"。从电商GMV数据来看，快手宣布2020年8月快手电商订单量超5亿单，仅次于淘宝&天猫、京东、拼多多等综合电商平台。快手直播电商不同于以商品品类为核心的电商，它是以人为中心的老铁信任经济，快手电商有淘宝+小黄车、魔筷、快手小店等完善功能，以及由达人推广、商家供货、招商团长组成的供应链生态服务于中小长尾内容博主变现。因此，如果企业是奔着直播带货来选择做短视频平台的，则快手更适合，同时兼顾视频号，快手为半私域流量，视频号为全私域流量。

如果自媒体账户偏向做"专家或知识付费型"和"公关型"自媒体，则视频号优于抖音和快手。微信的氛围相对于其他任何一个平台都更为严肃，适合KOL式的观点表达和变现，在视频号中用户可以直接链接公众号添加博主的私人微信，这优于快手的私信、抖音的多闪。视频号中有朋友圈直播推荐位，引入了微信内部的公域流量，微信直播将借助于视频号进行全量开放，基于微信本身更具信任成交场景，微信好友相当于好友的通讯录、移动的钱包和个人社会关系集合，对运营者来说更像是"客户关系数据库"，其操作方法相信大家会更加驾轻就熟。

如果企业倾向于打造"流量型或者品牌型"自媒体，以获取大量粉丝为目的，则个人觉得抖音最有必要做。抖音几乎吸引了国内外不同行业的品牌投放，表明这些广告主对抖音流量价值是认可的。此外，抖音号的流量与今日头条、火山小视频、西瓜视频是一个头条号账户打通的，未来头条也会不断加入更多的产品组合，不断增强抖音产品的黏性。从对罗永浩牵头的"交个朋友"等直播MCN公司的扶持来看，抖音做电商走的是精品和严选电商的路径；而在抖音上明星直播带货也将品牌传播、种草、特卖会等结合起来，从而让抖音电商实现差异化发展。

仅从短视频平台的内容流量生态来看，已经是当前数字媒介的内容盛宴，而当短视频产品与直播连接在一起时，又以直播打赏、直播电商等方式打通流量与资金流、商品流,让短视频平台的商业价值倍增。下一节将着重介绍企业如何才能抓住直播带货或者说直播电商的风口。

9.3 直播电商平台的三种类型与企业运营技巧

直播电商是一种集人与人线上互动、商业内容传播、互联网营销于一体的新电商模式。直播电商并非"突然间"火爆全网,而是由多方面因素渐变和积累促成的。直播平台在 2016 年一度是风口,出现过"百播大战",最终跑通商业模式的主要是秀场直播(映客、YY 等)和电竞直播(虎牙、斗鱼等)这两种形态,大部分直播平台因找不到盈利模式而破产倒闭;而直播作为接近移动电视台 Live 的一种新媒介形式,开始内嵌在短视频平台、电商平台、企业活动会议等互联网产品场景中,成为这些产品必不可少的营销和推广工具,其巨大的商业价值在这些产品中得到了彰显。尤其是短视频在文娱内容上对此前纯直播平台的用户是釜底抽薪和降维获取,短视频用户足够多,内容创作者不同层次的人都有,能保证直播本身不被网红公会等草根 MCN 机构所控制,直播又成为短视频平台流量变现的最有力工具。由于依靠用户直播打赏的复购率较低,模式并不稳健,直播电商的出现既免去了短视频博主在内容创作上的冥思苦想,又能培养粉丝的消费习惯,这种流量转化方式迅速在短视频平台得到了短视频博主的支持。

淘宝在 2015 年"双 11"之后就开启了网红电商和内容化进程,让原本用户"购完即走"的电商商城开始自产流量,而淘宝直播产品为商家提供了更直观展示商品的营销功能组件,淘宝首页所推荐的直播流量位长期被直播网红电商公司孵化的职业红人主播占据。2020 年年初很多中小商家商品积压,急需去库存;直播电商这种通过真人直播、线上低价特卖的方式,快速聚集了消费人群帮助企业去库存、刺激内需的新销售模式,迅速成为更大的电商平台(如京东、拼多多、苏宁易购等)的标配。一些入驻电商平台的企业有的全员参与到直播带货潮流中，甚至不少地方政府也在积极兴办直播电商产业园和孵化器。

由此可见，直播电商已经成为直播模式发展的极致状态，其市场规模和商业价值远超其他直播形式。据中国互联网网络信息中心数据显示，截至 2020 年 6 月，网络直播用户规模达 5.62 亿人，占网友整体的 59.8%，其中直播电商用户规模为 3.09 亿人，直播市场规模已突破 9000 亿元。

当前支持直播带货的平台有很多，不同的业务背景、场景各有不同的特色，在不同的直播平台中，企业的运营技巧也不相同（见图 9-2）。

电商直播平台	短视频直播带货平台	微信私域直播平台
直播是展示商品的媒介，是一种赋予商户的平台能力；直播主播及用户数据与电商平台的商户量、用户量一致。在淘宝电商中，电商MCN与网红孵化器占据大部分流量；商户把直播当作在线平台，主打低价产品特卖抢购；线下企业有望成为直播电商常态化运营的主力军，而直播电商则是中小企业业务数字化转型升级的捷径。	短视频适合"种草"与"拔草"、垂直KOL孵化和代言。截至2020年快手电商成交额大于抖音；快手与抖音均亲自下场做电商。抖音适合3C、美妆、特产，扶持MCN，朝品牌营销和精品电商方向发展。快手适合中腰部博主博直播带货，电商扶贫政策较好。短视频平台对电商较为克制，以免影响内容体验。小红书对女性消费者的影响不可小觑。	微信生态内直播，包含小程序私域直播和视频号私域直播；小程序私域直播适合小程序商家变现，需要第三方微生态服务商提供产品技术方案支持；视频号私域直播适合个人IP、知识大V及KOL就培训课程、技术解决方案进行一对多的在线交流；无流量抽佣、流量自主获取、自主带货；私域微信好友、社群运营与内容关注度支撑直播流量。

图 9-2　三类不同直播电商平台的运营特点

1. 三类不同的直播电商平台

我国直播电商平台按照互联网平台商业模式的不同，主要分为电商直播平台、短视频直播带货平台和微信私域直播平台三类。

（1）电商直播平台

正如电商平台把图片（商品详情）、（客户）聊天框作为销售媒介，直播作为一种实现买卖双方线上同步的即时沟通工具和"人即内容"的数字媒体，很快成为所有电商平台的标配，手机淘宝、拼多多、京东、京喜、唯品会等 App 和各自的小程序均上线了直播。结合第三方数据机构 QustMobile、TrustDate 的调研显示，手机淘宝的直播流量位于电商直播的首位，这与淘宝直播本身做得早、网店商户数量最多有关。当前适合电商直播的商家主要集中在美妆洗护、服饰鞋包、数码电器、食品、生活日用品等行业。

一般商户入驻哪个电商平台，就通过该平台的直播电商形式充当在线客服及流量转化促销员。此外，企业参与直播电商活动还有与直播网红合作，以及发动线下门店导购员参与直播带货的方式。据虎嗅与微盟研究院联合发布的《2020 直播电商研究报告》显示，有超六成的商家把直播作为常态化营销方式，有两成商家处于直播起步和观望阶段，剩下不到两成的商家由于品类不适合直播的原因没有做直播。而参加直播的商家有 57.4% 选择与第三方直播服务机构合作，商家主要看中电商 MCN 或网红电商孵化器能够提供专业的运营服务、有流量的主播。

鉴于谦寻、美 ONE、如涵、构美等淘宝电商网红 MCN 公司红人一般的坑位费和佣金不菲，再加上企业直播所售商品以薄利多销为主，要让直播电商真正惠及企业，必须寄希望于企业自身直播电商运营能力的提升。

企业投入直播电商可以被纳入媒体化战略中，这与本书所提倡的不只是做广告主和投放方，还要努力构建和布局媒体与自媒体，孵化企业旗下的流量 IP，积累和掌握运营流量的能力的主旨是一致的。即使企业不善于输出媒体内容，直播带货也是最低门槛，并且是参与度最高的一种内容输出、直接面对用户沟通赢得信任的媒体化运营方式，尤其适合拥有线下销售渠道的传统企业尝试；我国线下消费、服务业态中的企业投身于直播电商拥有不可低估的优势和潜力。

此外，本地生活服务平台上主打消费品的商户未来会成为直播电商的增量商户群体，比如服装、鞋饰、美妆、百货、医药、美食、旅游等众多线下业态均可以做直播导流式成交，一些品牌店的产品价格平时比较坚挺，直播时会想办法给用户"冲动式消费"的理由，能给出更大的折扣和福利，这也将得到电商平台或服务交易平台的支持；再加上企业本身拥有稳定的货源、专业销售体系支撑的门店和导购员队伍，与网红带货依靠团队在市面上进行选品和甄别不同，线下企业的导购员不需要临时学习商品知识，以及每场直播轮流推荐多家商品，线下导购主播在销售过程中更有说服力。此外，线下门店在转化订单后，还能继续发挥发货补货、物流配送、售后服务等功能，相当于电商平台的"服务基地"。

（2）短视频直播带货平台

与电商平台做直播相比，短视频平台做直播带货，需要在不影响用户体验的情况下逐渐培养起用户的消费习惯，并不断壮大自身的消费品类。

短视频平台引入直播电商模式时，快手称之为"快手电商"，抖音则叫"直播带货"，以避免成为其他电商平台的竞争对手，这是因为抖音导流成交落地覆盖了淘宝、京东、苏宁易购等平台，实际上相当于电商平台的公域流量。抖音与快手直播带货的共同点是内容创作者先行摸索直播电商变现模式，之后平台再主动下场做直播带货活动，包括产品设施搭建、品牌商资源的导入、对标杆级直播网红 MCN 的扶持等。

字节跳动宣布，截至 2020 年 8 月，包含抖音火山版在内，抖音的日活跃用户已经超过 6 亿人，成为全球范围内的现象级产品。2020 年抖音通过合并火山小视频获取下沉用户流量；而快手则不断通过明星入驻、品牌联动造势，以及平台对中腰部"老铁"主播的扶持、搭建快手供应链来进行战略升级。

对企业而言，抖音更适合对大品牌进行宣发，以及产品"上新"营销推广活动，营销价值大于直接带货价值，抖音在电商定位上更接近于品牌"严选"；快手更适合企业低成本获取粉丝流量，并成为快手网红带货主播的供应链提供者。

此外，小红书的营销价值不可小觑，在美食、美妆、医美、小家电、健身、教育、旅游、跨境电商、3C等方面拥有大量KOL，堪称"女版知乎"。小红书支持企业入驻开通账户进行内容营销，试图打造一个商业资讯的开放流量生态，其直播带货场景适合"小而美"、轻奢、女性消费的产品。

（3）微信私域直播平台

微信对企业及个体经营者而言是一个去中心化的私域流量生态，具有社交电商、内容电商、微电商、小程序电商、微商等不同类型。除了微信推出的短视频产品，腾讯的直播产品还有看点直播、视频号直播，微生态服务商（如微盟、小鹅通等）通过为客户定制小程序也提供了直播功能。

所谓"私域直播"，即个人或企业在去中心化流量平台（主要指微信）上利用小程序、第三方专业运营工具、视频号等进行直播带货的模式。私域直播并不需要交纳第三方"坑位费"和流量转化分佣，粉丝不是平台分配的流量，粉丝黏性相对较强。

微信私域直播与企业媒体化战略中的流量变现一脉相承。一般视频号私域直播适合个人IP、知识大V及KOL就培训课程、技术解决方案进行一对多的在线交流，直播可以截取为内容，同时也需要垂直度高的、个人出镜录制解说的短视频内容，以及公众号粉丝导流等作为铺垫。

微信私域直播更适合中小企业小程序商城直播带货，企业可以充分利用线下门店联盟和会员的联系方式将流量同步导入私人微信（或企业微信）中，再通过直播前的预约汇聚、直播中的销售、直播后的售后服务进行周密活动转化；企业可以请专业的微生态服务商将公众号、视频号、企业网站、小程序进行流量打通，提升运营能力。

2. 企业在不同直播电商平台的运营技巧

人人皆主播的时代，为企业调动全员力量进行直播带货提供了便利，但是直播电商已高度产业化，对企业而言，竞争压力巨大。

首先，上述不同类型的直播电商平台的功能和运营技巧基本差不多，比如直播间的商品排序通常先上价格较低的日用品，引导用户领取单场直播促销优惠券，给予用户一定的价格让利，引导用户加入主播的粉丝群领取抽奖券和福利，鼓励连麦 PK 式擂台销售等。

其次，各大平台的头部网红不少有着电商 MCN 的背景或者是由网红电商孵化器打造的，有着成熟的流量资源购买计划与招商谈判团队，孵化了大量自带流量的明星艺人及带货 KOL，一般商品广告的"坑位费"较高。

最后，企业邀请明星、知名网红 KOL 协助进行直播带货并不能保持常态化，一般在大促或者专卖活动中需要进行周密的策划和筹备。

此外，如果企业与第三方电商 MCN 以及主播等在选品、带货、运营、转化等利益环节协调不当，则容易出现因主播夸大宣传导致用户预期过高而形成消费不满、价格波动过大导致渠道价格体系受到冲击、带货主播销量不给力但广告费投入过高、一些非授权主播带货以次充好等问题，从而对品牌造成影响。

那么，如何才能解决企业直播电商的诸多痛点呢？笔者建议结合公域流量与私域流量的划分，将电商平台与短视频直播平台看作公域流量，将微信直播视为私域流量直播，根据公域直播电商平台与私域直播电商平台的区别，企业实施不同的运营策略和运营模式（见表 9-2）。

表 9-2 公域直播与私域直播的运营技巧

公域直播运营技巧	广泛询价了解网红 MCN 行业内幕；提前做网店、短视频账户推广
	对直播间的气氛营销有充分了解，对工具、互动活动学会运用
	不同渠道责任到人，奖励分层，全员参与联动，媒体公关与自媒体矩阵联动推广；挖掘基层员工组建公司型直播带货 MCN
私域直播运营技巧	拓展微信小程序的直播功能，分享小程序链接到微信社群，鼓励微信好友分享直播海报
	鼓励员工做视频号（开直播），销售团队化身为带货团队，公司转型为 MCN 平台
	与微生态服务商合作开发私域营销工具，增强数字化能力

公域直播与网红机构合作，企业的主要目标是在冷启动阶段，跟着成熟队伍一起学习直播电商的主要打法，目的是实现"全员销售即主播，公司即直播电商 MCN"，外部请网红直播带货一般是为了造势，为了更好地探索企业直播带货常态化、制度化，将产品优惠直接让利给消费者还得依靠企业自营直播电商。笔者认为，企业应有以下思路：

（1）在合作询价阶段，企业可以多研究不同网红机构及本行业内直播带货的大致价格、网红流量分布、过往成功带货案例等。在做电商直播、短视频直播之前，在平台上必须有网店及相应的短视频账户，引导用户关注网店和短视频账户，用户一般不会频繁跳转 App "串门"，坚持短链路就近关注和转化原则。

（2）对直播间的气氛营销有充分了解，比如对介绍商品的话术、爆款产品的推荐顺序、产品折扣的把握、供应链的备货等做足准备，对直播间发布抽奖券、满减券，以及参与评论截图领红包等互动活动学会运用。

（3）通常由老板、高管分别带队负责与不同的网红机构、不同的直播电商平台进行沟通，对直播活动做好线上线下动员、台前幕后联动的周密策划，相当于内部小型"双 11"活动，从老板到基层销售全员参与，才能真正带动各部门进行配合和调度，并注重从基层挖掘直播人才，组建职业直播共创团。

（4）直播过程也是媒体公关及自媒体矩阵传播发力的过程，平台流量和资源推荐支持、销售业绩、网红代言、消费者反馈与社群联动等都是直播营销的一部分。

如果说公域平台的网红直播带货是"闪电战"，将企业之外的流量直接变现，那么私域直播就是"常规战"，想办法促进企业内部流量的转化和复购。企业如何才能运营好私域直播呢？

（1）前期企业要把小程序会员流量聚集起来进行变现，引导粉丝关注小程序直播间。前期通过关注企业的网店直播间来"涨粉"与产品销量同等重要，力求通过低价

第 9 章 "全域流量"布局下不同媒介的运营策略

爆款来转化新关注直播间的粉丝,每单发货都要做到引导用户添加客服人员的私人微信或关注企业微信客服号,不能让用户像断了线的风筝。

(2)加大对微信视频号的内容运营力度,以干货为主、营销推广为辅,逐渐吸引新用户;鼓励公司销售人员全员开通视频号进行带货,类似于朋友圈带货方式,重在互动,并进行人员之间的活动联动,以去中心化方式各自促进流量的转化。原有的销售队伍转变工作方式,以私域带货直播作为业务增量部分,销售队伍化身为(微信视频号)直播带货团队,公司则做好提供产品、活动策划、售后及流量共享等平台级工作,真正把公司通过媒体化力量升级为 MCN 平台。

(3)通过与微生态服务商如微盟等合作开发和应用更多适合私域直播的营销工具,比如推出产品让利、发券等活动回馈老顾客形成复购,鼓励用户参与抽奖、核销优惠券、拉好友拼团、限时折扣秒杀等活动,以企业直播电商为业务纽带,提高商家的人才流、资金流、商品流、信息流等的数字化能力(见图 9-3)。

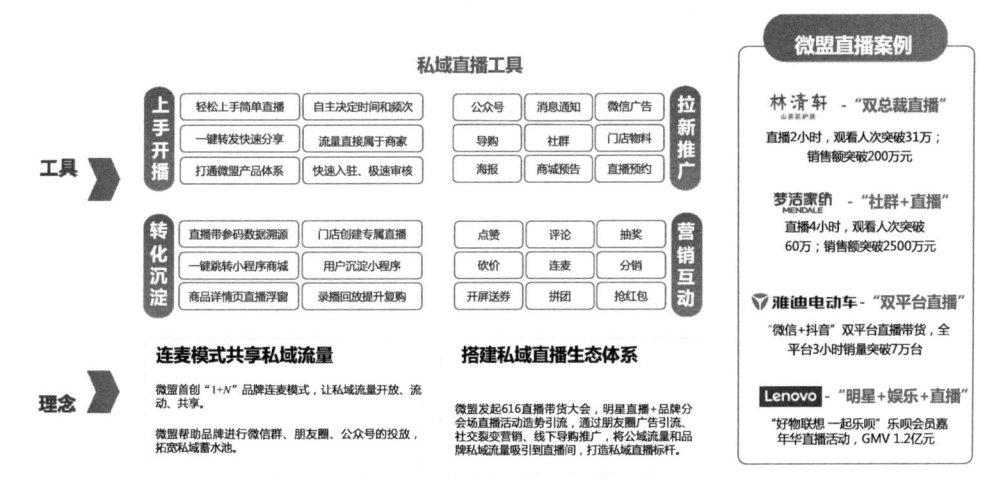

图 9-3　私域直播模式(以微盟直播为例)

直播电商将是企业应用媒体化营销的标配。从技术上看,伴随 5G 技术的普及,以及云服务作为底层基础设施能力的增强,直播画面传输速度、展现场景的用户体验将会越来越好，伴随越来越多的行业加入"直播+"，"无直播不电商"的时代即将到来；从企业的媒体化推行上看，直播作为企业参与的重要媒介形式，将会朝着渠道多元化、流量全域化的方向继续发展，而企业的营销业务流程会因为直播电商的普及，在"业务中台"的支撑下逐渐实现营销数据的精细化，最终告别产品低价模式回归到产品品质和服务上；从行业管理上看，随着越来越多公司全员主播化的常态化经营走向正轨，行业规范监管将越来越重要，直播电商的红利期依然长期存在。

9.4 网络音频媒介的应用场景

网络音频是与自媒体图文、短视频、直播等并列的互联网媒介之一。在移动互联网兴起的前几年，手机端 FM 曾被视为"广播移动版"，如今网络音频媒介广泛分布在手机 App、智能音箱及车载音箱等终端中。综合的网络音频平台有喜马拉雅 FM、蜻蜓 FM、荔枝 FM 等，细分的网络音频内容平台相对较多。智能音箱是以智能语音连接互联网内容的 IoT 硬件，国内外很多互联网科技公司均开发了智能音箱产品。此外，很多车载的多媒体显示屏、新能源汽车也支持音频输出。可以说，在传统媒介中，依然焕发活力的当属音频。

据笔者观察，音频媒介主要覆盖三大场景：一是在家庭场景或者通勤场景中，有作为儿童内容的"哄睡神器"及"上班族"泛听内容等；二是智能语音技术已成为物联网入口，将音频技术带入多个智能终端设备中；三是知识付费是音频平台较为成功的盈利模式。接下来分三部分予以介绍，如图 9-4 所示。

第 9 章 "全域流量"布局下不同媒介的运营策略

耳朵经济

主要有喜马拉雅FM、蜻蜓FM、荔枝FM等综合的网络音频平台。

音频平台是内容电商,分品类运营,按算法推荐,有"123知识节"的平台大促活动;引入B端知识大V原创内容或者IP版权内容进行运营,VIP用户贡献会员费;原创精品化内容将成为差异化方向。

智能音箱

主要有小度、叮咚、小雅、天猫精灵、阿尔法蛋、小爱同学、华为AI音箱等。

智能语音识别技术终端应用,连接互联网内容与应用生态,是家庭物联网的入口之一,可应用在家居、儿童教育、车载、故事机、客服等场景中。

知识经济

知识经济平台有知乎、得到、豆瓣、樊登读书、混沌研习社等。

知识付费从自媒体变现模式升级为互联网行业产品变现和运营模式,在媒体及互联网平台中"付费专栏"应用广泛。爆款方向有情商、理财、英语、家庭教育、企业培训等。音频契合知识经济的消费场景。

图 9-4 网络音频媒介应用的三大场景

1. 耳朵经济

近几年,网络音频平台的运营经历了 IP 资源大战、品类扩充战、内容开放、音频直播等多阶段竞争并走向成熟。据艾瑞数据显示,2020 年国内在线音频用户规模达 5.42 亿人。

头部音频内容平台经营策略的调整与电商平台的发展最为相似。

(1)按照用户兴趣、年龄、需求、场景进行的分类运营趋势相当明显,比如 FM 平台中有脱口秀、小说(说书)、直播(电台)、职场、财经等品类,也有儿童、女性、戏曲、外语等品类。不同圈层的人都能够在平台上找到满足自身需求的内容(产品),而内容品类的扩充也是提升音频平台用户渗透率的关键。

(2)音频 FM 的产品首页的导航栏代表着平台的"品类",而"搜索框"则是让用户自发寻找所需内容,FM 平台还会根据用户的浏览和订阅偏好在首页中推荐其潜在感兴趣的内容。

（3）在盈利方式上，适合做家庭娱乐及通勤娱乐音频节目的主要以免费内容为主，包括儿童故事、网络小说、有声书以及一些新闻资讯等负责引流获客，而盈利主要依靠用户购买会员收听精品内容资源，或者直接推出付费课程吸引用户购买，平台与作者采用分佣制。

2. 智能音箱应用广泛

智能语音识别技术是人工智能时代的底层技术，包括语音识别、语义理解、自然语言处理、语音交互等，对于机器学习能力、人机交互体验至关重要。智能语音识别技术除了被应用在搜索引擎、智能音箱内容输出及功能调取、手机语音助手等方面，其最主要的应用终端和使用场景就是智能音箱。

智能音箱作为互联网平台整合自身内容资源直接面向用户终端的智能硬件，是音频内容平台抢占的新流量阵地，其外包生产制造成本较低，各大互联网厂商均有参与，连接设备已经超亿台，还将有较大的入户潜力。

如今国内外一线互联网公司都将智能音箱视为家庭场景中重要的 IoT 硬件，包括亚马逊的 Echo、Google 的 Home 音箱、苹果的 HomePod，以及国内百度的 DuerOS 操作系统、百度自营的小度音箱、叮咚音箱（京东）、小爱 AI 音箱（小米）、天猫精灵 X1（阿里巴巴）、小雅音箱（喜马拉雅）、阿尔法蛋（科大讯飞）、华为音箱等均有部署。

此外，小度音响及天猫精灵与故事机、学习机结合，还开发出了"有屏音箱"，未来智能音箱还将在线上课堂、智能语音电话，以及家居、车载、医疗、客服、教育等场景中被广泛商用。

3. 知识经济与内容变现

知识经济实际上从自媒体变现模式渗透到互联网行业的运营模式，逐渐内嵌在媒

第 9 章 "全域流量"布局下不同媒介的运营策略

体、社区、教育型产品之中。随着知识经济市场规模的不断扩大，目前各大知识付费平台逐渐走向专业化，主要应用知识经济的互联网内容平台有知乎、豆瓣，以及主打职场人员提升的得到、樊登读书、混沌研习社等。而知识经济的内容生产者也开始从自媒体网红逐渐向更专业的老师、专家、学者等职业从业者扩散，这得益于各平台的知识产品运营能力的成熟，以及用户付费订阅心态逐渐理性化，愿意为教育和成长买单、持续付费。

网络音频作为移动端能利用闲散时间完成的内容，用户的付费习惯已经形成，如今知识经济的课程，如精品付费内容、"123 知识狂欢节"等均以音频内容为主，对有志于做知识付费模式的朋友来说是必选项。知识产品服务与盈利方向大致如下：

（1）切中年轻人的职场和个人提升刚需等内容的产品更容易成为爆款，从英语口语课程在音频平台依然是流量榜首就可以看出。

（2）热爱读书且有名校高学历背景的人群可以身体力行地办读书会。

（3）家庭音频内容，比如育儿、亲子故事、家庭情商、理财等付费订阅率相对较高。

（4）在 App 中使用语音进行付费问答及用户评论，点击率和用户反馈实际上更佳。

（5）在微信中通过社群、千聊或者知识星球语音问答等搭建与粉丝沟通的渠道，并积极与平台合作推出付费课程，尝试将内容出版成书作为个人 IP 背书支撑。

（6）将企业培训课程音频化、体系化（如平安知鸟等），为企业搭建培训体系逐渐成为企业培训数字化的方向。

在上述场景中都会应用到网络音频。同时，优质的音频内容可以视频化、文字化，从而帮助运营者获取流量，夯实流量基础。

落地篇

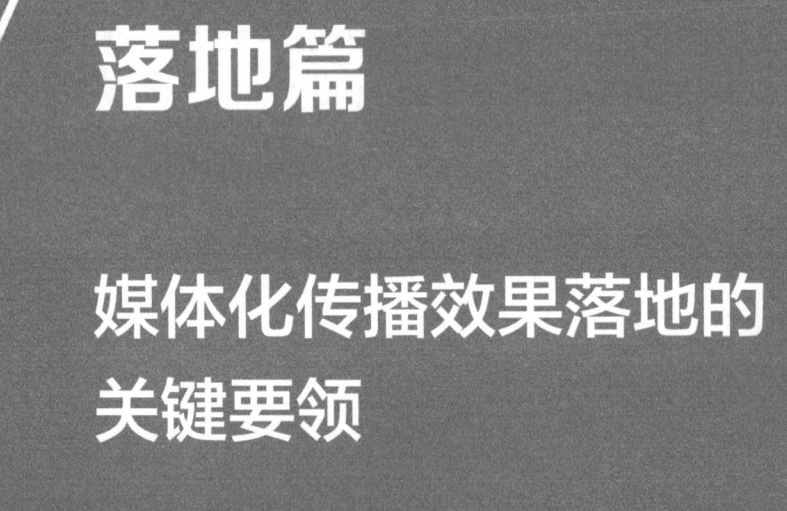

媒体化传播效果落地的关键要领

企业媒体化战略是企业数字化转型升级的组成部分，其落地有助于企业真正实现内外部传播的数字化，有助于推动企业的组织变革，提升业务效率。媒体化战略涉及企业宣传、品牌公关、公共关系、产品策略、市场营销、投融资布局等众多具体的业务，这些工作归属于不同的职能部门，当媒体化战略上升为"一把手工程"后，就能更大程度地协调各部门的业务，有望彻底改变传统的传播组织方式，让企业的业务部门加速数字化升级进程。

本书的三篇内容共同构成了媒体化战略的完整体系，为企业传播数字化升级提供了系统的解决方案。

在笔者看来，企业的传播效果评定主要包括：企业能利用互联网平台的开放性，以较低的成本优势搭建企业传播的自留阵地，但又不能对外部流量过于依赖，要形成全域流量经营；企业能充分利用各种互联网数字化新媒介服务于营销推广与业绩提升，成为企业提供产品展示及向客户传递服务的必要手段，甚至成为企业商业模式的一部分；企业媒体化战略能创造适合自身长期发展的媒体环境和流量优势。由此得出企业媒体化战略落地应该具备的"三原则"：

媒体和自媒体矩阵布局齐头并进，相互协调。
媒体化营销在于客户的信任感，以内容营销和媒体公关壮大企业的影响力。
通过全媒体布局，尤其是私域流量运营，转化流量形成内外双循环。

具体而言，企业传播要顺应当前数字化媒介"媒体自媒体化"和"自媒体媒体化"的融合趋势，能够输出有价值的内容，尤其是深度文章，来形成行业的影响力。同时，企业也要善于在公众号、各种资讯端账户、短视频号、直播电商、网络音频，以及流量平台的小程序中积累自身的私域流量池，最终服务于市场，从而掌握媒体公关及内容营销的主动权。而在全媒体、全域流量落地的过程中，企业要成为拥有多个自媒体IP、多种媒体渠道布局的媒体化公司或MCN公司。

与纯新媒体机构相比，媒体化公司的利益立场是服务于客户，目标消费者群体是传播受众，其所有的内容及其产生均需要遵守互联网平台的严格规范和监管规定，同时兼具纯新媒体公司团队化分工协作的优势。与各平台纯个人自媒体相比，媒体化公司通过"全域媒体"和多 IP 账户布局，摆脱了纯个人自媒体在用户获取、激活、维护、转化上的不可控性，以及在选题上易唯流量是从的弊端。因此媒体化公司的崛起有望规避纯新媒体公司和纯个人自媒体的生存困境。

需要强调的是，媒体化公司与市面上存在的众多媒体、互联网平台和自媒体不是竞争关系，它是多元化的媒体化生态中的成员，它们彼此之间的合作大于竞争。媒体化公司可以成为垂直媒体和互联网平台上的内容创作者，也可以向媒体和自媒体投放一定的广告或公关合作业务，以增加媒体机构与自媒体的盈利收入。在企业媒体化布局过程中，由于自身媒体化内容原创与账户运营的需求，企业需要吸纳更多的大学生人才就业，推动市场、宣传、广告、公关战线的员工转行做新媒体运营，这对于壮大我国的数字经济、文化传媒市场规模有重大影响。

要实现企业传播效果，构建一个开放供应的媒体化生态，媒体化公司还需要特别注意以下三大关键环节：

对外部，企业对其他媒体的公关技巧（主要在第 10 章中介绍）。
对内部，企业对自己的自媒体矩阵的运营技巧（主要在第 11 章中介绍）。
在全域流量布局下，如何从公域流量转化为私域流量，并以私域流量服务于公司
业绩与数字化升级（主要在第 12 章中介绍）。

另外，为了方便广大企业媒体化战略落地找准独特优势，在第 13 章中还对一些优秀的互联网公司的媒体化布局做了介绍。

第10章

企业对外媒体公关技巧

如果不实施媒体化战略,则企业对"媒体"的理解主要局限于"媒体公关"这一项工作职能,但是在落实媒体化战略之后,就需要把媒体、自媒体和互联网数字化媒介布局与运营均纳入企业传播数字化整体范畴之内。而企业布局自媒体,并不意味着割裂与外部媒体的联系,反而要"与媒共舞",重视媒体公关,减少对媒体化战略落地的阻碍,提升企业的传播效率。

本章内容涉及媒体公关实操,与6.3节"用媒体化思维升级企业公关的工作模块"的内容相呼应。正所谓"好风凭借力,送我上青云",企业要想与其他众多媒体长期友好相处、相互成就,离不开彼此往来和了解、价值观认可与合作共赢。

对外的媒体公关主要涉及垂直媒体公关、传统媒体维护、自媒体公关、老板对外公关、竞品公关,以及发布会公关等主要工作模块(见表10-1)。一般互联网内容开放平台主要提供流量生态,无须额外做媒体公关,只要把这六大块处理好,在媒体公关业务上也就从源头理顺了。当然,做好媒体维护以及公关工作的前提是企业对所打交道的媒体内容、运作模式、组织方式要有所了解,比如企业公关人员是否知晓媒体工作规律;主要关注哪些方向;平时与哪些企业有合作往来;相关行业板块中谁是审稿编辑，谁是市场人员；哪些项目组的记者负责消息采访和会议采访；哪些互动频繁的媒体圈子能够对接相应的合作资源；哪些媒体渠道能够为公司相关业务信息提供即时的投放帮助；哪些媒体渠道的投放具有高性价比和长期效果；如何应对危机公关；如何办发布会，等等。

表 10-1 对外媒体公关运营技巧概况

媒体公关模块	相关运营技巧
垂直媒体公关	选择符合本行业方向的垂直媒体，积极为媒体提供企业重要的经营信息，逐渐覆盖全网其他渠道
	多与垂直媒体人交朋友，以微信为连接工具，用 IP 账户向垂直媒体投稿
传统媒体公关	以纸媒为主，以广媒、电媒为辅，兼顾类官媒新媒体
	入驻互联网开放平台以及媒体 App 发布内容；邀请杂志媒体记者关注公司
	善于从项目中找到与政策导向、社会公益等相结合的选题方向
自媒体公关	根据媒体内容寻找关注本行业的合适自媒体
	被自媒体账户的内容和粉丝重合度所吸引而主动合作
	根据不同自媒体擅长的内容、风格予以投放，坚持广撒网式、雨露均沾式
	坚持长期合作，成为企业传播的智囊团与后援团
老板对外公关	想清楚老板与媒体沟通什么内容，按采访提纲进行
	务虚与务实相结合多分享干货，强化"企业家精神"和人格魅力 IP
	保持平等的心态与媒体和自媒体沟通
竞品公关	对支持己方的媒体进行多层面的互动合作与关怀
	坚持正面沟通，维护合法利益，以斗争促进团结，拉拢中间力量
	弱势一方巧妙设置传播议题，借势传播
发布会公关	以线上为主、线下为辅；线上开小会，线下开大会

10.1 垂直媒体公关技巧

每个行业或者领域均有相应的媒体，我们有必要了解侧重某一品类进行内容深耕的垂直媒体（或"垂类媒体"）的大致运作模式。垂直媒体一般是扎根于某一行业或者领域的新媒体职业团队，对整个行业进行报道、评论和研究。除聘请不同细分领域的观察员作为编辑和专栏作者外，还会转载关注本行业的垂直自媒体的稿件，其主要发布渠道有媒体网站和 App，同时兼有公众号、社群等形式。其盈利模式主要为与企业之间的公关合作（一般公众号、App、官网等均分别有报价体系），其次有社群收入、用户付费、互联网内容平台补贴等。此外，媒体每年都会举办行业大会，邀请企业进行路演、赞助，大会门票也是收入来源之一。

垂直媒体的组织形式主要是资深媒体人担任主编负责确定选题，下设责任编辑负责选题落地，再设专栏作者或记者负责行业稿及新闻评论稿的撰写，当稿件完成后，再交由责任编辑校对；而自媒体投放在这些垂直媒体上的外部稿件则由审稿编辑负责把关和筛选，运营人员负责分发至公众号及各个资讯端账户。一般垂直媒体的选题会坚持流量导向、行业导向、客户导向，有行业人士关心的热点话题，也有长线跟踪报道的行业新闻及评论，还有垂直媒体结合企业投放和公关倾向而制定的一些有针对性的软文等内容，其中流量导向和行业导向的内容接受外部投稿；客户导向的内容以垂直媒体自家原创为主，有的垂直媒体会在合作的软文后加上"特别策划"字样。一般垂直媒体的内容产出量远远大于自媒体。以一个百人的 MCN 团队为例，垂直媒体平均每天约产出 10 篇原创文章、20 篇转载文章、30 条行业短讯内容，其中公关客户的内容占 30%左右。

转载内容主要来自垂直行业的自媒体，因此在内容+流量的产业链中，垂直媒体既需要自媒体内容作为补充，也会将其选择的优质内容搬运至互联网开放平台；很多垂直媒体的原创能力不够，会倚重自媒体输出内容，而互联网平台也在吸引垂直媒体投放内容，以获取更大的流量。由于垂直媒体的专业内容量大、原创稿件多、可读性强，很多互联网平台或资讯端还专门给予媒体机构号更多的权限。因此垂直媒体的核心竞争优势是内容产业机制，即团队专注于行业价值的阐述与深挖，形成相对稳定的媒体人才梯队，经过内容流水工业的紧密配合建立媒体品牌，聚集相对精准的行业流量，从而利用媒体影响力进行公关变现。

当企业掌握了垂直媒体的运作规律之后，就可以"顺藤摸瓜"，通过垂直媒体找

○ 媒体化战略——数字时代企业如何做好公关与内容营销

到公关内容合作报价更低的"垂直自媒体KOL"进行一稿多投；也可以借助垂直媒体将其公关合作内容分发至各个综合互联网平台。只要以垂直媒体作为企业公关的重点，就能够将行业内容分发至全网。那么，如何才能做到这一点呢？

首先，企业有重要的新闻或消息时，比如公司即将投融资和IPO、高管职位变动、具体某个App发布上线、快速响应政策落地或者回应业内关心的事件等，可优先提供给创业投资类媒体报道，并由公关部门向媒体申请免费的快讯、一句话新闻、早报等予以发布和推荐。一般媒体会将这样的消息作为"独家"消息免费抢先发布，并且一旦在主媒体网站上发布，消息很快就会被同步至互联网资讯平台，也很快会被搜索引擎及各种网络爬虫自动获取分发至多个转载网上，再借助媒体人社群将垂直媒体所发布的消息转发至朋友圈在行业内扩散。这些是预热和铺垫工作。

其次，企业公关部门向入驻了垂直媒体平台的外部专栏作家（自媒体、KOL）约稿进行解读，以增加相应的话题讨论深度。由于自媒体要向多个垂直媒体投稿，因此就很容易产生一定的"出圈"效应和传播效果。

最后，对外部媒体的日常公关工作重点要放在微信上，微信是适合企业做媒体公关和营销的工具，企业的媒体公关负责人要多添加媒体人的微信。实际上媒体人的圈子相对较小，并且他们在各个媒体之间跳槽的概率很高，在熟人和关系网的撮合下，朋友圈很容易成为企业公关的阵地。与媒体人做朋友，首选是通过微信建立联系，做好询价以及发布渠道的整理；在与媒体人的交往中特别考验人的情商，要做到"晓之以理，动之以情，诱之以利"，时不时参与媒体人文章的讨论或者转发以示认可，当企业与垂直媒体和自媒体打成一片时，相应的媒体环境也就达到了预期状态。企业公关部门要定期或不定期举办线上或者线下发布会等活动，邀请媒体人参加，并且每次都整理出由媒体人发布的微博、朋友圈海报和通稿发布情况。由于自媒体的发稿渠道通常在互联网平台，有些发稿渠道还覆盖了垂直媒体（尽管在一些审核较为严格的垂直媒体命中率相对较低，需要有针对性地做一些深度原创内容）。因此找自媒体人比

第 10 章　企业对外媒体公关技巧

直接找各互联网平台或垂直媒体进行合作性价比更高。整体而言，企业公关部门需要与媒体或者自媒体进行合作，还需要合理、有效地分配预算。

另外，如果企业本身没有粉丝流量，则不要过多地进行"粗暴"推广，往往干货内容就是最好的公关利器。企业本身的媒体化经营可以以 CEO、研究院或者员工的 IP 形式向垂直媒体投稿，通过图文、短视频来讲解行业干货内容，并向一些聚集了行业人士的垂直媒体供稿，从而提升自身的媒体影响力。

10.2　对传统媒体的维护策略

相对于网络垂直媒体而言，传统媒体有着不同的宣传功能和影响人群，定义传统媒体的标准在于媒体性质（比如是否拥有一定的新闻采编权限以及官媒影响力），而非媒介形态。国内传统的大众媒介形式如报纸、广电等新闻媒体均已开通微信公众号、微博、抖音号等数字化媒体账户，甚至拥有独立的 App，比如人民日报、央视新闻、新华社等媒体依然是最重要的舆论喉舌与"传统媒体"。

一般传统媒体在舆论引导、媒体背书层面的作用（与垂直媒体以及网络自媒体相比）更强，原因在于其内容生产机制，一般它对真实的信源采访要经过三审三校，是很多网络新闻评论的消息源和风向标；一些"官媒"旗下的新媒体离商业化运作较远，在公共评论之中能发挥"一锤定音"的效果；传统媒体公关是企业媒体公关工作中门槛较高的部分，在维护上一般以新闻纸媒为主，以广媒与电媒为辅，这些媒体传播的内容也主要通过数字化方式在网络上呈现。

对于纸媒公关，企业有新闻或消息时会优先联络本地的传统媒体，比如人民日报 App 有开放的自媒体平台"人民号"，《东方早报》孵化的澎湃新闻 App 有开放的自媒体平台"澎湃号"，经济观察网也接受外部自媒体进驻开设投稿专栏等，企业内部的自媒体团队可先集中精力撰写 5 篇左右的优质深度稿，以原创内容向传统媒体 App

投稿进行批量推荐，逐渐积累起在传统媒体上的自媒体账号专栏。企业应密切关注人民日报系及旗下的公众号"侠客岛""学习小组""人民网评"，关注国内的《财新周刊》、《财经》杂志、南方系媒体、新京报系，以及国外的《财富》杂志、《时代》杂志、《彭博周刊》、《商业周刊》等媒体动向，与相关记者人员进行联络，并积极邀请他们关注和了解企业。

对于广电媒体的公关，主要以央广的经济栏目、地方的交通电台等为主；对于电媒公关，则主要以央视、地方卫视等的相关栏目为主。此外，类似于"学习强国"、求是网、中青网，以及各地方政务的"XX发布"等的官方发声渠道，也能发挥传统媒体的作用。

如果企业做传统媒体公关缺乏相关资源，则可以通过公关公司或者以往合作的媒体人引荐，并且给予传统媒体记者充分的采访和报道权限；企业公关人员要善于从项目中提炼传播要点，与国家的政策导向、社会公益精神相契合，传播的内容导向要有社会责任感，能引领行业格局，并且在内容中要有一些真实的具体案例做支撑，这样才能保证平台对外的公关内容客观、真实、有说服力。

10.3　对自媒体的投放要点

很多领域的自媒体人从传统媒体走出创业，其关注领域和业务水平没有改变，大多会选择做自媒体，再加上公众号、信息流资讯端对自媒体的扶持，尽管自媒体与媒体相比有更大的生存压力，但只要维持好与企业、公关公司的合作关系，一般生存下来的难度并不大。市面上很多新媒体公司和自媒体工作室都是这样发展起来的。

行业内众多自媒体对企业而言是一柄"双刃剑"，用得好能充分利用自媒体的影响进行议程设置、意见引导、媒体投放等，而如果对自媒体公关漠不关心，则由于自媒体发声的不可控化、个性化、专业化等，往往会给企业公关工作带来较大的压力，连平台级互联网公司也没有办法做到维持常态化的自媒体沟通环境。因此，对自媒体要做到因势利导，择善而从，企业要成为自媒体的同行者与合作者。

对于企业公关来说，并不是对所有的自媒体都要去维护，而是要重点维护真正职业化、长期坚持更新，以及坚持关心商业、行业走势和动态的自媒体，企业可以不断通过聚焦来构建起自媒体资源库（例如，用 Excel 以列表形式不断更新和备注关键信息）。一般企业对自媒体公关的运营技巧大致如下：

（1）根据媒体内容寻找关注本行业合适的自媒体。比如在科技行业中，很多企业公关部门会在其关注的科技类或财经类媒体网站，比如 36Kr、虎嗅、钛媒体、界面、蓝鲸、投资界、创业邦、亿欧、人人都是产品经理、品途商业评论、亿邦动力、艾瑞、雪球、格隆汇等上面寻找经常发布原创作品的自媒体人进行合作，或者根据专业、有深度的内容按图索骥，一般自媒体人会在文末或者公众号中留下微信联系方式。

（2）媒体及各大内容平台都会根据自媒体活跃度和贡献值发布优秀作者榜单，各种论坛和第三方营销机构也会结合影响力对自媒体进行评级，目的就是为了方便企业投放；媒体开放平台、广告联盟、数据测评机构等往往能够接触到大量的优秀自媒体，近水楼台先得月，实际上它们也可以为企业代理公关业务。

（3）企业找到原创内容与行业属性高度重合的自媒体并主动要求合作。比如有些自媒体经常关注本行业并有一些研究成果，企业公关部门可以搜索自媒体公众号，通过其历史消息透彻了解并在询价之后进行投放；有些自媒体账号的文章经常被公司老板或者项目方投资人、投资机构等关注和转发，这对自媒体来说，这种对其作品的认可能让合作更加顺畅。

（4）企业根据不同的自媒体擅长的内容做不同的投放使用和定位。对于特别擅长根据媒体需要的选题进行内容创作的自媒体，企业公关部门可以结合热点事件的前情回顾加现状梳理、热点公司的新颖观点评论、行业事件解读、主要行业竞争者对标等方式发起约稿请求。当然，有的自媒体能够利用平台流量推荐规则，擅长找选题、起标题，专门撰写一些高流量的内容，企业公关部门可以选择这些自媒体的微头条、微博进行投放，鼓励其创作简短、高流量的话题内容；有的自媒体能针对产品竞争、发布会、危机公关、财报、关键时间节点等进行专业解读，企业公关部门可以交替选择一些有影响力的自媒体 KOL 发声等，甚至可以在企业活动或者报告咨询中邀请其参加。对行业内不经常合作的自媒体，企业公关部门可以通过活动邀请、通稿转发、朋友圈广告等投放形式，予以广撒网式、雨露均沾式维护；通常参会、广告转发等不同于原创约稿，其费用相对较低，企业可把投向自媒体的单项约稿费用拆分为若干广告费用，分配给多个自媒体在不同的渠道上转发，转发通稿可以是公司内部公关原创软文或重要通告，一般推广效果相对较好。

（5）坚持与优秀自媒体长期合作，让其成为企业传播的智囊团与后援团。一般企业投放自媒体的目的是打磨优秀的、有洞见的内容，并通过自媒体发出自己的声音，同时把企业所要表达的观点和信息传达出去，这就很考验自媒体本身对行业、公司的了解，而且在文章中要体现出独立的写作特色、有洞见的观点和个人风格，因此值得长期合作的自媒体凤毛麟角。自媒体有一定的粉丝基础，往往能够产生传播影响力，并且可以向多个媒体传播渠道投稿，以其观点对舆论产生二次传播效果。而很多企业做公关是临时的，时间不定，这就需要企业公关部门提前询价，表达与自媒体的合作意向，建立自媒体资源库，做到在传播阶段计划可控。企业公关首选以原创观点出众的自媒体 KOL 为主，以深度稿为主要形式，力争在其个人账户和外部媒体中同时产生影响，当将类似的模式打磨成熟之后，再到相关的自媒体中推而广之。

10.4 老板如何利用媒体对外公关

企业媒体公关的重要工作模块是对老板 IP 的传播，如果老板能够亲自参与到媒体公关部署工作中，将起到事半功倍的效果。

首先，企业公关人员要想清楚老板与媒体沟通的议题；媒体采访要征得老板的同意，提前写好采访提纲，并提供相关的资料。一般媒体记者对老板进行采访时需要全程录音，并进行文字整理。老板在与媒体进行沟通时，向媒体传达的信息要清晰，如公司是做什么的，公司的发展方向是什么，公司如何进行组织和运作，公司给消费者、行业带来的价值点是什么，等等。比如在公司项目初期，老板在接受媒体采访时要避免谈论业务数据，多谈业务模式、项目的难点以及项目对行业痛点的解决之道，注重展现老板的创业初心，呈现团队实力。

其次，企业公关部门要将老板的商业思考、管理经验等发布在自媒体上，比如开设个人的微信公众号，成为企业传播的一部分，相关内容可以向媒体投放，甚至公关部门为了强化老板的"企业家精神"和人格魅力，可以对产品、项目的推广内容进行适当删减，不要给人有自卖自夸的感觉，坚持做观点输出，相关内容还可汇编成书。

由于老板的格局决定了公司的"天花板"，老板的思维深度直接关系到公司的战略布局，并成为企业品牌人格化的因素，老板的形象和知名度往往是媒体、公众、市场判断公司发展势头的重要维度，比如任正非等人把企业看作社会进程中的一分子，从专业维度看待科技发展与人才培养；曹德旺、董明珠等人从核心产业制造力的角度对民族工业的重要性发声；俞敏洪、梁建章等人就基础教育、人口议题建言献策；王兴的饭否、黄峥的致股东信等都是企业家自身学识和修养的体现。关于老板 IP 传播，企业公关可坚持务虚和务实相结合，鼓励老板在社交账号和媒体上多输出干货内容、见解和价值观，这些传播内容是外界认识和了解公司的依据。

最后，老板要保持平等的心态与媒体和自媒体沟通。通常，老板的行业见解与经营事业强相关，老板也要服从企业内部公关的工作安排，做到对外发声的可控化，要会传播，也要知道"不传播"，尽量让自媒体和媒体传播服务于企业自身的生存和发展；坚持正能量，老板要有家国情怀和大局意识，丰富企业的社会属性和价值，但无须刻意去经营"完美人设"；不奢求所有的媒体声音都是好评，更不要去攻击自媒体或媒体，善于接纳外界理性的批评声音，做到"不知而不愠"和"从谏如流"，从而赢得媒体的尊重。

10.5　企业如何应对竞争对手的恶意公关

市场处于竞争环境中，正如迈克尔·波特在《竞争战略》中所描述的，企业在市场上必须面对来自同业竞争者、替代品、新进入者的威胁，以及供应商和购买者的议价能力，尤其是在互联网行业，每个品类、每条赛道里的"玩家"都有不少，他们相互争夺注意力（流量）、市场、资本等资源，显然就会逼迫头部玩家加大竞争壁垒和竞争力度，从而加速淘汰更多的竞争对手。对于企业公关，既要同步本企业的发展状态，调整对外传播策略，又要实时观察"后视镜"中其他竞争对手的情况，以便即时做出调整。

一般大公司对舆情公关危机是比较敏感的，一方面是由于大公司的业务线一般较多，采取分散经营模式，不乏有一些出现"大公司病"，对客户的声音不如创业时期敏感，容易造成一些经营问题或服务投诉；另一方面，很多大公司是上市公司，媒体舆情和负面声音会造成股民对公司的信心降低，给股价与市值带来一定的冲击。商场如战场，大公司的竞争对手往往也会高度关注此类舆情危机，从而推波助澜，但是打铁还需自身硬，大公司需要在媒体化战略中稳住阵脚，对公关舆情危机要理性看待、沉着应对。

首先，要客观认识到有序的竞争环境有助于企业的成长。市场竞争有利于防止单

第 10 章 企业对外媒体公关技巧

方垄断,如果一家企业长时间没有竞争对手,则大概率不会在"无人区"探索新业务,很可能因为组织懈怠而被其他创新者所超越。有竞争对手,对增强大公司的组织活力才有帮助;而中小企业处于竞争弱势,它们在媒体舆论上能够博得用户的理解、大众的同情,反而容易在流量竞争中掌握一定的主动权。

市场竞争话题往往容易引起人们的关注,也会有媒体进行解读。同一市场、同一业务模式或者争夺同一批消费者都会引发竞争,比如市场领导者与市场跟随者之间会发生竞争,互联网公司与传统实体之间也有竞争,等等。在互联网行业中,阿里巴巴系与京东、美团点评、拼多多,腾讯与字节跳动、抖音与快手、支付宝与微信、滴滴出行与哈啰出行、百度与今日头条、好未来与新东方,以及华为、小米、OV 等,它们之间的竞争常常是媒体解读的焦点,甚至还会看到竞争双方"互撕"的情况。

然而,恶性竞争和不正当竞争的危害较大,不利于市场健康发展,是媒体所要批判的,因此企业媒体公关也要充分争取媒体支持来以正视听。有些企业在竞争中误用媒体化手段,这实际上属于不正当竞争行为,是需要行业监管予以纠正的。比如,在 O2O 大战最激烈的时候,有的企业会让员工在网吧不断搜索和点击竞争对手所购买的词汇,企图让对方付出更多的无效广告费用;在互联网赛道中,有的企业买断了行业其他品牌的关键词,搜索导流至自家平台;有的企业有针对性地在网络上"灌水"推出一些"伪干货帖",以突出自身项目的优势,等等。

在竞争激烈、信息开放的环境中,一些媒体及自媒体为了生存往往会有不同的选择,竞争的参与者会想办法对媒体人及自媒体人进行"拉拢式"公关,让其站在自己的阵营之中。这使得媒体环境中各种声音争执不下,还出现了一些不太和谐的声音,甚至不乏一些掺杂不纯动机的疑似负面的传播。

对企业公关而言,如何才能在竞争环境中做好呢?笔者认为有以下四点:

(1)企业要坚持危机公关应对"三原则"——以预防为主、与媒体做朋友、管理关键时刻。一般企业进行媒体公关更注重对人员和关系的维护，对于在态度和行动上支持自己的媒体或者自媒体，积极开展多层面的互动合作，比如发布会邀请、约稿、节假日问候、朋友圈广告投放、通稿转发等，以在媒体圈和自媒体圈内制造示范效应。

（2）企业要明确竞争对手不是媒体或者自媒体，而是利益冲突者，对竞争对手的不合理手段要坚持以斗争和揭露为主；把对手维护不力的媒体人笼络为中间力量，积极联络沟通正面信息，有理、有据、有节，促进团结。

（3）企业发展取决于自身，"以内因为主"，没有哪家公司是通过关注竞争对手而发展壮大的。企业公关作为一种经营行为的营销手段必须遵守市场法治秩序，为防止不正当竞争，以及恶意造谣、诋毁商誉等行为，发展型企业应支持法务部门或者合作机构维护自身的合法权益，坚持澄清事实，做到点到为止，避免加速相关负面事件的蓄意炒作反弹。

（4）公关层面的斗争是市场竞争的延续和反映，媒体层面的胜负并不能最终决定市场的胜负，但是处于弱势的一方往往需要在公关上倾注更多的精力、投入更多的资源。一般处于头部的企业往往会用数据、结果及客户案例说话，而处于相对弱势的一方，可以在适当时对标行业头部，凸显自身的发展潜力，从而在公关上获得相当的热度。在输出公关和造势方面，可以撰写深度媒体软文（参考第8章），输出内容采取"商业模式列举式"（通过项目并列方式突出差异）、"典型案例附带式"（通过行业分析讲述各解决方式的差异）、"借势热点搭顺风车式"（积极介入行业热点事件）、"价值观灌输式"（强调用户或产业链利益等，在价值观层面与对手进行区分），等等，从而在思想观念层面与对手进行区分，最终强化自身的差异优势。

10.6 企业发布会注意事项

在互联网行业中各种会议特别多，比如一年一度的世界互联网大会（乌镇峰会）、世界人工智能大会、智博会、数博会等。一些大型互联网公司每年都有固定的大会，比如阿里巴巴的云栖峰会、腾讯数字生态大会、百度世界大会、ISC 互联网安全大会等。更高频的要数互联网公司的发布会，主要包括软/硬件新品发布会、融资暨战略发布会、合作伙伴大会暨签约仪式、品牌沟通会等。

不同互联网公司的发布会具有不同的特点，比如手机、电视厂商的发布会与智能硬件产品的更新迭代、发布有关；软件厂商的发布会有新品或融资发布会、开发者大会、行业分享大会、城市及站点巡回路演会等；互联网平台公司主要有战略合作发布会、开发者大会、IPO 之夜、社会责任白皮书发布会、年底媒体嘉宾联欢会等。

有时一天内互联网行业就有多场发布会，分别在不同的城市举办，究竟参加哪个会议需要媒体人做出取舍，相应的公关公司也需要提前邀约。2020 年，很多会议改到线上举行，而线上发布会和线下发布会对媒体人来说实际上没有多大区别，主要是接受邀请函、看直播演讲、发朋友圈、发通稿等环节，但相应的交通费有所减少。2020 年开了一个很好的头，那就是以后企业发布会以线上为主、线下为辅，企业自我组织为主、公关公司协助为辅，避免出现发布会走形式、大费周章的情况。

线下适合开大会，一般需要给参会嘉宾、媒体人员等订往返高铁车票或机票，安排酒店住宿和餐饮，还涉及差旅费报销，在城市中协调不同规模的会场租用，时间一般以周末较佳。线下办大会对企业而言，成本投入相对较大。但线下办大会的好处是合作伙伴见面交流，能加深外部媒体人员与企业公关团队的联系。一般大公司一年举办一两次大会，有的是每年在不同的城市举办，有的是在企业所在地举办，直接邀请媒体人前往，后者的效果实际上更好。行业峰会往往会邀请国外专家参加，采用搜狗翻译、讯飞翻译等增加会议国际化色彩；线上会议可以选择在今日头条&抖音、B 站、爱奇艺、优酷、一直播、IT 大咖说、人民网直播、京东直播、淘宝直播等平台呈现，实现全网直播，在移动端或者 PC 端观看。

线上会议更适合常态化举办，线上社群组织或者通过预约直播方式观看，会议内容更加数字化、开放化、可视化，组织相对便捷且高效。企业做线上直播可以选择使用直播工具（微吼等）、会议照片直播（VPhoto）、会议直播 H5 页面等；也可以直接采用远程办公会议工具，比如钉钉、企业微信、飞书、金山文档、WeLink、腾讯会议等均可做人员会议直播或 PPT 直播。

互联网公司的发布会一般是企业传播阶段的重点，既要保证发布会的效果，又要推动媒体公关的进展，笔者认为有以下几点需要注意：

（1）发布会的主题和类型要明确，让参加会议的媒体人员调整好心理预期；会议流程需要提前公布，安排好到会、开会、散会的时间。

（2）发布会 PPT 需要提前进行反复修改和确认，越是大型会议，PPT 越要严谨，方便媒体及自媒体人员分享至朋友圈，确保 PPT 与最终产品的发布图和宣传图信息一致。

（3）企业公关团队需要在会议前准备好公关通稿，在补全会议照片及关键信息之后，一般在发布会结束 10 分钟内就可定稿，由公关安排媒体人员转发；一般要对速记稿或录音稿内容做好信息审核和处理，然后作为增量信息提供给媒体撰写稿件。

（4）一般在领导的主题演讲结束后，企业公关团队会挑选重点媒体及自媒体人员对高管进行采访、释疑解惑。企业公关团队需要提前收集媒体人员的问题并做好安排，对高管的回答导向应提前有所准备。

（5）向媒体人员提供的所有图片、新闻稿件必须保持终稿版本，并注意 Word 格式不能带审阅或修订信息，参与嘉宾的职务、重要数据、涉及的发展方向及创始人的采访内容要作为审核的重点。最终的发布会的企业通稿传播内容需要以公关团队提供的信息为准并分享在社群内，企业公关团队可在社群中鼓励媒体人员将内容分享至朋友圈、微头条、微博等社交媒体平台推广。会议结束后，一般需要把会议要点制作成海报长图，便于媒体人员分享至朋友圈制造公关声势，相关截图可作为传播效果汇报数据的一部分。

（6）在会议召开前应及时联络各媒体或社群予以赞助合作，通常可由群主进行群直播赞助，转发预热导流海报、通稿、大会总结海报等信息，增强会议在朋友圈的传播效果；而参会的媒体人社群可由专门的公关人员进行长期运营和维护，在没有发布会召开时，也可通过发布群消息的模式推送新闻，将经常支持和参与企业活动的媒体人员作为定期（假日）或不定期的联谊对象。

第 11 章

企业自媒体运营技巧

自媒体是企业输出内容和营销的载体,也是企业获取私域流量、提高传播效率的前提,如何让自媒体业务直接辅助企业传播效果的落地,离不开新媒体公司与所打造的个人 IP 分工协作、自媒体冷启动、文字视频化运营、粉丝社群运营、媒介运营侧重点选择、规则意识与底线遵循等复合工作(见表 11-1)。

表 11-1 自媒体运营技巧概况

自媒体运营要点	相关运营技巧
IP 运营	聚集资源打造 IP 账户,优先进行单点爆破;形成 IP 与新媒体公司的利益捆绑
	尊重内容规律,不透支 IP 的价值;积累平台孵化更多 IP 的经验
自媒体冷启动	先在垂直媒体做"影响力自媒体",再在互联网平台做"流量型媒体"
	在积极吸粉的同时将读者粉丝导入微信账号中;添加客服的私人微信
	多参加论坛、社群活动做干货免费分享;在全渠道通过交易和服务环节吸粉
文字视频化	中视频 PGC 为内容风口,准入门槛适中,可出镜或不出镜表达;平台扶持
	确定账号定位、IP 主理人,团队协作完成
	明确中视频分发的渠道(西瓜视频、哔哩哔哩、视频号必选,其他辅选)
	主攻文字转视频模式;对原创图文内容深加工,兼顾援引其他加工
社群运营	产品社群化,推动用户流量的数字化与消费文化培养
	粉丝 KOC 化,将广告预算直接投向粉丝口碑推荐
媒介发力点	一个强 IP 出现后再孵化其他 IP;一个渠道有效果,就投入三倍以上的资源强化
	构建自媒体矩阵应尽可能选择在主要流量平台上布局,而非盲目撒网

续表

自媒体运营要点	相关运营技巧
自媒体规则	高度重视主管领导单位对自媒体舆论领域的监管
	尊重知识产权，坚持原创，杜绝做内容的搬运工
	所有的人员都要保持正确的价值观与服从监管的规范意识
	注意防止公司经营信息和商业机密泄露，业务管理流程数字化、规范化

11.1 个人 IP 与新媒体公司之间的转化

个人 IP 可以被理解为成功聚集了流量且能够被粉丝追随的自媒体，一般分为个人自媒体专家、垂直自媒体 KOL、新媒体公司打造的虚拟人设等。在竞争日趋激烈的互联网行业，个人 IP 逐渐从个人单打独斗的模式转变为公司经营模式。这就好比一个餐馆，如果要承接一天顾客点餐并有条不紊地上菜的事项，就需要对买菜、切菜、配菜、炒菜、端菜、收银、爆款菜品研究、服务员等流程节点进行专人化、精细化分配，才有可能形成规模化经营。如果把所有的活都交给厨师来做，将会非常低效。因此，就自媒体的发展而言，无论是自媒体自动升级为新媒体公司后再进行模式复制，还是新媒体公司本身孵化个人 IP 型自媒体，实际上殊途同归。

不过，新媒体公司与企业媒体化传播团队的区别在于，其依然保留了以个人 IP 为导向的特征，即以"一个人在前端输出"作为其内容传播的焦点和主角，比如"罗辑思维"的罗振宇、樊登读书的樊登、吴晓波频道的吴晓波等，而在后端所有人的功力都加持在这一个人身上进行 IP "单点爆破"，这种超出常人的能力是团队合作的结果，只有团队付出了多倍的力，才能突破各种信息来聚拢粉丝并形成稳定的内容输出，最终实现个人 IP 的变现，比如直播红人带货、知识付费等均属于这种个人 IP 营销的逻辑（相关内容见第 5 章）。

资源越聚集，传播影响力就越聚焦，效果也就越明显。因此在公司发展初期，很多新媒体公司以及企业媒体化团队都着重打造一个 IP，全力孵化网红，随着媒体化组织的壮大，为了增强更多人的参与感，保持团队的稳定，公司往往需要孵化更多的自媒体账户形成矩阵，在不同的渠道上探索各自的发展道路，而企业本身逐渐转型为MCN和平台赋能角色——既可以通过新媒体公司打造一个或多个自媒体品牌账户，也可以通过个人IP与公司流量资源的联动，实现新媒体公司与个人IP之间的转化。

企业要用战略眼光看待新媒体IP的价值，在商业化进程中懂得克制，不将其沦为粗暴的营销工具，不提前透支IP的价值。企业做自媒体是在积蓄和拓展传播能力，在账号本身没有足够的粉丝流量之前，其主要任务是"吸粉"，而非一上手就作为广告、公关的工具，媒体品牌能发挥营销手段所不具备的功能和价值。

比如，在公众号去中心化生态中，根据《新榜》显示，科技、财经等行业自媒体TOP 50基本上已经公司化运转，甚至出现一个新媒体公司多个账号入选的情况，其中不乏一些知名的大公司开设的自媒体账号成为知名IP。比如，公众号"躺倒鸭"是硬件测评圈的KOL，很多推文的阅读量是10万+，其运营者是北京中科大讯飞信息科技有限公司，它是科大讯飞的子公司，而真正推广科大讯飞的产品营销文章寥寥无几，完全是基于新媒体IP进行内容输出与运营的。再如，公众号"明源地产研究院"是房产和楼市自媒体头部账号，其主办机构是深圳明源云科技有限公司，它的主要业务是向房地产项目的楼盘推广安装SaaS系统和提供地产公司信息化解决方案，其创始人曾与笔者交流过，公司内部的研究院一直通过公众号发布一些关于房地产行业的干货内容，没有承担营销推广功能，却很快成为整个明源云技术产品的精准流量和客户入口，这是花多少广告费用都买不来的。

自媒体与企业业务紧密结合的"天花板"很高，除提供资讯和科普外，还要聚集行业流量，成为客户资源的连接器，往往越是懂行的人，越能够从中"掘金"。比如蓝港互动创始人王峰进军区块链就从媒体切入，以采访互联网行业大咖来组建自媒体访谈IP"王峰十问"，再以自媒体的高流量内容推出区块链媒体"火星财经"。一些在垂直媒体业务内深耕的互联网媒体人能以更低风险、更高知名度开始"二次创业"，比如新能源车领域的"三巨头"——蔚来汽车的李斌是易车网创始人、理想汽车的创始人李想是汽车之家创始人、小鹏汽车的创始人何小鹏是 UC 创始人，他们均是垂直媒体业务出身。

当前很多互联网公司看到了自媒体 IP 的特殊价值，它除了拥有资讯端作为媒体品牌，还开始借鉴新媒体工作室模式孵化更多的子 IP，比如网易旗下的"浪潮工作室"、新浪旗下的"创事记"，以及腾讯新闻旗下的"深网""棱镜""财约你""十三邀""全媒派""头牌观点"等媒体栏目品牌。这些大公司之所以学习 MCN 孵化更多的自媒体 IP，是为了尊重内容生产的规律，也是为了"小而美"组织激发个体的创造力，最终都是为了服务于企业整体发展。

11.2 如何做好自媒体冷启动

关于企业如何搭建与布局自媒体的内容在本书第 5 章已介绍过，并在第 8 章和第 9 章中介绍了如何根据不同的媒体进行内容运营与有价值的输出。本节内容是对如何进行冷启动的补充。

首先，自媒体的冷启动期一般需要先依托互联网平台、垂直媒体的精准投放，积累行业知名度做"影响力自媒体"，主打媒体公关的主要深耕垂直媒体。一般主打公关的自媒体账号在冷启动期的粉丝相对较少，但这段时间也容易聚起"铁粉"，笔者建议媒体公关团队可以奉行"高举高打"的原则，先策划一些偏垂直媒体或行业认识的硬核深度选题，撰写行业深度稿向媒体投稿，用稿件撬开传统媒体专栏作者予以长期发文的大门。内容运营者撰写深度稿，除了参考笔者提供的一些模块化思路，企业还要组织公关人员或者市场人员研究垂直媒体热门内容，比如国内的风险投资机构 IDG 资本、BAI 资本、峰瑞资本、顺为资本等在各个垂直媒体上都发布了一些干货分析内容，这些内容能够吸引一些创业者关注，也能够让其他风险机构了解到获得融资的一些项目。此外，主打影响力品牌的自媒体还可以在冷启动期多参加一些垂直社群论坛和微信社群活动，免费分享干货内容，获得第一批"种子"粉丝。

对大众消费型企业，一般比较看重互联网流量平台的阅读量，适合定位"流量型媒体"做内容营销，从网络热门事物和热门人物等自带流量性质的内容切入，类似于百度、微博、知乎、抖音、快手等均有热搜，各个资讯端每日都会公布热点内容的爆款热度排行或舆情地图供创作者了解读者的喜好，在某段时间内，热点的人、物、电影、现象、情绪、议题等往往是相对稳定的。流量型媒体的运营方法是从流量话题中逐渐筛选出精准粉丝，话题相对接地气，逐渐将话题引导至产品背后的消费者所关心的内容上。比如，"新氧"属于医美行业，却是娱乐圈的自媒体，其选题主要以目标人群所关注的大众化流量内容为主，而不是从小众领域切入的。

内容营销账号的内容要跟随潜在用户走，比如金融产品软文和广告往往在汽车媒体社群中投放，科技圈的粉丝往往对数码圈的内容感兴趣，K12教育产品从宝妈社区和家庭教育切入，等等。此外，流量型媒体一般不会长篇大论，而是偏向于碎片化传播，以短、平、快的内容与用户高频接触，增加信息流平台推荐的频次。

其次，无论是做影响力型自媒体（内容）还是流量型自媒体（内容）的选题，最终都是为了积累自媒体品牌的私域流量，只有时刻保持与粉丝的交流，从他们那里得到反馈，才能确认是否具有传播效果，以及如何进行调整；媒体化内容传播不能一味地追求深度，或者一味地顺从流量导向，而是需要不同账号有不同的定位，企业MCN予以调和。一般私域流量的落地工具主要包括私人微信号、社群、朋友圈等，也可以采用读者问卷调查，接受反馈并进行改进，以及与各个账户的粉丝互动、朋友圈互动、粉丝推荐等形式扩展流量。其中操作最简单的私域流量工具是项目运营人的私人微信号，媒体公关账号的内容流量少，但越是专业领域的粉丝质量越高，一般可以直接导流进私人微信号中，直接与粉丝交朋友，以尽快帮助自媒体账号渡过冷启动期；其内容比较有深度、小众化，导流、成交、合作相对精准，效率也比较高。而内容营销账号的流量相对较多,沟通起来比较费时,可以优先导入公众号、社群之中,通过公众号的商城、小程序链接等予以转化,逐渐变成企业的潜在用户。

最后,企业要坚持把媒体化战略从传播环节升级到营销管理层面,构建公司的全域流量、全渠道营销体系。它除了可通过内容吸引粉丝,还可通过产品交易和服务环节吸引粉丝,比如企业让线下服务人员化身为地推人员,引导消费者关注企业客服微信、服务号或小程序,赠送代金券、VIP 会员续期、实物等,从而把线下流量线上化。

11.3 文字视频化是企业传播弯道超车的机会

企业面临的媒体种类众多,其中文字自媒体、音频自媒体相对成熟,短视频风口正劲,流量红利无穷,但是很多企业一直以文字传播为主,在短视频浪潮之中显得无所适从,本节在第 8 章、第 9 章内容的基础上为广大企业输出视频化内容营销支着儿。

我们知道,互联网中充满了无数有价值的文字内容,很多内容因理解门槛相对较高而没有得到充分传播。在移动互联网的圈层化和碎片化传播环境中,即使是一些看起来已经相当火爆的好文章,也会因用户的媒介接触习惯而无法击穿既定的圈层。

如果能在 10 分钟内阅读 3000 字,并保持在某个领域持续阅读长达 2 小时以上,一般都将具备较好的阅读理解能力,这其实也与教育背景直接关联。在中国庞大的网民群体中,具备这种专注阅读理解能力的人相对全体网民数量占比并不高(截至 2020 年年底,我国大专学历以上的网民数量占比不超过 20%)。而能够坚持在手机上观看同一领域的视频长达 10 分钟,甚至能够持续观看该领域视频达 2 小时的却大有人在。那么,如何才能使优质的内容让更多的人看见?如何才能降低阅读理解的门槛?显然,最佳的办法就是将文字转为视频。

当然,视频按时长分为短视频(1 分钟以内)、中视频(1 分钟至 20 分钟)和长视频（20分钟以上）；按内容创作形式分为 UGC（用户生产内容）视频和 PGC（专业生产内容）视频。本节介绍的文字视频化主要指 PGC 中视频。

1. 为何同样的文字转为中视频能获得更多的流量关注

（1）从用户体验层面上看，文字与视频的直观呈现方式相比，它属于抽象表达方式，人们的阅读行为调动的是左脑；而当人们观看视频时大脑处于相对放松和休闲的状态，其鉴赏行为调动的是右脑。所以，人们在阅读文字时会聚精会神地对待相对枯燥的内容，并试图从上下文中寻求意义来理解，而右脑活动时容易产生轻松和愉悦感。用户在使用移动端文字阅读工具如微信朋友圈、手机媒体 App 及相应的网页等时容易受到多重信息的干扰，使其产生完不成既定任务的焦虑情绪；而用户打开视频的场景一般是在休闲时，时间相对充裕，往往不会有牵绊感。主要的中视频工具如西瓜视频、哔哩哔哩、好看视频等均是从泛娱乐内容逐渐扩展至 PGC 的。

（2）从视频产品的迭代上看，中视频平台的内容推荐机制以兴趣引擎方式进行流量分发，并且结合了用户所关注的 UP 主内容；中视频和短视频作品所呈现的元素中加入了有趣的 GIF 图片、电影素材、音效、BGM 和字幕，是一种"富媒体"表达形式，能够充分调动用户的感官体验来辅助理解和认知。而视频化创作方式更能够体现出 UP 主的个人特色，比如长相、服饰、音色、语气、性格等个人形象特征，以及叙述逻辑、选题角度、互动形式等，增强用户的代入感和亲近感，支持用户以弹幕、评论以及"三连"方式来提升参与感和互动感。

（3）从播放移动视频的便利性上看，随着家庭 Wi-Fi 的普及，手机通信运营商鼓励用户办理包月套餐包，以及随着 5G 的普及，鼓励用户在户外更放心地消费更多的移动视频内容和直播内容。当然，视频平台加大了对云服务的投入力度，并加大了对 CDN（内容分发网络）等技术服务的支持，使得平台上视频的画质、播放流畅度得到了大大提升，改善了用户体验。

而视频平台所得到的好处是，通过用户的 PGC 原创减少了对版权视频内容的投入费用；聚集粉丝流量形成内容生态；长期来看，无论是直播分成还是吸引播放后的广告投放等盈利模式均能跑通。

需要强调的是，中视频与短视频不同的是，中视频的信息量更大，方便加入更多的内容品类，比如视频制作者可以结合文案内容，加入一些有趣的影视片段、综艺内容、音乐、网络搞怪等素材来调动用户的情绪，其核心看点主要是 UP 主所表达的主题思想、文案功底，这也是为什么视频永远都无法取代文字的根本原因。文字是 PGC 中视频创作的基础，是所有内容创作者最底层的表达方式。对任何有深度的原创内容而言，文字表达水平而非视频表达方式才是视频内容的"天花板"。

2. 中视频领域是一个天然的企业级 MCN 舞台

中视频领域的很多账号其实都是由新媒体公司投放的，从其镜头表达方式、更新频次、视频要素复合度等就可以看出。对企业而言，与其投身于内容竞争已经相当"红海化"的图文账号领域，不如切入用户沉浸时间更长、点击量相对更高的中视频领域。原因有以下几点：

首先，视频内容相对文字创作更为复杂，一般是以文本为基础的深加工式表达。

从内容可持续运营的角度而言，UP 主必然会分化出专门的文本撰写人员、视频素材剪辑与制作人员、配音人员、渠道分发及互动人员等多人参与形式。很多视频平台上的个人创作者坚持"用爱发电"，但粉丝的支持并不能保证大量创作者的生存，纯个人 UP 主创作内容时以直接面对手机镜头进行讲解为主，这类视频在平台上所占的比重在逐渐降低；而坚持团队化、MCN 孵化人设 IP 模式下的新账号集团作战方式能够"后发制人"，并且企业媒体化团队除了吸引流量，无须担心营收，可专注于从事视频内容创作。

其次，移动视频内容的复杂度远远比不上主打创意的微电影及段子式的精致短视频，其准入门槛相对适中，视频化表现方式能容纳文字所表达的绝大多数内容。比如UP主出境面对用户讲解，需要其镜头感强，对内容理解较好；而博主不出镜，则呈现给用户的是声音、字幕、PPT及所配的画面。前者主要是用手机或者单反相机拍摄；后者则是在计算机上使用Adobe Premiere（简称PR）或After Effect（简称AE）将音频、视频、文字等素材内容进行整合。互联网中有大量适合手机、平板电脑、PC等终端的免费剪辑软件，比如移动端有字节跳动出品的"剪映"、快手出品的"快影"；PC端有万兴科技推出的"万兴喵影"、360推出的"快剪辑"以及"爱剪辑"等，为视频内容的制作与传播提供了便捷的工具。还有一些可以作为视频素材的图片、音频、视频资源，用户可以免费使用。此外，互联网中的素材如电影剪辑片段、共享图片、音频等比比皆是，它们都能被应用到文字转视频的创作之中。

最后，当前各大互联网内容平台纷纷将移动内容生态的重心从补贴吸引图文自媒体转移到扶持视频内容创作者，甚至默许了视频内容创作者进行多平台分发，比如腾讯视频推出中视频战略鼓励吸引更多的中视频；字节跳动加大了对西瓜视频的战略扶持力度，与今日头条、抖音头部App的流量进行打通；好看视频作为中视频已经逐渐成为百度App的流量重地，等等。这些互联网内容平台还加大了对短视频内容创作者的流量扶持，陆续签约一些优秀的自媒体发布独家内容。

3. 企业MCN如何做好中视频的筹划

企业MCN要做好中视频的筹划，笔者给出的建议如下：

（1）确定账号定位、IP主理人。账号定位可以与图文自媒体的账号保持一致，复用此前积累的内容，进行再创作，增强"网感"；可以结合商业资讯进行趣味性解读，也可以结合企业所处的行业做纵向深挖，尽量做到垂直化，并与其他文字自媒体、音频自媒体的账号保持一致，便于粉丝关注与迁移。一般讲解信息量相对较大的深度内

第 11 章　企业自媒体运营技巧

容以不出镜的团队制作为主，需要对以往的文案进行整理以适合视频化口语表达，画面剪辑外包，配音由主理人完成，也可以直接由特色播音员完成，以提高产出效率。当然，老板个人 IP 或者公司内部孵化的网红流量 IP 也可以出镜讲解，由团队做后期的剪辑优化工作。

（2）明确中视频的分发渠道。国内纯粹主打中视频的平台有西瓜视频、哔哩哔哩和好看视频，可以从这三个平台的内容品类中寻找账号输出特色（见图 11-1）。其他互联网流量平台也逐渐倾向于内容短视频化，比如微信"视频号"就有明显鼓励图文自媒体转型做 PGC 中视频的产品意图，在公众号里发布的短视频需要上传至腾讯视频，从而提升原创内容的比重；在抖音、快手短视频平台也可以直接发布 PGC 中视频。此外，知乎、小红书等也扶持中视频；国内的一些新媒体加大了视频化呈现方式，如 36Kr、虎嗅、钛媒体等也提高了对短视频内容的审核通过率及推荐比重。运营者可选择在视频号首发，再搬运至多个互联网内容平台和相关的垂直媒体中；一般视频系列要保持一致的 IP 形象、出场音乐、Slogan 等；而在片尾部分对用户的引导需要结合渠道做多方案备选。比如在西瓜视频或抖音渠道分发要引导用户关注头条号；而在公众号、视频号，以及腾讯系的 B 站、知乎等渠道分发则可添加公众号的二维码，不用担心被屏蔽。

西瓜视频　　　　　**哔哩哔哩**　　　　　**好看视频**

西瓜视频	哔哩哔哩	好看视频
西瓜视频包含其单独APP、今日头条APP视频板块、打通了抖音流量。 内容包括MCN孵化账号、新闻视频、专家型IP合作录制、短视频作者转型中视频、车评人等	年轻人流行视频内容平台，市值超200亿美元，主要二次元和弹幕视频特色。 主要内容含番剧、动画、漫画、游戏以及资讯、知识、影视、数码、"社畜"、生活等综合视频网生内容。	主要是百度APP的视频流量，主要是在百度APP之中，除了依托爱奇艺资源外，还有一些UGC内容。 主要内容包括影视、综艺、社会、Vlog、搞笑、亲子、教育、科技、军事、纪录片等内容。

图 11-1　三大中视频平台

（3）确定内容产出的主模式是文字视频化。偏重于影视、游戏、娱乐等视频资源的账号在上述平台中相对较多，反观能够系统地将原创文字制作成视频内容的账号还有很多机会。在自身账号及矩阵内账号原创内容的深加工方面，视频选题以主打自媒体账号过去生产的原创文字内容再演绎为主，对相关内容做好文字和表述上的简化，尽量具备画面感，可由原创作者录音。同时兼顾内容发布平台的流量热点话题，以视频版带文字版内容；直接通过直播方式截留短视频内容发布在各个短视频渠道上，也是一种原创内容的创作方式。为了解决企业新媒体运营的"内容荒"难题，可以对网络原创内容进行援引加工，但必须先征得原创作者的授权，并在视频中给出内容的出处和原创作者，关于援引媒体的报道等，也要做相应的处理。笔者发现，目前有不少短视频 UP 主（或博主）直接口述或整理其他互联网平台的热门文章，这有"洗稿"之嫌，在版权上存在一定的风险，不鼓励这样做。随着内容生态的健全，以及人们对视频化表达维权意识的增强，类似的空子将会被平台填补，并受到用户的监督。尊重知识产权才值得被"圈粉"，用户喜欢的是 UP 主个性化的新观点和态度。

中视频是一个内容新宇宙，它的发展趋势和其他媒介形式一致，其内容生态将朝着细分化、品类化、粉丝圈层化、原创精品化、MCN 孵化多账户等方向演进。企业先做文字转视频，然后逐渐本着视频表达本身的逻辑进行创作，当内容逐渐优化、粉丝相对聚集时再进行整体升级。这是一种与中视频内容生态一起成长、分享流量红利的有效运营方式。

11.4 社群运营的两大方向：产品社群化、粉丝"KOC 化"

对媒体化组织来说，用户运营主要是让用户成为内容创作者与分享者，以及让内容与组织联系得更紧密，而社群则是用户运营的必备选项。

企业运营的自媒体 IP 账户可以借鉴个人自媒体运营的社群经验，实现粉丝变现，并设置一定的付费门槛。社群对粉丝的吸引力在于，粉丝通过社群能获得有用信息和合作资源，但由于对社群的长期维护会耗费群主很多时间和精力，很多社群没有持续发挥上述功能，从而荒废或者沦为广告群；要想跑通个人自媒体社群，需要有一个独立的 IP 深度服务会员体系，并能解决相应的问题，如读书会社群、晨读英语社群、考研打卡社群和资讯分享社群等。

而企业搭建自媒体做社群运营与个人自媒体是有较大区别的，企业做社群主要是为了把用户从"流量"变为"留量"，让粉丝们结成一个画像相对清晰、具备稳定价值体系的群体，从而让粉丝对企业的（IP 或媒体）品牌更加忠诚。由于企业做社群本身可以深度结合其产品或服务模式，为商业模式服务，因此不再需要对粉丝收费，而是想办法让粉丝的画像更清晰，实现粉丝"聚是一把火，散作满天星"。企业与用户之间的连接不能止步于成交，还需要社群进行情感和价值观的连接。一旦扎根于广大用户中的社群文化构建起来，它就能够服务于企业的营销推广，因此也就延伸出互联网公司社群运营的两个方向。

1. 产品社群化，推动用户流量数字化与消费文化培养

一个优秀的内容平台一定需要有社群聚集，一个优秀的产品也需要有粉丝营销。

在内容型媒体平台上，要确定用户的标签及画像，除了依靠用户在平台上的阅读行为，还要依靠其所在的兴趣圈子。用户进入的社群越多，用户属性就越清晰，平台所推送的内容和产品也就越精准，活跃用户在平台上所沉淀出的可供分析的数据就越多。如果平台对用户一无所知，用户行为本身没有充分数字化，那么平台产品的很多功能设计也就没有办法随着用户需求而调整，这也是为什么各大互联网平台将自身用户大数据视为最重要的无形资产的原因。而社群在其中发挥着重要作用，比如在母婴电商行业，蜜芽有"蜜芽圈"，贝贝网有"育儿"和"亲子"圈子，宝贝格子有"格子圈"，"妈妈去哪儿"有"圈子"运营，"美囤妈妈"从"宝宝树孕育"社区孵化，

对母婴平台来说，粉丝自发加入的社群相当于自觉为自己选定"标签"，这提升了电商平台向用户个性化推荐商品和内容的精准度。

同时，粉丝社群还是互联网平台 UGC 的主要途径，往往用户在社群内输出的内容越多，其对平台及其他用户的期待就越高，其参与平台及社群活动的意愿也就越强。粉丝社群模式已经成为互联网汽车、旅行、房产、装修、财经等垂直媒体产品策略的一部分。

而粉丝营销在智能硬件领域则更为普遍，比如，手机行业中的"米粉""花粉"的品牌忠诚度就高于其他用户，复购率也更高；再如，当前新能源汽车行业中的用户数据均能通过新能源汽车 App 呈现，并格外注重车主的内容分享，以及分区域、分兴趣搭建的社群，如特斯拉、蔚来等由用户自发组织的活动就得到了官方运营人员的支持，成为其独特的文化属性。

2. 粉丝"KOC 化"，将广告预算直接投向粉丝口碑推荐

如果说 KOL 是以"意见领袖"输出观点来影响用户认知和传播品牌信息的，那么 KOC 则主要是用户自发为企业做传播。当前社会化营销[1]离不开 KOL+KOC，其中 KOL 包括公众号、抖音、快手、小红书、B 站、知乎等的中腰部账号运营者，其负责做吸引和宣导；KOC 则负责做企业的口碑推荐，可以在社群中带货，也可以辅助企业进行营销推广，这使得任务型 KOC 分发模式快速兴起。

企业在大众营销平台上的投入变得越发谨慎，不倾向于"烧钱"做大广告，而传播活动又必须不断推进，于是企业直接在粉丝社群和用户社群中做推广，实际上就是把企业原本的广告预算直接投向 KOC，使 KOC 成为企业口碑的推荐者以及推手组织者，帮助企业实现社群和朋友圈的联动投放。

---

[1] 社会化营销：也被称为"社交化营销"，其主要是基于社交平台或者社交网络服务（SNS，Social Networking Services）的营销活动，属于媒体化营销的一种。

KOC 的传播效果是如何落地的？假设一个 KOC 作为群主从朋友圈吸引 50 个推手，每人 1 元钱进行一次商品链接或公司文章转发，转发 50 次的推广费用仅为 50 元，而企业的推广需求又相对稳定，能保证越来越多的人参与其中长期进行，从而让更多的人成为 KOC 发展更多的推手。当 KOC 组织的社群达到 100 个时，这就意味着这些 KOC 群主组成了灵活的广告联盟，其效果反馈就是朋友圈转发截图，从而逐渐形成一种使公司的商品、文章、内容均具有较高性价比的推广模式。

社群 KOC 推广模式能有效对抗不确定性传播效果，铁杆粉丝最佳，国内的学生、宝妈人群的参与意愿也比较强，能否将这些人组织起来，关键是要找到对企业认可的群主，并让他们获得额外佣金。KOC 推广模式能给参与人员带来收益，其红包推广机制让转发成果看得见、摸得着，并且可随时灵活调整。实际上，除了媒体圈，这种简单、清晰、便于执行的推广模式在智能手机圈、3C 家电业等之中也得到应用，只要品牌产出与品牌投入正循环，粉丝运营与"送、送、送"福利相结合，有券的送券，有资源的送资源，有红包的送红包，有爱心的送爱心，有时间的重在参与等，就能加速相应的营销效果落地。

11.5 企业的媒体矩阵与"单点突破"思维

目前各个互联网流量平台都开放了自媒体平台，企业的自媒体运营容易走入两个极端：一是只在某一个渠道上做内容运营；二是把内容分配到各个渠道上。前者忽视了流量的分散化、碎片化，也没有注意到不同平台上用户属性的差异，也许能做到"西边不亮东边亮"；后者没有注意到移动互联网的头部化趋势愈发明显，深度依赖 App 的用户越来越少。因此，企业在构建自媒体矩阵时应尽可能选择在主要流量平台上布局，而非盲目撒网。

在不知道如何做媒体矩阵的情况下，往往可以先主攻头部平台，比如文字自媒体

媒体化战略——数字时代企业如何做好公关与内容营销

主场在微信，视频自媒体主场在字节跳动，声音自媒体主场在知识付费平台，商家联络推广主场在百度，商品推广主场在淘宝；有的则是直接模仿对标对象或者竞争对手进行注册和覆盖，信奉同行是最好的老师，在有影响力的创投媒体、财经媒体、自媒体、资讯端之中了解行业龙头企业投放的公关文案、渠道等，采取跟随策略，逐渐探索出适合本企业的影响力媒体或流量型媒体的运营策略。

很少有自媒体能在多个流量平台和渠道上同时拥有高影响力，当企业资源有限时，必须在某一个渠道上要比同行强。当企业计划孵化多个自媒体账号时，则需要在一个足够强势的 IP 出现之后再孵化其他 IP。那么，如何才能在某一个点上形成足够的"压强"呢？

笔者认为可先测试出一个有效方面，然后将三倍以上的精力投入在这方面来加强，只有在某一个点上进行超额的投入才能真正获得效果。举个例子，笔者在大学时意识到文科考试一般有名词解释、问答题和论述题三种，而答案都在书本上，因此需要把重点放在指定教材上，精读第一遍时将名词解释标注为"※"，问答题标注为"？"，"论述题"标注为"☆"；读第二遍时结合标记和考纲整理成笔记，这就等于把考试答案都写上了，并在组织答案时附上见解。所有笔记都整理完之后，做一遍历年真题进行测试，然后看笔记，再回到教材之中检查掌握程度。经过三遍学习后，一般学业成绩会稳定在高分状态。笔者工作考研时按照这种办法，两门专业课均在 125 分以上（满分 150 分），以总分第一名的成绩进学校读研，三年免学杂费，也正是在读研期间研究了互联网行业，这段经历对笔者弥足珍贵。

实际上，创业成事的"法门"与学习是一样的，如果认为什么都做了，可效果依然不明显，则问题可能出在没有实现"单点突破"上。在媒体化战略落地阶段，也要坚持"大力出奇迹"，只要在某一主渠道、主 IP 上实现"单点突破"，业务提升效果就会非常明显；在创业阶段，要坚持把一种主营收入来源钻研透彻，将流程标准化，从而获得业绩增长心得。

例如，如果企业做图文自媒体，则需要深耕微信渠道；如果做短视频自媒体，则需要深耕企业市场和用户契合的渠道；如果做中视频，发现某一领域的粉丝特别活跃，就要以此为重点进行强化，只有深耕一个平台，才能彻底弄懂这个平台的推荐机制、流量环境、用户嗨点，并形成同频共振，收获真正的平台红利。而一旦做到"单点"形成了突破，竞争对手很难进行模仿和抄袭，当商业模式一致时，执行力和发力点就是竞争的壁垒。

11.6 新媒体运营的规则意识

企业做自媒体运营首先要考虑的是账号和内容安全，其次考虑的才是账号的粉丝流量和影响力等。为确保在传播不"翻车"的情况下顺利开展工作，从执行媒体化战略之初就需要制定明确的规章制度进行风险管控。

任何企业要想长期发展，都必须在遵守国家法律法规的前提下开展经营活动，为每个重要职能部门设置工作条例和职业规范，企业传播和新媒体内容运营作为企业的"门面""喉舌""精气神"所在，更需要明晰规则，否则故事没有讲成，就出了事故，那就令人扼腕叹息了！作为企业媒体运营负责人，本身应该注意以下要求：

（1）高度重视主管领导单位对自媒体舆论领域的监管。一般监管规定会反映在各个平台对入驻媒体的内容的规定和要求上，因此需要关注有关网络安全与信息化的最新规定，保持学习新媒体用词、传播新规的意识。

（2）尊重知识产权，拒绝搬运，对抄袭、"洗稿"等要"零容忍"。一般媒体平台都有相关的版权和免责声明，站点或媒体平台都有相应的法律顾问，这都是为了使内容的责权利界定更为清晰，比如转载、引用内容需要标注来源和原创作者；长期抓取其他原创作者的内容需要签订协议；在创作文章或视频需要使用大量的图片、视频素材时，应尽量选择原创设计或进行有偿购买（这相对于版权纠纷诉讼官司而言是小投入）。对于媒体化矩阵内容输出，如果发现内部有"洗稿"行为，则必须给予严厉的处罚，以儆效尤。

（3）所有编审、内容创作人员都应保持正确的价值观与服务监管的规范意识。内容不以社会敏感议题挑拨大众情绪；即使是非虚构类故事，所有的采访信源也必须存档，以确保信源信息的真实性，没有胡编乱造；不对历史、社会共识、道德原则等发布虚无主义、个人主观主义及混淆是非的见解，拒绝标题党；企业所有的员工应自觉维护和捍卫社会主义核心价值观，坚持爱国立场，讲好属于行业、企业及个人的故事，传播正能量。一般发布的内容至少需要两名编辑审核，重要内容需三审三校才能投放。

（4）在规范企业新媒体传播行为和管理信息化的同时，注意防止公司内部经营信息和商业机密泄露。在媒体化组织传播过程中，财务数据、员工规模、客户资源、对外服务报价甚至内部邮件、工作群聊天记录等不应当发布到朋友圈或对外公布；以公司或者创始人的名义对媒体公布的"内部信"或"声明"等必须经过公关部门的严格审查，并从公众角度进行反复斟酌；同时，包括公司创始人在内的社交账号的历史消息应设置半年可见或者一年可见，防止因时过境迁而产生不必要的歧义。此外，商业报道不对竞品进行攻击，也不对竞争对手进行人身攻击等。实际上，很多舆情危机均是由于上述问题处理不当引起的。

（5）所有的业务合作尤其是涉及费用结算的流程尽可能规范化，从合同签订到发票明细都要做到有据可查。这是企业媒体化走向独立财务审核的开端，所有人员的原创内容、审核流程、运营情况都要做到数据化，对绩效工资做到按当月具体的奖励原则予以兑现。

第12章

媒体化战略落地框架下的"私域流量三部曲"

自媒体矩阵如何积累用户流量，以及积累起来的流量如何为企业创造价值？在"落地篇"中提到"全域流量=公域流量+私域流量"。实际上，企业当下所掌握的私域流量并非一成不变，而是不断从公域流量中获取并转化而来的，是不断从增量中获得存量并积累存量的过程。

在企业传播数字化升级的道路上，媒体与自媒体业务齐头并进，广告买量实现用户增长与媒体公关做口碑影响力"双管齐下"，品牌传播与 IP 营销"双剑合璧"。因此，企业推动媒体化战略需要公域流量与私域流量两手抓，那么在全域流量的框架下重新理解"私域流量"就显得尤为重要。

所谓"私域流量"，就是指一次获取之后能够反复免费使用的用户流量。虽然私域流量从平台中来，但是不必再给平台交纳一定的"平台税"（流量成本或交易佣金）。因此，从平台模式的角度看，私域流量的本质是"去中心化赋能"与"低成本、高效获取流量"的统一；从商家或创业者的角度看，私域流量的"复用价值"更符合创业者的利益和人性。公域流量和私域流量是相对的，比如任何一个自媒体都渴望在垂直媒体上获得私域流量，垂直媒体又希望在互联网平台上获得私域流量，而互联网平台又需要在其他开发者那里获得新增用户，谁掌握的私域流量多，谁的转化率和复用率就高；从用户的角度看，他们不希望被商家或者平台当作私域流量，用户自由出入各大互联网平台，虽然被互联网上各种产品闭环策略与营销技巧所吸引，但哪里能获利，他们就暂时属于哪里。

从长远来看，由于平台、商家、用户之间的利益并不是对立的，任何一个平台要想培养稳健的、牢固的流量生态，都必须兼顾内容创作者、商家、开发者、流量主等B（Business）端利益。因此，帮助生态合作伙伴更好地获取私域流量，实际上已经成为各大互联网平台的一种产品功能理念。当私域化不再是某一产品独有的特性时，企业就能够在各平台上积累流量并就近获取新增用户，反复多次唤醒"已关注"的老用户消费，这是一种广义上的私域流量。对企业来说，总能在相对的公域流量上找到缩短企业与用户交互距离的"私域流量"。比如，相对于其他图文自媒体账号来说，微信公众号是私域流量；相对于公众号来说，朋友圈是私域流量；相对于朋友圈来说，运营者的微信社群是私域流量。

媒体化战略致力于推动企业传播全过程与互联网平台相互对接、无缝转型升级，抱着这样的初衷，笔者提出了"私域流量三部曲"的转化体系，其中第一部曲是把流量逐步积累至私人微信号；第二部曲是让企业所接触的流量在各个互联网平台就近的小程序转化；第三部曲是构建 App。这三部曲分别代表企业在商业模式的创业期、发展期和成熟期流量落地的主要任务，需要循序渐进地执行，不能操之过急。三个阶段的私域流量合在一起又构成了企业的全域流量地图（见图 12-1）。

第 12 章　媒体化战略落地框架下的"私域流量三部曲"

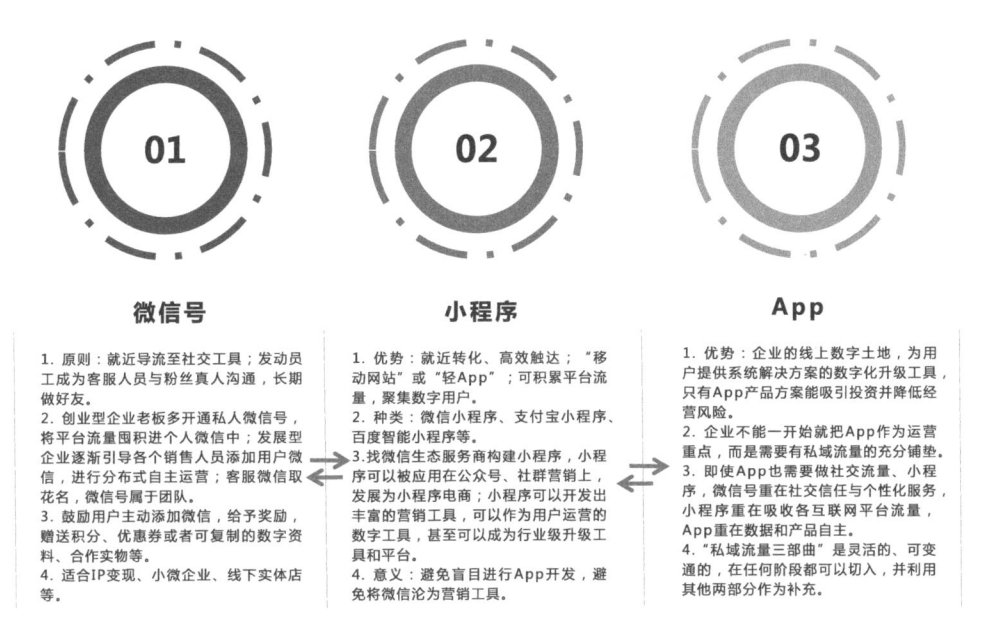

01 微信号
1. 原则：就近导流至社交工具；发动员工成为客服人员与粉丝真人沟通，长期做好友。
2. 创业型企业老板多开通私人微信号，将平台流量积淀进个人微信中；发展型企业逐渐引导各个销售人员添加用户微信，进行分布式自主运营；客服微信取花名，微信号属于团队。
3. 鼓励用户主动添加微信，给予奖励，赠送积分、优惠券或者可复制的数字资料、合作实物等。
4. 适合IP变现、小微企业、线下实体店等。

02 小程序
1. 优势：就近转化、高效触达；"移动网站"或"轻App"；可积累平台流量，聚集数字用户。
2. 种类：微信小程序、支付宝小程序、百度智能小程序等。
3. 找微信生态服务商构建小程序，小程序可以被应用在公众号、社群营销上，发展为小程序电商；小程序可以开发出丰富的用户运营的数字工具，甚至可以成为行业级升级工具和平台。
4. 意义：避免盲目进行App开发，避免将微信沦为营销工具。

03 App
1. 优势：企业的线上数字土地，为用户提供系统解决方案的数字化升级工具，只有App产品方案能吸引投资并降低经营风险。
2. 企业不能一开始就把App作为运营重点，而是需要有私域流量的充分铺垫。
3. 即使App也需要做社交流量、小程序，微信重在社交信任与个性化服务，小程序重在吸收各互联网平台流量，App重在数据和产品自主。
4. "私域流量三部曲"是灵活的、可变通的，在任何阶段都可以切入，并利用其他两部分作为补充。

图 12-1　"私域流量三部曲"概况

12.1　私人微信号是私域运营的基础

一般自媒体 IP 只要坚持输出有价值的内容，数月乃至一年后就能拥有具有一定行业知名度的媒体品牌和 IP 资源，而打造一支专业的媒体内容创作团队能够输出更优质的内容，加速粉丝流量聚集；在创作内容的同时，运营团队需要把用户关系从弱关系、中关系转化为强关系，把潜在用户转化为成交用户，通过内容、媒体的影响"以文会友"。一些自媒体通过输出深度或者有趣的内容已经在用户心目中营造了专业感或专家形象，能够积累一批精准的好友粉丝，为成交创造较好的能量场。如何把媒体影响力转化为私域流量，直接决定了运营者的收入水平。

企业选择私域流量的落脚点主要依据两个原则：一是企业的主要收入来自哪个平台，就使用该平台的社交工具；二是发动员工成为私域流量客服人员，与用户做朋友，做到真人沟通。

当前承载企业私域流量最通用的办法是开通私人微信号,将平台流量囤积进个人社交账号中。其他互联网平台也均有社交沟通和联络工具,比如阿里巴巴的钉钉、字节跳动的企业沟通工具与远程办公软件飞书;微博、快手、小红书、知乎等均可进行私信交流,必要时可通过私信或留微信号方式把铁粉转化为微信好友,企业微信号可以申请作为辅助工具。微信把"私域流量"作为其生态核心优势,在微信场景中,商户与用户之间的沟通成本低,能长期留存用户,为成交创造了前提条件。微信除了有社交关系链,还有图文自媒体(公众号)、短视频自媒体(视频号)、碎片化社媒平台(朋友圈),能够满足媒体从业者执行内容运营、IP 打造、流量推广等多种复合型任务,再加上支付闭环快速帮助创业者变现。一般情况下,主动添加微信好友数量在 1 万人以内,坚持使用私人微信号;一部手机可以开通一个微信主号和一个微信分号同时运行,一般能够解决一个新媒体工作室的生存问题。为了解决私人微信好友数量的限制问题,将私人微信与企业微信关系链进行了打通,企业微信可以设立客户号添加用户私人微信,类似于轻量化的客户管理 SaaS 工具。

笔者建议启动媒体化战略的初创型企业直接利用个人微信号做私域流量运营,目的是吸引用户主动添加微信,并成为企业的精准用户;线上内容营销的过程是丰富自身人格魅力的过程,为最终的成交做好铺垫。直接与用户打交道的人员可以开通专用微信号,并取一个花名作为微信账号名称,该微信号就是企业与用户进行沟通和形成复购的工具,让员工耕耘好自己的"一亩三分地",即微信私域用户;即使该员工离职,接替的人员也依然可以用同样的微信账号名称和微信号继续为用户服务。而一线的服务人员在直接为消费者提供售后服务的同时,还能成为消费者的朋友,最终形成整体复购。这种私域流量分布式的运营让"公司作为 MCN,员工立足于 MCN 平台做自媒体",最终使企业不断发展壮大。

在互联网教育培训行业,获客成本曾经高达 1000~4000 元不等,该成本除包括广告费用外,还包括免费试听课程的费用,而降低获客成本的办法是鼓励老用户进行口

第 12 章 媒体化战略落地框架下的"私域流量三部曲"

碑推荐，再由助教（学管师）跟进服务。例如，好未来（学而思网校）、瓜瓜龙等机构的做法就是鼓励学员与学管师之间添加微信联络，学管师让同一个学员报更多的学科或网课等来增加复购。这些在线教育机构做私域流量运营的步骤大致为：机构先在各大信息流平台投放广告，吸引用户下载 App，领取免费试听课程，并添加学管师的微信；学管师则组建家长社群送课程，所有的课程内容和反馈结果都在其 App 中；学管师在家长社群中群发消息，督促学员完成课程，还与各位家长进行沟通，提升消课率，并且在试听课程之后引导家长进行课程复购，同时鼓励家长进行好友推荐，推荐成功者奖励课程等。私域流量用户的长期复购是在线教育机构追求的目标。

电商平台一直在想方设法提高平台内账户的复购率，其不仅重视本平台的私域流量运营，还在全网投放广告以求增长用户流量。以京东为例，2019 年京东布局微信私域社群运营，其做法是让京东员工批量注册京东客服微信号，通过在朋友圈发布信息获得免费包邮且送日常生活用品进行激励，吸引用户添加微信，但前提是转发海报至朋友圈并分发给十位好友，提供相应的群发截图之后安排发货。接下来，京东客服人员把参与的用户拉进社群中进行拼单，短短数月，这些客服微信号就积累起数量庞大的用户，构成了京喜小程序及 App 的"种子用户"。

由于微信公众号关注者和小程序关注者不能直接与运营者联系，并且互动频次相对有限，其流量依然需要运营者采取进一步的转化、落地动作。比如，用户关注公众号时，公众号消息应提示用户自动添加客服微信号，或者领取"免费赠送的资料"等，但必须由用户主动添加客服私人微信。反观一些创业者没有将私人微信号当作导流落地工具，提前将流量引向了公众号、小程序，从而忽略了私域流量第一部曲的主要任务——降低社交信任门槛。

从上述案例不难看出，私域流量在微信中可以直接成交，也可以结合小程序或者公众号等完成整体服务成交。这种私域流量引流操作性强，流量一次获取可以反复使用，不仅适合广大线上互联网公司和媒体化团队变现，还适合很多线下实体店（比如零售店、商超、便利店等）采用添加店长或经营者的微信的方式来盘活顾客关系。在私域流量的个人微信号和社群中布局得越早，就越能够感受到其中的好处，可以说，私域流量已成为企业"过冬"的选择。

12.2　小程序是平台转化私域流量的工具支撑

所谓的"私域流量"，并不是看产品是否搭建在自己的平台上，而是看运营者离用户是否足够近，是否能够随时低成本、高效地触达用户。

私人微信作为商家与用户直接沟通的触点，尽管能有效地降低社交信任门槛，成为集推广、销售、收款、售后于一体的工具，但依然有不少缺点，比如有好友数量限制；各微信账号的管理归属相对困难，个人微信号产品的最终归属权属于腾讯公司，用户只有使用权；无法有效汇总成交数据并作为真正的 CRM（客户关系管理）软件。

反观小程序，则是企业承载规模更大的私域流量的载体，具体体现在：小程序支持运营者自定义和功能扩展以灵活运用于具体业务中，相当于架设在互联网平台上的"移动网站"或"轻 App"；小程序无须额外进行产品注册，不必担心占用手机内存，用户体验较好；各大互联网平台的小程序能帮助各大媒体化品牌或中小企业摆脱在数字化初期用户流量欠缺、缺乏相应的产品开发力量支撑等困境，让企业提前进入产品设计、运营环节。

当前国内的小程序主要有微信小程序、支付宝小程序、阿里小程序、百度智能小程序等（见图 12-2），小程序的普及推动了企业数字化与产业互联网的进程。例如，腾讯为微信小程序提供了众多丰富的流量入口与技术组件支撑；在新零售领域，支付宝小程序是阿里巴巴新零售合作商户的"品牌轻店"，同时阿里巴巴在各个行业以支付宝小程序为桥梁打通了阿里系产品，支付宝搜索专注于"服务搜索"，为各类生活服务商家、大中小企业小程序充当流量运营路径，成为支付宝做"全球最大的数字生

第 12 章 媒体化战略落地框架下的"私域流量三部曲"

活开放平台"的一大支撑;百度通过智能小程序产品生态打造了为人工智能开放赋能平台的应用终端。此外,今日头条和抖音将小程序作为商家直播带货的网店。

微信小程序

特征:去中心化,在微信中的流量入口多,以微信账号打通企业的产品;作为腾讯进军产业互联网的抓手;打通微信、公众号、视频号、社群等流量。
适合:腾讯系生态产品、中小企业社交电商团队、自媒体IP团队进行知识变现、小程序媒体、独立软件开发商、微生态服务商。

支付宝小程序

特征:中心化与去中心化结合,专注于生活服务行业,以支付宝小程序技术框架为枢纽,打通阿里生态内外包括饿了么、菜鸟、阿里妈妈、高德等渠道的资源和能力,面向小程序商家开放。
适合:品牌商、生活服务类商家和服务商、政务和城市便民服务、工具软件服务、新零售服务商。

百度智能小程序

特征:百度App首页下拉;丰富百度的移动内容和产品生态,百度人工智能智能化能力封装;人工智能能力组件丰富;应用于百度全系产品以及百度广告联盟的生态;开发可以使用微信小程序的代码。
适合:本地商户、商家移动官网、信息流广告落地、移动端工具小程序获取百度搜索流量。

图 12-2　BAT 三大小程序平台

一般企业可以通过开通多家小程序来获取多个互联网平台的公域流量,笔者建议企业选择与业务联系最紧密的平台作为运营侧重点。那么,如何让小程序成为企业数字化经营管理的工具,并能够规模化运营私域流量呢?下面将具体讲解。

1. 如何做小程序冷启动

小程序是运行在平台上的轻量化产品,能够吸收和利用平台中的流量。作为流量变现工具,小程序须聚集点击流量、粉丝流量、社交流量、社群流量、线下产品流量等。具体做法如下:

(1)开发小程序。一般企业可以雇人开发小程序,或者选择微盟、小鹅通等小程序服务商,其源代码可以在微信、支付宝、百度等之间通用,产品逻辑也大体一致。

(2)引导私域流量关注小程序。微信小程序、支付宝小程序、百度智能小程序可分别嵌入相应的订阅号、生活号、百家号中。比如在微信中，企业运营人员可以根据商品特性、地域、人群属性、行业属性、兴趣等维度组建社群，把个人微信中的精准用户聚集在不同的社群中；支付宝小程序可以打通结合手机号的商户会员系统，通过卡券、满减、关注店铺送红包等引导用户收藏小程序；而在百度智能小程序或者支付宝小程序中，企业可以通过直播、营销优惠等方式提升小程序的黏性，通过小程序分享企业商品信息和活动信息。

（3）让小程序成为线上流量、门店流量、商业合作流量的"连接器"，通过小程序的营销工具将粉丝转化为商家的会员，并通过鼓励KOC群主、门店店主、拼团团长等发展推手获取更多的新用户，一般优先选择微信小程序。

2. 如何让小程序成为数字化管理工具

微信小程序、支付宝小程序、百度智能小程序均可作为企业数字化管理的产品载体，并帮助企业充分构建全域流量运营体系。那么，企业如何才能更好地利用小程序的数字化能力呢？

（1）将小程序作为移动电商工具。充分利用小程序的营销功能（如限时限量折扣、积分满减、特价券、代金券、优惠券、拼团等），提升企业获客、引流、转化的能力，提高复购率，而小程序本身就是企业的移动商城。

（2）将小程序作为各平台的用户运营工具和业务落地页。小程序可作为企业在互联网平台投放广告的落地页，也可作为基于移动生态的交易服务平台；在小程序中可以开发一些引导用户转发的营销组件，比如签到有礼、会员权益、推荐有礼、任务卡、积分商城、买家秀等应用功能，不断辅助企业沉淀自有用户池，深层次触达用户，提升用户价值。

（3）将平台模式引入小程序之中，加速本行业内更多商家的转型升级。比如，企业让更多的经销商、品牌商在小程序中设置主页，让 B 端自主参与到各自的小程序中，平台为小程序商家提供知识付费、专题内容、直播带货、网站商城等基础权限，如拼多多、房多多等就属于平台级小程序。

当企业把小程序视为私域流量后，小程序不仅能作为流量聚集和变现的移动产品，在生态服务商如微盟的帮助下，还能让企业小程序打通其智慧门店管理系统、销售管理系统、数字化业务中台数据，成为企业全域数字化营销平台。可以说，小程序在 SaaS 化、云端化、网店化方面比一些不成熟的 App 对企业更实用，未来小程序还会逐渐成为企业重要的数字化基础产品（见图 12-3）。

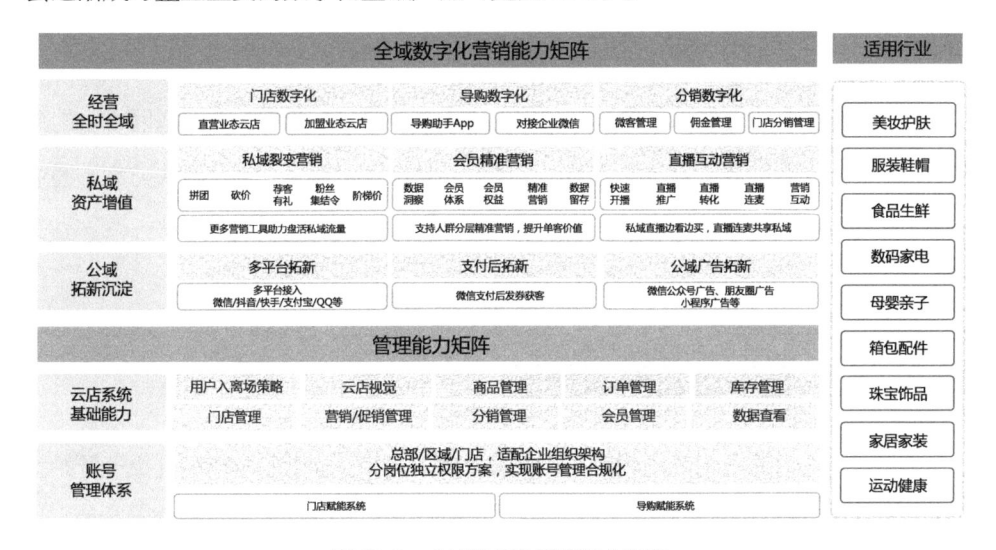

图 12-3　全域数字化营销能力矩阵

3. 小程序在全域流量运营中的意义重大

移动互联网先后经历过"App 开发热"和"个人微信营销热"。在"App 开发热"中，很多企业转型移动互联网的主要途径是自建 App，但由于没有足够的用户、成熟的商业模式和高黏性的业务场景，因此很难打造出一个可商业化的 App 与移动互联网巨头进行竞争。在"个人微信营销热"中，很多人认为私域流量就等于微信号，于是很多传统企业为了找到更好的转化内容流量的出路，只能逐渐"微商化"，而当移动互联网的所有流量都聚集在微信端时，不仅会使微信社交空间过分营销化，还会掏空整个互联网的根基。

前文讲过，媒体化战略重视企业的全域流量，实施全网新媒体平台与自媒体、公域流量与私域流量齐头并进的经营策略，企业本身在各个互联网开放平台上均有相应的媒体化工作部署，如果把流量完全聚集在私人微信号中，其效率是比较低的，而引入各平台的小程序之后就能够更好地兼顾多渠道的流量汇聚和转化，因为小程序不仅能帮助企业就近把公域流量转化为成交的私域流量，它还是企业数字化经营的工具，这是微信号社交工具所无法企及的。

企业可充分利用互联网平台均有各自的小程序的特点，集合各个互联网平台的数据和用户流量，开发属于自己的App，提供产品功能测试服务和系统解决方案，通过培养用户使用公司的小程序逐渐迁移至自己的App也就顺理成章了。

12.3　App 私域运营厚积薄发

如果没有个人微信号和小程序中的流量作为基础，企业数字化转型升级一开始就构建App往往很难找到并留住用户，再加上App开发运营成本高、难度大，如今移动互联网App的每一条赛道头部化则意味着其他同类App失败退场。

作为开发者在互联网世界中开辟的"数字土地"，App能最大限度地提高项目商业模式的潜力，并为用户提供系统的解决方案。那么，企业如何才能提升App的存活率呢？笔者认为，尽管App不能成为项目启动期的运营重点，但它却是每一个项目的最终载体，需要有私域流量前两部曲作为运营的基础。具体原因如下：

（1）只有App才是完全的私域流量，其经营管理受其他互联网平台的影响相对较

第 12 章　媒体化战略落地框架下的"私域流量三部曲"

小,能够降低经营风险。微信之所以被当作私域流量载体,是因为微信对公众号运营者和微商的收入没有抽佣;小程序之所以被看作私域流量,是因为它处在互联网超级 App 产品生态培育期,未来是否抽佣并不确定。

(2)当前做微信号流量或小程序流量运营缺乏一个整体的产品来聚集所有的流量,该产品将成为企业传播和品牌营销的落脚点。很多企业 App 失败率高的根本原因是流量获取难度相对较大,用户流量无法场景化;而当企业的私域流量前两部曲运营已经相对成熟,社交流量通过 IP 汇聚在私人微信号中,小程序聚集了各个平台的流量后,此时企业传播以及业务数字化准备相对充分,推出 App 就不再只是验证创始人的设想了;在企业媒体化战略布局的推动下,积累了足够的流量资源,App 运营的成功率会大大增加。可以说,"私域流量三部曲"为 App 带来了生机。

(3)企业布局 App 能够在产品功能自定义、公有云数据存储等基础方面实现自控,能够根据业务需求对产品进行迭代升级,并保证其用户数据和商品数据成为企业自身的无形资产,实现精细化运营,最大限度地承载商业模式的想象力。

尽管 App 已经过了开发风口,但对企业而言,如果 App 能够真正服务于用户,并且得到用户认可,那么它作为企业的私域流量是顺理成章的,并不需要担心受其他平台产品改动的影响,是企业真正意义上的私域流量。而企业在其业务模式走顺并积累了大量的忠诚用户后,上线 App 可在运营上提升一定的用户门槛,以便更好地服务于用户,比如通过为用户提供更高阶的服务产品鼓励用户交纳会员费等形式,帮助企业获得一定的收入。此外,基于 App 打通企业业务流程,能帮助企业在线上接纳并深度服务于更多的合作伙伴,最终提升企业发展规模与数字化水平。

如果企业没有私域流量,那么企业传播付出的努力将是空中楼阁;如果没有善用"私域流量三部曲",那么很多费用也将无法花在刀刃上。比如有些企业投入了很多广告费用做推广,但预算却一直在逐年增加;企业每年花巨额费用做公关,但依然缺乏自媒体矩阵和流量 IP,如果停止对外媒体公关投放,则其影响力就会迅速下降。如果企业没有做好"私域流量三部曲"的运营，那么就无法统筹多方面的流量并进行有效的内部循环。

当然，社交平台→小程序→App——"私域流量三部曲"的应用是灵活的，企业不可偏废。很多企业在运营私域流量时主要存在的问题是没有做好足够的铺垫力争获得用户认同，或者三者之间衔接不紧密，比如有的小微企业只做私域微信号运营，一直苦于没有办法为更多的用户提供规模化服务；有的小程序与App却苦于捉摸不透用户，没有充分了解用户，只能不断用补贴刺激用户购买。"私域流量三部曲"为企业进行流量运营提供了路线图，可以预见的是，未来企业都会找到属于自己的沟通账号、小程序、App作为三条并列及相互补充的私域流量承载和运营通路，这样就可以最大程度地充分利用互联网平台的公域流量，将更多的公域流量不断转化为私域流量，为用户提供更有价值的产品和服务。

12.4　S2b2c 模式与媒体化相结合是私域流量运营的趋势

私域流量的信任门槛低、交易成本低，企业运营私域流量能点对点地服务于消费者，经营分配机制更灵活，这使得私域流量不仅关系到企业传播效果，同时也是企业电商运营的关键。

一般企业做自媒体以及媒体化是为了积累线上的品牌资产，逐渐摆脱对互联网流量渠道的过度依赖。很多企业建设了一堆媒体矩阵，但在用户接触和转化方面却寸步难行，导致媒体化工作部署有名无实，形同虚设。只有当企业真正做好App、小程序、媒体化账号、用于用户管理的私人微信号的运营时，才能形成系统的流量变现方法论，并逐步依靠专业工具实现自身业务从成交到供应链全流程的数字化。这代表着企业经营的刚需和发展方向。

第 12 章　媒体化战略落地框架下的"私域流量三部曲"

1. 如何依靠 S2b2c 模式解决私域电商存在的痛点

相对于大品牌、大企业倾向于选择中心化电商平台，很多中小企业倾向于选择能够囤积私域流量的去中心化平台，平台上有众多"生态服务商"帮助企业客户掌握数据自主权与运营方法论，让去中心化的生态平台更接地气，既能激活行业中的个体力量，又能让企业降本增效、提高收入。

但是"私域电商"或者小程序电商还没有完全爆发，究其原因，主要在于很多企业在私域流量运营过程中普遍存在以下痛点：

（1）很多企业以为做私域流量就是做微商，要么放不下姿态，要么不懂做内容营销，比如如何让员工优雅地"刷屏"。

（2）很多企业没有掌握社群聚人的方法，一开始发红包、发购物链接很积极，但做了一段时间后，社群里的粉丝就不再活跃了。

（3）做私域流量要有一定的粉丝量，没有任何出镜经验和自媒体内容积累就盲目地做直播和短视频，没有了解各个平台的媒介特点就进行内容输出。

（4）想入局做私域流量，但是担心没货源，而有货源的品牌商和企业不想找网红直播，但又找不到更多的分销商带货。

（5）把个人微信号当作私域流量主场，流量聚集缓慢，业务量不够稳定，企业微信又没有打通朋友圈。

（6）致力于推广和拉新，却忽视了老客户重购，在如何把不同品类的商品卖给同一个客户上欠缺功力。

要想解决私域电商存在的一些痛点，需要私域流量运营平台，而真正的私域流量运营平台需要具备以下优势：

（1）平台不向用户刷存在感、不自营，而是专注于成为私域流量赋能者。

（2）平台为品牌商提供线上销售场景，帮助小商家搭建线上网店作为专属销售工具，除购买工具需要支付的年费外，无交易佣金。

（3）平台拥有全数据链路的精细化会员管理技术和工具做支撑，能针对线下门店转型做线上渠道、导购员管理等定制 SaaS 工具。

（4）充分保证信息流、资金流、用户流、商品流的畅通，能展销、能带货、有分佣、有闭环。

这种私域流量运营平台既能聚集更多参与者打通消费端，又能吸引更多的品牌商打通供给端，扮演两端之间的"服务者"和双向信任背书角色，这就是 S2b2c 模式（本书 3.1 节中讲解了互联网行业中免"平台税"的 S2b2c 模式）。该模式的核心是鼓励企业、店主、企业客户、经纪公司、自媒体、流量主等做私域流量，平台负责为经营主、新个体户提供技术解决方案，以去中心化流量平台和完善的 SaaS 技术解决方案吸引越来越多的企业入驻，并为企业在供应链、SaaS 工具、运营能力、数据赋能、合法合规、推广等方面提供一站式平台级解决方案。

S2b2c 模式的公司作为平台上的生态服务商或者软件系统服务商，其生产的产品能够帮助商家获取和管理私域流量工具，从而真正惠及广大创业型企业。比如房多多给予线下经纪门店一些权限，让员工经营属于自己的私域流量"名片"或"网店"，让他们成为店主，激活自己的社交流量资源，并按照业绩获得收入；微盟直播是集成了直播带货、会员营销等功能的小程序平台，能帮助其他企业小程序一起联动做直播，让私域流量来自品牌、服务于品牌；小鹅通是为个人商户及企业提供知识产品和用户服务的数字化工具解决商，根据吴晓波频道联合小鹅通发布的《企业用户服务数字化白皮书》显示，截至 2021 年 1 月，小鹅通累计覆盖超 6.8 亿个终端用户，所服务的行业覆盖 136 个细分垂直领域，B 端注册客户数量达 130 万人，客户总流水达 110 亿

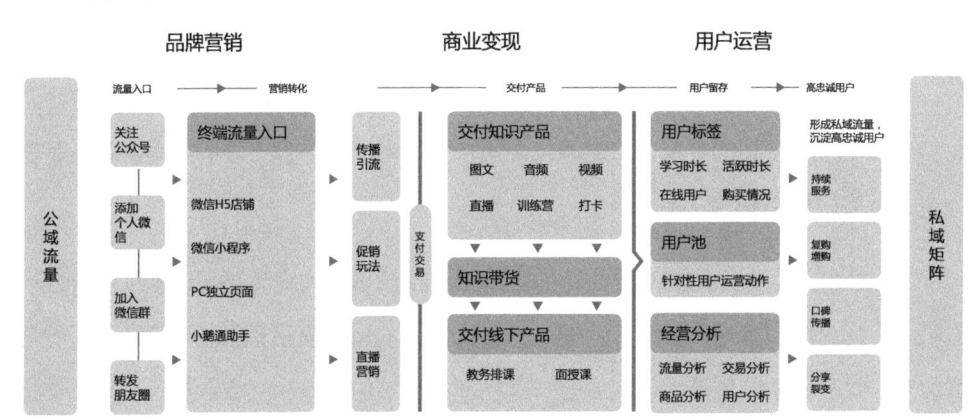

元（小鹅通产品能力闭环如图 12-4 所示）。

图 12-4　小鹅通产品能力闭环

2. 如何将私域流量赋能平台与媒体化战略深度融合

S2b2c 模式与媒体化布局的共同特点是都从企业长远着手，致力于企业的业务数字化升级，并且重视对流量的深度运营。二者可以做如下结合：

（1）公司全员踏实地做私域流量，公司是商户私域流量经营者，员工是服务者。一般餐饮店、便利店、快递店等个体工商户均可以添加客户的微信，而辅导机构主要是添加家长及学生的微信，每一个行业均可以构建自己的私域流量；当所有员工的私人微信号业务流量积累到一定程度时，就可以找一些小程序服务商如微盟、小鹅通等开设私域小程序网店，只有生存下来才是王道。

（2）充分利用互联网内容平台流量开放性的特点，优选员工转型做自媒体，输出有价值的内容。目前互联网媒体准入门槛相对较低，即使不会写文章或者拍短视频，也可以开设网店做直播，直播功能已经成为各大商城或者流量平台的标配。比如一些主打销售业务的团队，如汽车 4S 店、教育培训机构或线上网课销售团队、理财保险团队、驾校、医疗保健或医疗器械销售团队等，均可以把员工包装成"老师"，组织起来做自媒体，公司转型为 MCN 机构批量孵化网红；有专人负责内容输出、拍摄、剪辑、分发，将相关账号做成矩阵相互导流卖干货内容，在坚持原有业务不变的前提下，通过线上内容来转化有效粉丝和付费用户，做业务增量。在某种程度上，中小企业与 S2b2c 平台之间的关系，与媒体化公司和互联网内容平台之间的关系类似，都符合企业发展的根本利益。

（3）社群是企业媒体或者自媒体内容的第一批读者或内容参与者，重视社群变现力量。比如偏电商销售的社群，主要是鼓励店主及流量主拿货销售，鼓励 KOC 做社群裂变，并基于私域流量平台在后台一键梳理出清晰的销售和回款数据。一般社群运营前三天是黄金窗口期，要提前做好社群的定位，准备好品牌故事、比价图等内容；各个门店的导购员要充分利用朋友圈引流，并在社群中持续提供有温度的服务，保证让所有参与私域流量的人都成为受益者。再如教育培训类社群，主要是鼓励有潜在购买意向的家长交费，鼓励学生用短视频进行自我介绍，通过免费试听课程增加互动训练环节，从而制造交费和续费的氛围。当然，在社群中也可以引导学生上交作品，鼓励有才艺特长的学生进行线上展示，学生积极参与可以获得积分和奖品等；设置报名优惠截止时间。

总之，私域流量运营平台是企业流量顺利落地的保障，也直接决定了企业数字化转型升级的成果。当然，私域流量生态的健康程度以及开放程度，本身又取决于互联网平台巨头能够照顾广大企业的根本利益，赋能更多企业迎接内容传播媒体化、流量运营全域化、业务管理数字化。

第 13 章

向优秀互联网巨头学习媒体化布局

媒体化战略成熟的标志是企业找到了数字传播的窍门,而处于媒体化发展高级阶段的企业已构建起活跃的流量生态,吸引其他内容创作者、企业在其平台上源源不断地产出内容,从而壮大自身的数字媒体实力,不断提升企业市值。当前互联网行业的主要流量集中在腾讯、阿里巴巴、百度、字节跳动四大互联网平台,在企业传播业务数字化转型、媒体化战略方面我们能获得哪些启示呢?

13.1 "BBAT"的媒体版图

移动互联网的 BAT 有两种意思:一是指百度、阿里巴巴、腾讯;二是指字节跳动、阿里巴巴、腾讯。两种含义中,"B"从指代百度(Baidu)替换为字节跳动(Bytedance),作为 2015 年之后的"移动互联网三巨头"格局,也代表了一些人的看法,考虑到百度在搜索和人工智能技术与应用领域仍处于领先地位,笔者将这四大巨头称为"BBAT"。除四大巨头之外,其他互联网公司绝大多数缺乏持续的自生流量基地和丰富的产品矩阵,或者处于四大巨头的头部产品的影响之下,这使得移动互联网格局具有一定的稳定性。

1. 字节跳动的媒体化布局

字节跳动实际上是抓住了百度从搜索引擎向算法引擎过渡时期，以及腾讯在短视频领域布局薄弱而快速崛起的。可以说，字节跳动是媒体化变迁风口中最大的赢家，其媒体化特征是这四大巨头之中最明显的。

字节跳动的主打产品主要包括今日头条（含微头条）、抖音短视频、火山小视频（已合并至"抖音火山版"）、西瓜视频、懂车帝、皮皮虾、头条搜索等媒体型内容产品，并以剪映、Faceu 激萌、轻颜相机、飞书等工具型产品为辅。此外，字节跳动还收购了幕布、朝夕日历、锤子科技等团队，组建了大力教育作为相对独立运营的业务板块。

字节跳动的产品布局逻辑清晰，以 UGC 平台为主打，所有内容均以用户的头条号账号打通数据流，并将今日头条发展成"富媒体"终端，在移动内容、产品生态丰富度上与其他资讯端形成本质区别。当用户的账号沉淀日益丰富时，就可以提升为用户推送内容的精准度与用户沉浸时长，确保广告商业模式落地，而字节跳动的工具型产品主要是为主产品生态参与者进行协作而存在的。

在国内字节跳动本身已成为各大媒体型产品的"鲶鱼"，比如头条号弥补了公众号订阅制、粉丝积累相对缓慢、"马太效应"特征的不足，率先向优质自媒体伸出橄榄枝；微头条对标微博，将 UGC 作为头条号的补充，并使得平台向了解用户的兴趣图谱从而精准推送提升了一大步；火山小视频下沉市场对标快手；抖音短视频是流量仅次于微信、支付宝、手机 QQ 的现象级应用，成为短视频和直播领域头部平台；西瓜视频打破了爱奇艺、优酷、腾讯以精品影视剧为主的网络视频模式，以网友自创短视频内容为主，更适合移动端碎片化的播放场景；懂车帝对标易车、汽车之家等；皮皮虾对标贴吧、天涯等 PC 社区；大力教育整合了瓜瓜龙、清北网校、你拍一、GOGOKID 等互联网教育项目，其客户基本来自字节跳动流量体系。

不难看出，字节跳动的产品虽多，但流量叠加、协同效益强，其技术中台有效降低了 App 开发和运维成本，使得头条系版图和实力大增，依然充满巨大潜力。

与其他很多互联网产品不一样的是，字节跳动还是近年来海外布局最成功的国内互联网公司。TikTok 是 2020 年全球多个国家下载量涨幅最高的应用，并成为全球互联网策源地美国市场上年轻人最喜欢的应用。TikTok 通过机器学习用户的兴趣，然后为用户推荐其感兴趣的热门内容，并辅助用户以订阅内容创作者推行内容的模式，在这种内容生态之中实现内容创作者直播收入正循环。从长远来看，这种"信息找人"模式相对于传统媒体通过编辑团队筛选内容，或者用户主动获取所需的内容，是一种全新、高阶的媒体技术形态，具备冲破传统互联网巨头把持话语权的潜能。此外，TopBuzz 成为越来越多国家通过自媒体形式了解中国、越来越多海外华人传播异域文化的重要媒介。

以前很多创业者都担心腾讯进入自己所处的行业，现在轮到担心字节跳动了。事实上，在短视频领域，字节跳动比腾讯、快手、美拍等起步均晚，可见其团队的学习能力和运营能力相当卓越。而在很多方面，比如云计算、SaaS 服务等方面，字节跳动的优势相对还不明显，说到底，字节跳动还是一家纯粹的互联网公司。

2. 百度的媒体化布局

目前搜索引擎依然是互联网基础服务产品，其使用量并不比 PC 时代少。由于信息载体已经从网页转移至 App，搜索作为信息获取入口的价值受到了削弱。不过，搜索是人为主动发起获取信息需求的，相应的关键词搜索广告也较为精准，从近年来百度的财报数据显示来看，百度的广告收入基本盘并没有受到冲击。

搜索业务与媒体业务之间是相互促进的关系，之所以百度在国内领先于搜狗搜索、360 搜索、神马搜索、Bing 搜索等竞争对手，除与百度本身沉淀的技术能力有关外，还与百度在 PC 时代的产品运营能力有关。百度优先向用户推荐百度百科、百度知道、百度贴吧、百度新闻、百度文库、百度经验、百度视频、百度百家等内容矩阵，其投资孵化的爱奇艺至今仍是流量最大的网络视频平台。以上这些都是百度媒体化的拳头产品。此外，百度还运营母婴类社区"宝宝知道"、财经媒体"康波财经"，还投资了知乎、快手等互联网内容平台。

百度在从搜索引擎向人工智能转型的过程中，曾因存量网页过多拖慢了转型进程，直到 2016 年才下决心将百度搜索移动版升级为百度 App，投入巨额补贴吸引自媒体入驻百家号，重建移动内容生态和智能小程序生态，并在百度 App 首页开放流量结合"搜索引擎"与"算法引擎"，"人找信息"与"信息找人"双管齐下。在短视频平台争夺资讯端流量的潮流中，百度 App 孵化的"好看视频"以短视频类自媒体为主，结合自身的爱奇艺内容资源，迅速成为国内宽屏 PGC 中视频平台流量的重镇。

在人工智能落地方面，百度是国内互联网公司中对人工智能投入最大的科技公司之一。自动驾驶完全投入商用的周期相对较长，在人工智能领域依然是智能语音技术、信息流、智能硬件以及 IoT 产品相对率先落地，百度将自身智能语音技术开源化，让许多智能音箱产品可以接入 DuerOS，以方便用户获取到百度的内容和网络资源，并将智能小程序与信息流相结合在百度首页进行推荐，这使得资讯端在内容沉浸性方面开始逐渐发力并解决了小程序本身的流量开源难题。在数字媒介的应用场景中，百度依然具备优势，比如有屏百度智能音箱、百度智能车载系统 Carlife，以及百度自动驾驶系统 Apollo 与更多新能源汽车厂商开放合作并宣布加入造车新势力[1]，在车载终端屏幕内容生态方面百度的技术和平台优势依然明显。

---

1 造车新势力：主要指以产品智能化、驱动电动化、驾驶自动化为创新特征的新能源汽车创业潮，汽车成为智能互联网的新的移动终端。

3. 阿里巴巴的媒体化布局

在企业营销方面，阿里巴巴是国内几乎不做广告，却对公关业务投入巨大的大型企业集团。阿里巴巴一直是平台模式和企业业务数字化转型升级的代表，创始人马云是互联网流量 IP 和商界领袖。阿里巴巴高度重视平台内流量运营，在媒体化布局方面先知先觉，与其主营业务形成了较好的配合。

在企业内部传播方面，阿里巴巴的媒体化布局体现在：

（1）内网。阿里巴巴的每个在职员工都有自己的工号和参与内网讨论的权限，员工上班后登录公司内网，可以查阅相关文件、高管动态以及相应板块下的员工留言和讨论。值得一提的是，蚂蚁集团员工也可以在内网进行同步交流。可以说，内网就相当于传统企业的内刊，但其又带有互联网社区互动的特性，内网成为一个相对平等沟通、倾听业务心声与反馈的平台。内网消息有一定的行业新闻价值，公关部门可以选择将确定内容发布给媒体或自媒体。另外，类似于华为心声的社区也有一部分是对游客开放的，它们都重视内部交流渠道对公司人事管理的重要性。

（2）淘宝大学作为内部培训课堂，由公司内部的资深员工担任老师，面向广大淘宝店主、企业客户等进行网络营销课程设计和培训，淘宝大学还是淘宝联盟的重要组织者与宣传者。

（3）阿里云收购了域名门户网站"万网"之后，逐渐展示出其媒体属性，不仅面向企业宣讲不同的应用产品，还专门推出了云计算领域的年度峰会——云栖峰会。阿里云网站自带媒体属性，发布"云栖号"邀请技术大牛以及企业入驻并发布内容。

（4）为了方便商家在平台上做营销，阿里巴巴推出了"千牛号"，鼓励商家在千牛平台发布商品推广内容。

（5）2015 年淘宝引入了社区，加大了对商家内容的扶持力度，微淘、淘宝直播应运而生，其中淘宝直播独立于 App 运营，目前已经成为商家进行商品推广的标配手段之一（在本书 9.3 节中有详细介绍）。

（6）阿里巴巴的各个投资及控股公司作为子公司独立运营，其新媒体和自媒体矩阵号在微博、公众号、头条号中均有开通，甚至阿里巴巴集团及分公司高管均有个人认证的微博、头条号用于发布资讯。可以说，阿里巴巴媒体化在员工内部已经相当成熟。

在媒体化外部布局方面，阿里巴巴以参股或者控股方式搭建起自身的版图，并刻意淡化阿里巴巴作为投资方的影响以保证媒体特征。

（1）"天下网商"是阿里系主导的第一家独立面对外部的电商垂直媒体，集中报道电商行业资讯。由于阿里系本身就是最大的电商平台，因此"天下网商"（含网站和杂志）依然带有较强的阿里企业文化烙印，是阿里巴巴媒体化运作初期的成果。

（2）微博本身是中国网络舆论场。阿里巴巴在 2014 年上市前后，通过其全资子公司参股微博，2020 年其持股比例为 30%、投票权为 15.8%。互联网公司投资社媒平台并不少见，知乎也曾先后接受腾讯、百度、快手等互联网公司的投资，但是这种投资行为也被视为这些社媒平台的"站队"，可能在股东遇到舆情危机时保留干预的权限。

（3）原 UC 团队被阿里巴巴收购之后，UC 经历了从浏览器到内容信息流平台的转型，并向自媒体开放注册 UC 号，后来升级为"大鱼号"。"大鱼号"本身的相关资讯在淘宝、支付宝等 App 内均可搜索到，是商家进行内容营销的储备场地。

（4）在网络视频领域，阿里巴巴战略投资了优酷和土豆网；在大文娱领域，阿里巴巴还有阿里影业、阿里文学、来疯直播等。

（5）在商业媒体方面，阿里巴巴战略投资了《商业评论》、博雅天下；在科技媒体领域，阿里巴巴通过旗下子公司投资了 36Kr、猎云网等多家头部新媒体公司，其中有部分媒体希望保持独立,因此在后续融资中阿里巴巴逐渐退出;在财经领域,阿里巴巴收购了《第一财经》,蚂蚁集团曾战略投资《财新》;在新闻领域,阿里巴巴联合媒体创办了《无界新闻》、与四川日报集团联合成立了"封面传媒"。此外,在海外媒体方面,阿里巴巴收购了《南华早报》等。

4. 腾讯的媒体化布局

互联网数字内容是腾讯的主干业务,也是腾讯核心的社交产品的流量"护城河",而依靠社交关系链与内容生态的强黏性组合,腾讯在泛流量领域长期稳坐中国互联网行业的"头把交椅"。具体体现如下:

(1)微信本身就是国内用户量最大、日活率最高、自媒体活跃度最强的平台,公众号开创了"人人都是自媒体"时代的先河,朋友圈则成为流量消耗场地。由于公众号采用订阅制,关注者基本上属于相对精准的粉丝,其变现价值相对比较高,这使得它成为图文自媒体的主场。作为去中心化的内容生态,公众号账号呈现垂直内容细分化、头部自媒体公司化、原创账号小而散等多元化特征。

(2)腾讯内部自媒体 UGC 平台还有企鹅号、QQ 看点。由于腾讯本身的不同业务保留了团队竞争、内部赛马的传统,一些数据并未完全打通,公众号与 QQ 号各自在微信、手机 QQ 体系内流通,而企鹅号主要是在腾讯新闻、天天快报、QQ 浏览器等渠道流通。

(3)腾讯网曾是四大门户网站之一,在门户时代就在各大垂直板块以及各地建有新闻站,在向移动端转型时逐渐以腾讯新闻 App 为主,腾讯新闻、天天快报依然是国内与今日头条、百度 App 并驾齐驱的综合类新闻资讯端。而腾讯网分板块运营,腾讯公司旗下有很多原创公众号,作为腾讯新闻的生产内容单元,其内容获得了腾讯内外媒体的推荐,其中腾讯科技、腾讯财经、腾讯房产、腾讯汽车等在业内较为知名,其影响力一度可与专业垂直类媒体媲美。国内有不少知名自媒体是从腾讯系走出来创业的，也有不少其他领域的优秀媒体人加入腾讯媒体成为业务骨干。腾讯一直比较重视媒体，经常与媒体举行一些峰会和活动。从内容运营上看，腾讯新闻是试图以编辑推荐、媒体人出品精品内容与国内信息流算法媒体直面竞争的代表。

（4）腾讯是一家对各种新媒体内容形态均有战略布局意识的集团企业，其中内容平台型产品往往是腾讯投资的重点，比如在游戏直播平台、网络视频平台、短视频平台等领域，腾讯均有布局，如哔哩哔哩、喜马拉雅、知乎、小红书等，腾讯均有战略投资；在新闻媒体投资领域，腾讯投资了梨视频、趣头条等；在垂直媒体领域，腾讯投资了老虎证券、并购易车网等；在网络 IP 方面，腾讯收购了阅文集团，为腾讯大文娱储备 IP 资源和网络文学流量。

此外，通过对流量生态的多层布局和对内容 IP 资源的掌握，腾讯被外界称为互联网行业中的"迪士尼"。腾讯的一手流量布局、一手资本发展战略力求成为互联网应用的"水电煤"，从媒体化视角解读腾讯业务就可见一斑。

13.2 算法媒体是互联网发展的高级阶段

媒体大致呈现出两种发展趋向：一是数字媒体逐渐融合并超越传统媒体；二是以兴趣引擎为切入口的算法型新媒体，逐渐超越门户媒体的编排和搜索模式。而这不仅仅是媒体行业的变化，反映在信息分发领域以及整个互联网行业产品迭代面貌方面，媒体化逻辑与很多商业的平台化逻辑非常像。接下来予以解读。

1. 媒体变迁的逻辑

随着内容表达门槛的不断降低，在传统媒体中有记者、编辑、审稿人员、设计师、首席观察员、主编、总编等分工明确的完整建制来负责内容生产；在门户媒体时期已经开始以采编为主、团队内容原创为辅，以充分调动互联网人群的创作热情为己任，并为互联网站点、博客、微博等进行导流；而到了算法媒体，互联网平台主营业务已经成为内容品类搭建者、信息分发技术的引擎，以及各个品类的流量分配者。无论是传统媒体、门户媒体还是算法媒体，人们最看重的还是平台上内容原创者的专业能力。

抓住了调动互联网人群创作和参与的热情，不断将表达平民化、平等化，也就抓住了互联网媒体演变的主线，这也是企业能够投身于媒体化实践并成为其中重要力量的背景。

从传统媒体到门户媒体再到算法媒体，媒体本身的"自营"或"自创"比重在逐步降低，稿源量越来越庞大，受众范围也越来越广，用户对内容的获取，以及对观点、情绪、视角的获取不再受新闻编辑人为支配，信息呈现从"千人一面"到"千人千面"；内容主流逐渐从OGC（职业生产内容）到PGC（专业生产内容）再到UGC（用户生产内容），原创者从关心职业工资、稿酬到关注粉丝量、知名度和流量变现；企业对媒体的广告投入也逐渐从面向单一的媒体到面向多种多样的内容生产者；各种媒介形式从分属于不同的专业门类逐渐走向融合化、混合化趋势；数字媒体平台本身是互联网流量平台，已经从人员把关筛选内容的编排模式转变为通过技术按照规则和机器深度学习进行智能审核为主、人员审核推荐为辅。

2. 算法媒体是媒体发展的更高阶段

从传统媒体的宣发模式，到门户媒体的搜索引擎模式，再到算法媒体的去中心化订阅模式和以兴趣引擎为主（算法媒体分为社交算法媒体和兴趣引擎算法媒体，它们均以用户数据为基础分发信息），媒体的核心竞争力是对信息分发效率的较量，即谁能够把内容尽可能低成本、快速、精准地分配给用户，谁就能胜出。

以传统媒体与门户媒体模式为例，尽管它们组建了精干的原创团队，也邀请了自媒体入驻吸收稿件，同时对自媒体的内容进行审核、把关，并且往往每个内容门类都会选一位责编负责，但是却很难真正超越"人为干预"内容的"桎梏"。在移动端为内容创作者构建起流量生态，为广大企业提供多元的媒体化经营方式的，当属微信和今日头条这两个全媒体 App。关于微信对媒体圈和自媒体的吸引力，这里不再赘述。

以今日头条为例，所有自媒体、内容生产者均可入驻，今日头条帮助自媒体获取流量、与读者接触、获取粉丝，其目标是让信息找到合适的人，然后再从 UGC 信息中根据用户的反馈热度筛选出精品。但是机器如何识别内容的质量并做精准的分发呢？今日头条并没有采用人工审阅的标准，而是根据各个头条号的运营指数（包括账号的原创度、活跃度、评论、点赞率、阅读完成度、停留时间等）给予信息推荐权重；同时充分尊重用户的阅读和关注行为，比如某一用户在某一账号停留的时间长、次数多且参与度高，当机器识别到之后，就会把该账号发布的内容优先推荐给该用户；而其他用户有可能与该用户有着同样的兴趣图谱，其数据指标相关度比较高，系统也会把该用户所看到的内容推荐给具有相关兴趣图谱的用户，逐渐在用户与用户之间形成一种类似于"找信息的合作伙伴"的关系，把这些用户聚集在一起，针对同样的内容做评论和分发，就给内容带来了流量。

用户在今日头条中获得的内容越多、参与的时间越长，机器就越能获取到相关的兴趣标签，从而及时推荐类似的信息；用户也会主动去关注更多的自媒体或意见领袖，今日头条 App 会优先呈现用户已关注的自媒体发布的内容，以提升自媒体的用户黏性；如果用户所关注的人经常与其他账号进行互动，或者同时关注该账号的用户兴趣相关度较高，那么机器也会把互动密切的好友感兴趣的内容相互分配。这是今日头条分发内容越来越精准的主要原因之一，用户的阅读品类及信息获取度之间的差异取决于其所关注的人或接触的圈子的信息量。

今日头条将内容分发逻辑完整地应用在西瓜视频、抖音等短视频领域，抖音在短短几年内突飞猛进正是源于此。抖音及 TikTok 已成为全球范围内最受关注的新型媒体产品，这是上述信息分发技术突破的重新演绎和验证。

而传统媒体很难做到字节跳动那样的规模，很多传统媒体所思考的是如何注册和运营一个公众号，或者在今日头条、抖音中运营头条号、抖音号，并以自身内容得到平台的加权推荐，它们本身并不具备类似于腾讯、字节跳动这样的流量生态构建能力。尽管微信、字节跳动在流量分发的逻辑上有所差别（比如微信依赖社交关系链和运营者的内容传播力，字节跳动依赖算法进行内容分发），但是它们都在做大开放的流量生态，为不同的内容生态提供更加丰富的数字化媒介表达方式，在广告联盟与常规的商业模式方面都有一定的相似之处，都属于媒体发展的高级阶段。

3. 兴趣引擎+关注推荐的算法媒体已在互联网行业中被广泛应用

以兴趣引擎为分发机制的算法媒体和以社交关系链为分发机制的社交媒体，二者一度各执一端，但是又在尝试不断地学习借鉴，未来互联网内容平台的发展将会结合这两种信息分发模式，更深度地推进媒体化生态环境，给互联网内容运营和用户运营带来巨大的变化。

由于社交关系链腾讯产品相对牢靠，人们对新社交工具的选择比较谨慎，因此算法推荐成为各个互联网平台的学习目标，例如，搜索引擎百度、谷歌等工具栏上的搜索框都加入了信息流内容部分；类似于知乎、小红书、喜马拉雅等产品逐步摆脱了门户编辑模式或者纯关注推荐模式，根据用户数据推荐潜在感兴趣的内容和自媒体账号，对平台内流量进行了重新分配。

值得注意的是，信息分发机制的演进过程与零售发展阶段有着直接对应关系。在零售 1.0 阶段，企业市场以线下渠道如连锁超市、便利店、专卖店和商场等为主，主要依靠传统媒体的电视广告、报纸广告及线下卖场促销海报等媒介形态；在零售 2.0

阶段，企业市场逐渐开始线上化，诞生了淘宝、京东等电子商城，主要媒介投放手段为搜索引擎广告、网页广告等；而在零售 3.0 阶段，以往按照品类/类目经营并强调搜索引擎导流的电商平台在移动端基本以用户兴趣图谱推荐为主，主要媒介投放手段则以信息流广告、直播网红带货、UGC 用户种草、自媒体 KOL 推荐等为主。

这背后的商品信息分发、营销信息分发与媒体内容信息分发机制是一致的，这也决定了企业媒体化本身与电商、营销业务密不可分、相辅相成。例如，阿里巴巴在 PC 端和移动端的商品信息分发逻辑基本与互联网内容分发逻辑完全对应。在 PC 端，阿里巴巴吸引不同的商户如同一行业内的大品牌商家、中小微商户入驻淘宝商城，要使具有不同消费需求、能力的用户找到自己所需要的商品，主要依赖淘宝搜索进行精准导流。而移动端迅速占据电商主场，90%的成交额来自手机端，那么，阿里巴巴电商用户是如何获取到自己想要的商品的呢？答案是阿里巴巴通过用户大数据和兴趣引擎推荐商品，比如根据用户以往消费的数据、支付宝的芝麻信用积分、花呗使用情况、经常逛的店铺、物流接受的商品类别、菜鸟驿站信息等，大体能够判断出消费者的消费能力及潜在消费需求；而且，阿里巴巴体系的所有产品均可以通过淘宝账户或支付宝账户打通，这使得阿里巴巴掌握了比较完整的消费者画像体系，从而做出精准的商品推荐。

算法媒体和社交媒体的定位是做好流量平台，为媒体、自媒体创造良好的舞台，一家内容与另一家内容之间，以及媒体与自媒体之间没有明显的竞争关系，它们有较强的包容性；而在零售层面平台是否自营的差距会极大，比如阿里巴巴与京东等电商平台的区别是，阿里巴巴与商户之间没有自营层面的竞争关系，商户们在阿里巴巴电商生态中争夺客流量，平台支持广告买量甩开其他竞争对手，阿里巴巴能通过商家竞争的营销广告费用来盈利。阿里巴巴不做电商，但能够孵化出更多的电商公司；字节跳动不做媒体自营，但能够为更多的媒体、自媒体创造良好的生态环境，阿里巴巴的业务与字节跳动的业务有异曲同工之妙。

越能专业帮助商户（内容创作者、自媒体、开发者）去竞争、做生意，就越能开发出更多的产品来满足商户服务于用户的需求，所以正如字节跳动是一个不断孵化新 App 的内容产品孵化基地，阿里巴巴也是一个超级独角兽的孵化基地，如蚂蚁金服、阿里云、阿里本地生活集团、菜鸟等都出于此，这两家同样都有很强的"数据中台"能力。

因此，互联网内容平台本身是可以容纳很多媒体、自媒体、企业、商户的，这为构建媒体环境打下了牢固的基础。正如第 3 章对商业模式的解读中所提到的，平台成长涉及资金、团队、领导力，还有天时、地利、人和等因素，因缘际会，才能创造奇迹；后来者没有这样的时间窗口很难再造一个平台。移动互联网巨头的发展轨迹与媒体演进有着高度的内在契合，绝不是一种偶然；而企业不管是否具备媒体化战略的自觉意识，殊途同归，都将顺应互联网信息的发展潮流。唯有主动拥抱变化，才能永葆生机。

13.3　较有实力的企业媒体化实践

如今越来越多的投资人、创始人或者技术大咖转型做自媒体或媒体，通过价值输出的方式增强行业影响力，这甚至成为他们的生活方式之一。当然，也有不少企业成立和设置了自媒体，还有一些优秀的企业低调学习 BAT 做媒体化布局，成立或者投资了不少新媒体公司，为其提升行业地位、内容营销与媒体公关水平起到了潜移默化的作用，在内容领域布局与公司本身的发展规模和地位是相匹配的。

1. 小米

笔者认为，2010 年至 2020 年是移动互联网的"黄金十年"，雷军和张一鸣分别是这前后五年对整个行业影响最大的商业人物。相对于其他草根创业者而言，雷军早就功成名就，与其他成功商业人士不同的是，雷军能够重新归零，按照移动互联网的发展规模进行谋划布局，除了小米生态链公司在智能硬件、电商领域的投资，小米和顺为资本针对互联网内容行业与新媒体均做了系列布局。

小米在国内手机厂商中是最早把官网开发成粉丝交流社区的，如今这样一套粉丝营销方法论在整个智能硬件行业中普及；雷军及小米高管经常用个人微博、微头条等发布公司内部资讯与粉丝保持互动。为了使小米有潜力成为互联网内容平台，雷军还亲自为小米搭建了内容生态的"护城河"，比如小米旗下的多看科技在中文版权书籍以及阅读产品中占有重要地位；为了保持小米电视及娱乐内容资源，小米持有爱奇艺、优酷土豆巨额股票；小米还投资了直播平台YY（欢聚时代）及信息流平台"一点资讯"等。

此外，小米投资了一些新媒体公司为其进行品牌背书和媒体公关，比如小米曾投资TechWeb、"极客公园"、雷锋网，投资了智能硬件测评媒体人王自如创办的ZEALER、测评人那岩的"科技美学"及公关公司"熊猫传媒"、跨境MCN机构"贺彩文化"，等等。

2. 好未来

好未来的前身"学而思"起于张邦鑫创办的奥数网，2013年，学而思改名为"好未来"之后，继续巩固"K12理科培训学霸"的特色。好未来除了在国内一线城市开展线下应试培训业务，还广泛扩展线上互联网教育平台、双师教育等模式，如今好未来已经成为教育圈内市值最高的上市公司。

好未来在教育圈的地位还与其覆盖了K12全生命周期的庞大产品矩阵和投资生态有关，好未来在语文（东学堂语文）、英语（乐加乐英语）、青少儿英语（VIPX）等领域均孵化了项目进行布局；好未来投资策略就像"教育领域的腾讯投资"，往往对细分赛道领域的种子选手进行投资，并且自身内部也有项目同时启动进行竞争。比如好未来投资了拍照答题产品"作业盒子"以及儿童娱乐产品"宝宝巴士"，还投资了"直播+教育"项目如海边直播以及录播平台"多贝"等。

好未来要做的是一站式、全年龄段的教育培训机构，本着教育"从娃娃抓起"的精神，好未来投资了家长帮、亲宝宝、宝宝巴士、科学队长等少儿型产品。此外，还有"母婴行业观察"这样的行业自媒体品牌。

好未来还有两大媒体化布局维持其行业领导者的地位：一是投资了互联网教育圈内的头部媒体平台"芥末堆"；二是每年都会联合媒体品牌主办教育圈内交流的顶级峰会——未来教育峰会（GES）。

3. 平安集团

平安集团是一个以保险为核心产业，并逐渐在银行、信托、证券、融资租赁、期货等领域布局的金融巨头，在互联网突破原有的行业边界之下，平安集团多元化业务还布局了互联网金融（陆金所）、金融科技（金融壹账通）、人工智能（平安科技）、互联网医疗（平安好医生）、互联网教育（原TutorABC，现已更名为"平安好学英语"）、企业智能培训平台（平安知鸟）等。

从平安集团的"护城河"业务中可以看出，汽车（车险）、健康（人寿险）以及家庭消费理财开支等均属于平安集团关注的重点。2016年平安集团全资16亿元收购了汽车行业媒体"汽车之家"，并与其自身的平安车险、车贷等业务紧密衔接，媒体是汽车消费市场流量入口之一。此外，平安集团还投资了健康类垂直资讯网站"健康界"；在金融及财经方面，平安集团投资了华尔街见闻、即刻等App。

2019年下半年，平安集团向外界宣布打造一个全新的全媒体资讯平台——"平安头条"，并将招募180名财经记者，囊括金融、资本市场、地产、产业经济等内容生产岗位，以及新媒体运营、摄影记者、新闻编译、商务市场等媒体运营必备岗位。经过大半年的筹备，平安头条或许是为了保证媒体独立运营，在名称上"去平安化"，改名为"豹耳"。豹耳除提供新闻资讯外，还结合"平安同学会"模式，把全行业保险经纪人接近 871 万人整合进资讯端，把线上 App 打造成为保险经纪人线上客服资讯端，每一个经纪人都可以在豹耳之中定制自己的"展页"（个人主页）和"卡片"个性化专题页，以获取私域流量。

13.4 优秀企业媒体化布局的启示

从前面的内容可以看出，字节跳动、百度、阿里巴巴、腾讯，以及小米、好未来、平安集团是国内很多企业进行数字化转型升级的标杆，它们结合自身的业务发展进行的媒体化布局具有前瞻性，能给广大中小微企业在媒体化战略推行方面带来很多启示。

首先，任何企业都可以根据自家的经营实力匹配媒体矩阵，往往规模越大的企业，越需要自建或投资互联网媒体，因为媒体的影响力与公司业务存在正相关关系。

其次，媒体不是企业营销或推广的平台，而是拥有一定公共服务价值和行业第三方观察的平台，否则与"蓝 V"运营没有区别，也就没有意义了。即使企业投资了媒体，也仍然需要赋予其足够的独立报道权限和相应的公信力，并且要注意与自身产品、营销内容保持界限。

最后，媒体所在的行业与公司所处的行业要有重叠，但由于媒体需要专业化运作，与企业自身搭建的自媒体化矩阵相比，其选题范围更广，更新要求更及时，需要有专业媒体人才队伍长期运营。媒体本身还面向行业开放成为业内沟通交流、资源兑换的平台，媒体发展得越好，对公司的业务辅助越大，其在行业资源对接、市场领导者地位的确立等方面往往比单纯的营销推广效果格局更高远。

第 13 章　向优秀互联网巨头学习媒体化布局

通常，媒体化战略实施成功的企业，其数字化转型升级也较成功。互联网公司在媒体化实践中处于领先位置有其必然性：一方面，互联网公司和运营团队更擅长了解用户的选题喜好，在竞争激烈的情况下能够适应用户喜好变化，从而在媒体化营销方面占据"主场优势"；另一方面，互联网公司能够敏锐地发现信息分发机制和媒介变迁给人们生活方式和行为方式带来的巨大改变，互联网公司快速搭建专业团队，高度重视自媒体和平台化的力量，领先于很多企业构建起完整的媒体版图，甚至成为其他行业参与者和后来者的流量平台。不管怎么样，媒体化与企业产品战略、数字化战略紧密相连，其内外部的布局和行动宜早不宜迟，数字媒体始终处于不断发展变化之中，机遇层出不穷，但机会是留给有准备的企业的。

结语

企业的"媒体化战略"应顺应时代发展潮流

本书分三篇内容介绍了企业传播的数字化升级方法,以及企业如何利用数字新媒体进行内容营销、媒体公关、品牌传播、全域流量运营。相信本书的内容对有类似需求的企业具有一定的借鉴意义。

媒体化战略的实施是我国企业在传播领域弯道超车的机会。笔者相信,随着媒体化战略的推行,企业与互联网公司对流量和新媒体的利用差距也会越来越小。我国的媒体化发展在国际上处于相对领先的位置,如何充分利用大环境优势审时度势,对企业的长远发展至关重要。

1. 中国媒体化进程处于世界发展前列

在全球互联网格局中,中国和美国在"数智经济"前沿技术上的很多应用差距正在逐渐缩小,有的应用领域甚至与美国齐头并进,尤其是在移动互联网时期,互联网内容平台模式崛起,成为新媒体、传统媒体和自媒体活跃的流量生态。由于中国的网民规模、自媒体数量,以及各行业企业对拥抱互联网、数字化升级的热情均远超欧美发达国家，使得我国互联网具备了更旺盛的生命力和发展潜力，也使得媒体化发展呈现出繁荣的局面。

（1）数字媒体加速多媒体融合。各地方传统媒体、企事业单位、传媒公司等纷纷设立融媒体中心，以自媒体为主要载体，以亲和姿态和平易口吻与互联网用户进行交流，在保留以往媒体优势和内容生产专业优势的基础上，在适应新媒体发展的同时，朝着 MCN 机构或团队孵化个人 IP 的方向发展。

（2）企业媒体化经营意识觉醒。数字化新媒体环境是企业生存所面临的线上流量与舆情环境，企业在其中一直扮演着重要的角色，它们不仅是支撑起无数媒体和自媒体生存的广告主，还是互联网公关和内容营销的流量主，媒体化战略正好补齐了企业在内容运营方面的短板，尤其是基于用户浏览行为的数据和用户社交关系链两套算法推荐机制，加速了企业成为内容生产者和运营者的进程，并对自己的产品开发与商业模式的创新和调整有重要的促进作用。因而很多企业的媒体化布局与其业务已密不可分，比如直播电商、内容电商、社交电商、小程序电商等新型业态层出不穷。

（3）严格监管促进信息环境规范发展。如今手机端的媒体形态（包括自媒体）受到愈来愈严格的监管，互联网平台必须配合监管进行信息治理，使传播环境更加规范，这对企业而言是巨大利好。企业作为经营实体，通常会结合互联网线上推广和在线服务的优势，专注于利用媒介服务于商业传播，因此对输出内容的把控力度更大，风险意识更强。

2. 媒体化战略是新媒体人才就业与企业发展的"双赢"

如今，新媒体人才已经饱和，除了现有的公众号、博客、企业新媒体就业人才，每年还有高校培养的新闻传播类、广电影视类、艺术类毕业生也把新媒体和自媒体作为自己的职业选择。以往文科生相对理科生就业选择面要窄得多，就业去向主要是销售、文秘、财会等岗位，如今新媒体岗位包括文案、编辑、新媒体运营、平台设计等，这与企业业务越来越线上化相关。除少数人选择创业外，绝大多数人都会被企业所吸收。因此，企业才是解决新媒体人才供给侧过剩的关键。当更多的企业自觉实施媒体化战略时，必然会组建相应的新媒体人才队伍，这将是企业与人力资源市场的"双赢"选择。具体体现在：

（1）符合新媒体公司 MCN 发展趋势。新媒体和自媒体越来越依靠专业团队分工合作，在媒体行业经过训练的人，在选题策划、观点提炼、标题选取、素材整合、海报设计等方面会更有经验，况且媒体在垂直方向、服务对象、内容特色方面可以产生千变万化的效果，非标化、大众化、服务于企业传播的特性使其具备广阔的应用空间。

（2）内容形式和媒体渠道的多元化迫切需要多方面的人才加入企业。比如，视频化的互联网内容需要有拍摄、剪辑、制作、运营经验的人才，尤其是在流量竞争日趋激烈的情况下，要做到从无到有、从有到优，找到懂行业、有效调动资源的关键人才就能快速改善企业的媒体化水平，让企业站在较高的起点进行持续化运营。

（3）利用企业自建的 App、小程序等产品推进内容运营。很多企业的 App 加速了媒体化的步伐，再加上"私域流量三部曲"运营使得 App 焕发生机，比如，在 App 中上线内容板块，从产品科普、消费文化、产业及公司资讯、用户社区，以及经验分享、建言反馈等层面构建企业与用户之间的内容平台，这些都离不开专业媒体运营人才的内容制作和运营。

（4）推动企业传播从宣传为主向互联网媒体导向转变。企业引入具有媒体化从业背景的人作为新鲜"血液"的意义重大，很多年轻人对新媒体相对熟悉，只要稍加培训，做到兼顾新媒体渠道的专业性与企业内部的传播，一般就能帮助企业创作一些优质内容，以非广告投放形式融入互联网内容平台的主动推荐机制和搜索机制中，最终将企业很自然地植入媒体圈，实现企业的媒体公关和品牌宣传工作快速升维。

3. 数智媒介技术多变，5G、智能化带来新机遇

当代正处在移动互联网向智能物联网、消费互联网向产业互联网、信息技术向人工智能转型过渡的关键期，媒介的组合、融合和创新过程永远是数字技术发展的前沿窗口。只要数字技术的底层技术在变化，媒介的变化还将加速，后进入者就有机会在新的媒介主场进行深耕与运营，通常每5年就会出现一次小的移动媒介环境创新，每10年就会发生一次大的零售和营销范式的变化，抓住这两个"时间窗口"的公司一般都能够在创业潮中获得更大的红利，并有可能在资本助推下成为新巨头。

随着5G技术的快速普及，5G应用最有可能在媒介融合领域获得突破，并出现全新的"智媒体"，届时视频内容会成为内容营销的主流，很多新媒体也会加速"传统化"。5G还将带来生产力的巨大跃迁，云计算、大数据、工业互联网等"新基建"领域必将加速投入和产业化，互联网To C的流量将逐渐向To B和产业互联网渗透，企业数字化将是大势所趋，企业内部的数据中台与外部互联网平台之间的数据将会逐渐打通，算法和大数据处理能力的提升将有可能带来"媒体的区块链化"（相应的用户创作版权和激励机制将更完善）；很多智能设备包括可穿戴设备、家庭娱乐和小家电设备具备联网、智能语音交互功能，从"万物互联"到"万物互媒"。

媒体形态巨变使得媒介碎片化的过程变得不可逆，因媒介变化抛弃的是看待媒体思维落后的人和不会利用新媒体的人，以及孤立或片面地看待自媒体的人，同时媒体化对企业的营销手段和经营理念的更新也将产生巨大的影响，直接影响企业的业务数字化水平和效率。

4. 国内国际"双循环"格局需要媒体化力量奔涌集结

我国对统筹国内国际两种资源、"两个市场"已经有了长远筹划，"双循环"市场格局不仅要加速国内国际市场商品流、人才流、资金流、物流流通效率，还要以数字化为突破口，让信息流、商品流、人才流、资金流等以互联网新媒体形式承载起来，

全面扩大我国的对外开放程度。

在全球市场,广大中国企业如何让中国文化、中国精神在全世界范围内深远传播,依然任重道远。中国商品、中国企业要在文化精神层面影响世界,还需要中国人的故事、内容、Vlog等互联网媒体内容走向世界。中国的新媒体企业和掌握媒体化思路的企业走向世界也将扮演越来越重要的角色,而企业内容媒体化是品牌世界化的前提,将成为重要的国际文化交流变量。在全球贸易化趋势下,文化和资讯交流将日益活跃,互联网作为其桥梁和载体可以发挥重要作用,人们通过社交工具、短视频平台、信息流客户端以及相应的商品对接和打通丰富的媒体化内容资源,以"润物细无声"的方式推进传播。如何让企业传播媒体化与市场国际化相辅相成,这是值得广大企业深思的时代命题。

这是一个企业腾飞的黄金时代,这是一个媒体与企业、个体和社会发展紧密结合的时代,当广大企业掌握媒体化战略的理念、执行策略、落地方法与技巧时,终将能"乘风破浪会有时,直挂云帆济沧海"!

后记

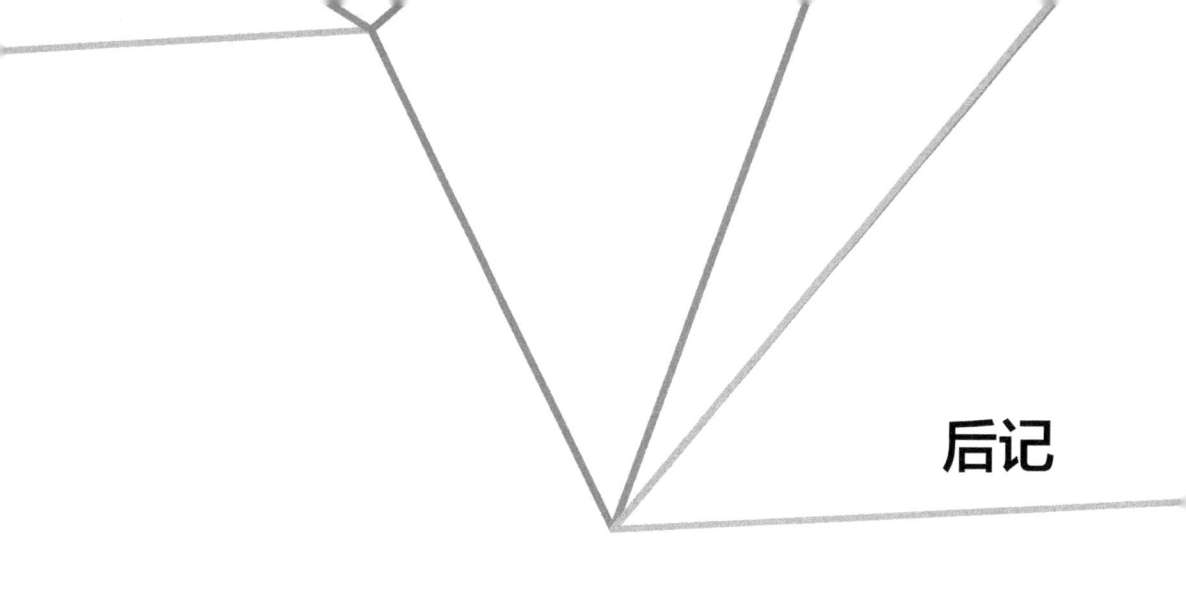

从 2015 年 10 月 14 日在媒体平台发表第一篇科技评论文章至今,我已经完成了超过 500 篇原创文章,撰写每篇文章我都会经历从冥思苦想到如释重负的过程,我就像在数字土壤里耕种的"新农民"一样,在文章发表时总有收获的喜悦。

初次萌生写一本书的愿望,是 2017 年已陆续在一些社群和线下会议上分享了企业传播人员比较关心的"如何低成本做强做大媒体影响力"主题内容后,我感到市场人员、新媒体人员,以及广告公司、公关公司和很多创业者对相关内容的渴求。

由于互联网新媒体行业的变化非常迅速,导致我写好的内容每次都要用大量的时间进行更新和修正,这也迫使我逐渐养成了一个习惯——从企业传播的维度用心观察和总结:如何进行媒体公关,如何做好自媒体,企业人员如何提升内容营销水平,如何运营好流量,等等。

将写作这本书提上日程是在 2018 年我读完研究生之后,当时感到需要有一本书能够系统地培训从事新媒体行业的新人,帮助他们主动发声并成长;同时系统地回答一些创业者经常向我咨询的"怎么做自媒体""怎么做公关"的问题。在我看来,这两个问题是有关联的,新媒体是一个相对公平的、展示个人才华的职业,是年轻人难得的阶层上升通道；这些年，通过新媒体壮大业务的企业比比皆是，通过新媒体改变命运的人不胜枚举，如果企业能够有意识地通过新媒体做大做强业务增量，并且吸收一些年轻人去创作内容、运营流量，那么就可以化解当前自媒体人满为患，收入出现瓶颈，企业传播只能被动掏钱打广告买量或做投放的局面，可谓一举两得。

由于我本人也处在新媒体行业一线，每天应对各种琐事，很多写作任务突如其来，使得本书撰稿工作一拖再拖。直到 2019 年 12 月，电子工业出版社的编辑李利健老师看到我在互联网媒体平台的专栏后，希望我从互联网行业发展的视角写一本书。我对企业如何在数字化转型升级潮流下改进传播方法的问题比较有兴趣，李利健老师敏锐地意识到这可能是很多企业的刚需。不过写作难度也相对较大，要把企业媒体公关、自媒体运营、品牌营销、业务数字化整合在一本书中讲清楚实属不易。我冥思苦想了很长一段时间，在夏天的某次冲凉时，突然灵感乍现，脑海里蹦出一个词："媒体化"，这一概念如同黑暗中的闪电，照亮了一直摸索的我，随即很快整理出了本书的大纲，形成了基本的轮廓。

如果没有与电子工业出版社的接触，这本书可能会一直沉睡在潜意识深处，难以系统地呈现出来与大家见面。2020 年多灾多难，疫情横行世界，我一直身处湖北，从意识到个人的渺小，到见证国家、人民的磅礴伟力，我对中国的前途充满了前所未有的乐观和自信。作为科技自媒体人，我愿意从数字化视角帮助更多的企业走出困境提供实用的观点、可借鉴的案例，这算是回报社会、帮助更多人的朴实方式，也是我认为自己必须尽心去做的工作。完成本书初稿时，为了让其内容更具有逻辑性，在第二遍修改时删减和替换了超 5 万字的内容，让本书内容经得起数字化时代的检验。

于私而言，本书是我跟随"互联网+"行动和各行业业务数字化的步伐，从事互联网行业观察与自媒体创作的经验总结，也是给家人的一份礼物。长期的个人内容创作和传播工作占据了我应当分配给家庭的精力和时间，对家人的关心有些不足。感谢我的爱人刘红霞，她是一名中医大夫，在 2020 年新冠肺炎疫情期间一直坚守在一线，

后记

她平时的工作已经很忙了，为了让我安心写书，承担了很多家务；我对女儿的成长有很多瞬间也是陪伴缺位的，也感谢在写书期间静心见证了一个幼儿园孩子的纯真、快乐时光。我还要郑重感谢我的兄长李晴宇，这本书的完成得益于他的督促和长期以来的辅导；在我上大学时，他让我见识到了知识对一个人开拓眼界的重要性；在我大学毕业后，他勉励我不要放弃学业深造和写作；在我"北漂"最迷茫时，他再次给我做出了正确的指引，走做自媒体的道路。如果不做自媒体人，或许人生轨迹和风景会是另外一番模样。幸运的是，我能有机会发光发热，做一颗不太亮的"星"。

在一个和平发展的年代，但行好事，莫问前程，总会苦尽甘来，怀揣对父母、对社会、对无数善良人的感恩之心，只管继续踏实前行便是。我在 2015 年决定做一个公众号写简介时写过一句话："输出价值，成己达人，交靠谱的人，做靠谱的事"，这是我进行内容创作奋斗的初心，每当有困惑或者坚持不下去的时候，我都会回到这句话中反思，希望本书出版后能帮助到更多的人和更多的企业，并且希望借助本书能认识和链接到更多靠谱的朋友和合作伙伴。未来企业未必会需要现在的媒体，但是传播与业务关联必将愈发紧密，希望更多的个体或企业能在媒体化时代探索出更多的成果。

感谢在我职业成长道路上一直帮助和提携我的家人、师长和朋友们，能与素未谋面的读者在书中相会，共襄数字媒介内容世界的盛举，砥砺前行，幸甚之至。

李星（靠谱的阿星）